西方哲学
前沿问题研究

郭大为 成官泯 编著

On the
Frontier Issues of
Western
Philosophy

人民出版社

责任编辑：杨文霞
封面设计：王欢欢
责任校对：陈艳华

图书在版编目(CIP)数据

西方哲学前沿问题研究/郭大为,成官泯 编著. —北京:人民出版社,2020.6
ISBN 978－7－01－021847－2

Ⅰ.①西…　Ⅱ.①郭…②成…　Ⅲ.①西方哲学-文集　Ⅳ.①B5-53

中国版本图书馆 CIP 数据核字(2020)第 010266 号

西方哲学前沿问题研究
XIFANG ZHEXUE QIANYAN WENTI YANJIU

郭大为　成官泯　编著

人民出版社 出版发行
(100706　北京市东城区隆福寺街 99 号)

天津文林印务有限公司印刷 新华书店经销

2020 年 6 月第 1 版　2020 年 6 月北京第 1 次印刷
开本:710 毫米×1000 毫米 1/16　印张:21.5
字数:301 千字

ISBN 978－7－01－021847－2　定价:72.00 元

邮购地址 100706　北京市东城区隆福寺街 99 号
人民东方图书销售中心　电话 (010)65250042　65289539

目　录

上篇　当代西方哲学的前沿问题

下篇　古典哲学新论

上篇　当代西方哲学的前沿问题

第一讲 西方哲学的当代转向及其前沿问题（代序）

郭 大 为

一、当代西方哲学的范式转换

发端于古希腊的西方哲学至今已经拥有了两千多年历史，根据所跨越的历史分期，它依次经历了古代哲学、中世纪哲学和现代哲学三个阶段。按照西方学术界较为通行的划分方法，17世纪以来的西方哲学均属于"现代哲学"（modern philosophy）的范围。与西方现代化进程大致相当，国内学界习惯上将从文艺复兴（或其后）直到黑格尔派解体这一历史时期的欧洲哲学称作"近代哲学"，而将19世纪后期以来的西方哲学统称为"现代哲学"，又将其中第二次世界大战以来的哲学的新近发展称为"当代哲学"。20世纪80年代以来，随着经济全球化的加速、科技创新的广泛应用、冷战的松动和意识形态斗争的变化，西方哲学也出现了新的特点和趋势，这是我们将着重考察的。

现代西方哲学的发展几乎都是从反叛作为古典哲学集大成的黑格尔哲学开始的。在黑格尔身后的一百多年里，哲学发展呈现出思潮叠起、学说纷纭、派别林立、百家争鸣的纷繁景观。不论是人本主义还是科学主义思潮，它们一致认为，传统哲学脱离了人们的现实经验和真实生活，生硬地制造出一系列意义含混而空洞的概念体系，束缚了科学乃至哲学本身的发展，扼杀和钳制了人的生命的丰富性与本真性，因而必须将之抛弃或改造。然而在如何改造哲学的问题上，两大哲学思潮的方向和路径往往南辕北辙，相去云泥；即使在各自思潮内部，也存在着许许多多相互竞争的立场和观点，难以定于一尊。当今的哲学似乎像叔本华（Arthur Schopenhauer，1788—1860）所说的那样，变成了一只多头怪，每个脑袋都说着不一样的语言。人们不免哀叹道：那个万法归一、穷究天人的哲学终结了！

当然，古典形态的哲学终结首先意味着哲学的完成，也就是说，曾经被视为科学之母或科学之科学的哲学，正是凭借"爱智慧、尚思辨"的本性从自己的母体中孕育和催生出了现代意义上的实证科学；而当各门具体科学纷纷成熟和独立出来之后，百科全书式的思想体系也就完成了自己的使命。自然科学从自然哲学到现代实证科学的发展史证实的就是一系列这样的历程。甚至向来被认为隶属于哲学的逻辑学、心灵哲学研究也已经超出了传统哲学的范围，数学、心理学或认知科学、信息科学、神经生物学已经更好地解决了传统哲学中的许多难题。实际上，哲学本是无知之智，它开启于苏格拉底"自知无知"的觉醒。文艺复兴时期的哲学家库萨的尼古拉（Nicolaus Cusanus，1401—1464）因而把哲学称为"有学问的无知"。通过进一步的思考我们发现：伴随着古典哲学的丧钟，哲学的地盘并没有萎缩，而是以变换了的方式在不断地扩展；哲学问题的复杂性和艰巨性不但没有被减轻或取消，反而日益深重了。这是因为：一方面，如果我们把全部人类的可靠知识比作一个圆圈，那么伴随着现代科学知识的爆炸式增长，这个圆圈也随之迅猛地膨胀，而这个圆圈之外的领域就是边界、框架和未知的世界，也就是哲学所关注的领域，它在广度和深度上都获得了前所未有的拓展。换言之，哲学作为"有学问的无知"是与科学本身相伴成长的。当代英美哲学中卓有成就的心灵哲学对人的认知和心理活动作了非常细致的研究与准确的描述，但对于意识和意向性本质的看法却难以达成一致。这说明，哲学在这一领域依然大有可为，但面临的任务显然更为艰巨。有人甚至断言，现代科学只解决或消解了古代希腊哲学难题中极少的部分，绝大部分的古典问题依然有待哲学的解答。另一方面，按照通常的理解，科学面对的是与事实相关的实然问题，因而在解决人文领域中与价值相关的应然问题时就只能是门外汉。在维特根斯坦（Ludwig Wittgenstein，1889—1951）看来，具体科学有明确的可以指示出来的研究对象，因此是可说的；凡是可说的理论上就都可以说清楚；而对于不可说的、说不清的，即没有明确可以指示出来的外在对象的领域，人们只能保持沉默。"即使一切可能的科学问题都被解答了，我们的人生问题还是全然没有触及。"① 总之，科学和技术在改变人们生活的同时，生活世界的种种变化恰恰给科学未曾触及的人文领域带来了越来越多难以逆料的课题，甚至促使人们反过来审视科学技术本身。

推动当代西方哲学探索前沿的动力不外来自内、外两个方面：一方面，哲学作为古老的学科，传承已久的经典不但塑造了这门学科，而且由此形成的专业概念与范畴一直承担着学科标准的角色，传统的问题与方法至今保持着规范性的影响力。这就是说，思想理论的发展有其内在的逻辑，当代西方哲学的千变万化或千姿百态无不是在已有基础上生发和演进出来的，对于哲学史的重检与深究甚至成了当代西方哲学研究的重要部分。比如，对于柏拉图、亚里士多德的深入解读一直是滋养西方哲学发展的重要养料；当代自由主义与保守主义的争论从来也不缺少霍布斯、洛克、卢梭等经典作家的参与；康德、黑格尔甚至为当代难题的解决提供了直接的参考范例。另一方面，如黑格尔所说，哲学是在思维中把握的时代精神；现代世界的变革、尤其是第二次世界大战后科技革命与社会现实的重大变革给哲学提出了前所未有的新问题、新挑战，对

---

① 涂纪亮主编：《维特根斯坦全集》第 1 卷，陈启伟译，河北教育出版社 2003 年版，第 263 页。

这些问题和挑战的探索与回应构成了当代西方哲学的时代特征与现实的方面，并且越来越成为当今哲学的主题。一系列具体而紧迫的课题不但进一步冲淡和模糊了哲学阵营内部人文主义与科学主义的界线，而且促使哲学家们比以往更加主动地关注现实生活，积极参与到有关事件和公共热点的讨论中来。哲学主题日益呈现出民主化、生活化、实践化乃至碎片化的特征。

（基于上述理由，我们中共中央党校哲学教研部外国哲学教研室将多年来研究生教学的相关课程讲稿选编出来，辑为上下两篇。上篇讨论当代西方哲学的前沿问题，下篇为古典哲学新论。之所以不揣浅陋，结集付梓，一方面是为了满足教学的需要，另一方面也希望听到更多的批评与意见，从而促进我们进一步改正和提高。）

按照当代德国著名思想家哈贝马斯（Jürgen Habermas）的概括，"四种现代思想主题标志着现代与传统的决裂"，它们是：后形而上学思想、语言学转向、实质理性让位给程序理性以及理论优先于实践关系的颠倒。显然，这些"二十世纪哲学研究最重要的原动力"① 恰恰也标志着哲学范式的转换。

首先，当代哲学不再执着于终极性、整全性的形而上学思想，而是以科学为蓝本，借助专家知识来反思包括科学本身在内的各种生活现象及其相互关联的整体，即借助具体学科的丰富性与精确性来理解和解释世界与人生的现实问题，不再拘泥于发明真理和发现真理，不再留恋单纯概念的分析与构造，而是"通过阐释来推动生活世界的自我理解进程"。

其次，从近代意识哲学到当代语言哲学范式的转换，意味着一场方法论的革命，即用语言与世界、命题与事态的关系取代主体与客体的关系，从而摆脱传统哲学关于自我意识、先验性的主观封闭性和不确定

---

① ［德］于尔根·哈贝马斯：《后形而上学思想》，曹卫东等译，译林出版社2001年版，第6页、第8页。

性。如果说几何学是古典哲学的样板学科，语言学则成为现代哲学的样板学科，当代西方哲学通过对于语言结构（语形学）、意义解释（语义学）、实际应用（语用学）的研究来揭示知识的框架条件，说不可说之神秘。这不但带动了当代心灵哲学不断深化关于思维与存在的认识，而且还为把握由人的交往行为所构筑的生活世界提供了理论模型。语言哲学、心灵哲学几乎成为英语世界哲学的主流。同时，语言学转向带来了哲学的"文化转向"，"后形而上学思维"促成了"后哲学文化"，因为语言从根本上说来源于特定的"生活形式"，这正是当代哲学着力研究的领域。

再次，哲学所代言的理性精神不再停留或满足于逻辑推理的抽象层面，还必须在其所属的实践与历史定位中表现为结果的有效性，而这又有赖于人们解决问题时所采取的方法和操作的程序。这样一来，真理也不能简单地归结为主体认识与对象的符合或理论的融贯自洽，还应当通过切实可行的程序达到普遍一致的认同。这种程序理性不但可以避免工具理性的偏执与暴政，还有助于抵御各种怀疑主义的攻击。为了达成真理性共识需要构建一个保证真诚性和公正性的沟通平台，这正是哈贝马斯本人致力于实现的理论目标。

最后，由于理论活动必须与它实际发生和应用的整体联系在一起，对于社会现实和生活实践的关注不但成为哲学内容的一部分，而且构成了哲学思考的出发点和前提。以生命伦理学、政治哲学等为代表的具体实践哲学的兴起与繁荣不但凸显了理论与实践的依存关系，而且成为当代哲学担当时代使命的集中体现。

根据上述的分析，我们暂且抛开学院化的逻辑—历史线索，仅着眼于与重大现实密切相关的领域来讨论当代西方哲学的前沿问题，它们起码应当包括：科技革命与人性的冲突；合理社会制度的设计与难题；现代性的困境与出路。

二、科技革命与人性的冲突

被视为实验科学鼻祖的弗兰西斯·培根（Francis Bacon，1561—1626）确信"知识就是力量"，在他看来，确实可靠的知识将为人类的尊严和福祉奠定基础。他身后的历史无疑验证了他的信条，现代科学的兴盛与技术的进步不断改变着人所生活的世界和人本身，有人甚至断言，科技革命所带来的生活变化要比任何一场政治革命更加深远。然而科学技术的发展是一把双刃剑，它在创造了繁荣和富裕的同时，也带来了规模空前的屠杀和防不胜防的恐怖事件，以至于我们今天又听到了18世纪卢梭疑问的回声："单靠科学，即使我们的科学比现在再发达一百倍，我们也并不能生活得更美好。"① 近二十多年来，随着诸如信息技术、基因工程、人工智能等高新科技手段的成熟与广泛应用，科技与人文的冲突已经达到了白热化的程度，人们甚至可以毫不夸张地预言：在不远的将来，人在心灵和身体这两个最为自傲的方面完全可能会被机器或人造物所取代！以基因工程为例，1997年2月，英国科学家宣布克隆羊"多莉"诞生，从此有关克隆人的争论就在剑拔弩张的状态下激烈展开。反对者认为，克隆人技术不但会影响人类基因库的多样性，危及人类的生存和发展，而且还将侵害人类的尊严。相反，克隆人技术的支持者认为，克隆技术不但能够减少或杜绝病痛和不幸，给人类带来福利，而且不断进取正是科学的本性，也是人的自由力量的体现，因而伦理规范需要随着科技进步而进行变革，甚至人们今天所面临的所谓道德难题都可能随着科技的发展得到消除或解决，正如当初遭到强烈谴责的试管婴儿技术现今已经普遍被接受一样。

---

① ［美］乔治·萨顿：《科学史和新人文主义》，陈恒六等译，华夏出版社1989年版，第2页。

　　当代哲学对于现代科学技术的感恩和忧怨始终是交织在一起的。现代哲学的转型不但源自于实验科学的成功压力，而且还将科学视为样板。但是，随着托马斯·库恩（Thomas Kuhn，1922—1996）等人对于科学进化史的研究，人们更明确地认识到，科学理论本身是科学家集团对于人类认识成果的概括和表达，因而不但受研究者自身状况的限制，而且根据对象和目标的不同而具有特定的范围与有效性。对于科学本身的局限性，人文主义强调，科学只是对世界的描述和说明，并不能理解和解释人与世界存在的意义，而后者对于人生更为重要，因而不应希望用科学技术解决全部人生问题。德国哲学家海德格尔（Martin Heidegger，1889—1976）认为，现代科学的本质是由现代技术的本质决定的，它把世界看作图像，用事先筹划好的方案（数学化方式）来规整事物的存在。这是因为，在海德格尔看来，现代技术的本质是一种"宰制"（Ge-stell），它向自然提出要求，逼迫人将周遭万物放入（stellen）订制好了的需求框架之中。于是，山川河流变成了有待开发、可供利用的自然资源或持存之物，甚至人自身也成了"劳动力""人力资源"。科学技术在海德格尔眼中虽不失为人们揭示事物真相的一种方式，但当这种方式成为人生在世主导的乃至唯一的方式时，我们就会错失事物存在和人类生活的其他方式与本真意义。海德格尔认识到，盲目抵制新技术是愚蠢的，但危险在于，我们在对技术的不知不觉的依赖中会被嵌入技术对象，最终被技术对象所奴役。他提倡一种对现代技术既说"是"又说"否"的"泰然处之"的态度，也就是说，"我们可以对技术对象的必要利用说是；我们同时也可以说不，因为我们拒斥其对我们的独断的要求，以及对我们生命的本质的压迫、扰乱和荒芜。"①针对战后出现的新局面和趋势，哈贝马斯也指出，科学技术不但成为第一生产力，而且成为支配人们思想观念的意识形态，因此必须对技术统

---

① ［德］马丁·海德格尔：《泰然任之》，载孙周兴选编：《海德格尔选集》下卷，上海三联书店1996年版，第1239页。

治社会的科学至上主义保持清醒的头脑和批判的立场。

围绕克隆人的争论，哲学家们的观点也是千差万别的。美国学者德沃金（Ronald Dworkin）认为，如果像克隆技术这样一些现代科技能够改良人类，那它就应当受到道德原则的欢迎。自由意志论者罗伯特·诺齐克（Robert Nozick，1938—2002）甚至提出了"基因超市"的设想，认为父母能够通过这个超市订制自己想要的孩子，又不增加社会的负担。然而针对克隆人所引发的哲学讨论，关键并不在于对技术功用的考量和利弊得失的权衡，而是涉及对于人性底线的反思和人类未来的选择。在哈贝马斯看来，这里的基本问题在于："我们是谁和我们想要是谁"。他认为，每个人都是独立、自由和唯一的，每个人的生活都不应由他人的意志来安排和决定，而克隆人则可能是对自由和平等观念的侵犯，他甚至将其与历史上的奴隶制相提并论："克隆人和奴隶没有什么区别，原因在于，他会把本来应当由他自己承担的责任转让给别人。也就是说，对于克隆人而言，在他出生之前，其他人就决定了他最终的编码，而且不容更改。"① 当然，基因并不能够完全决定人的一切，每个人的独特和宝贵之处恰恰在于，他的成长与成就总是与他的周遭世界和后天努力联系在一起的。因此，桑德尔（Michael J.Sandel）认为，我们与其运用基因技术改良人性，"不如竭尽所能做好社会和政治安排，使其更适合不完美的人类天赋和局限性。"在他看来，每个生命都是自然的礼物，用基因技术去订制孩子，就失去了对生命本身的尊重；然而，"使用不植入的囊胚做干细胞研究以治疗退化性疾病，则是高尚地运用我们人类的智慧去增进治疗并尽到修复这个世界的职责。"②

虽然，哈贝马斯和桑德尔等人把人的自由的起点追溯到非人为控制

① ［德］于尔根·哈贝马斯：《后民族结构》，曹卫东译，上海人民出版社 2002 年版，第218页。
② ［美］迈克尔·桑德尔：《反对完美》，黄慧慧译，中信出版社 2013 年版，第 93 页、第119 页。

的偶然性或"自然的馈赠"，但这并不意味着人类要无条件地听任自然的摆布，更不意味着要放弃所谓的"人类中心主义"，因为"放弃了人类中心论思想，就意味着牺牲一项不可消逝的成就，人作为自负其责的人格而自我撤销"①。哈贝马斯和桑德尔所提供的这个不完善的论证根据恰恰是要赋予人以选择和决定的自由与权利。站在人类命运的十字路口上，哲学家对于科技革命所带来的诸多具体问题的积极介入并不是无足轻重的，正如拉兹洛（Ervin Laszlo）所说："如果我们这一代人作出错误的选择，我们的下一代就将是历史上的最后一代人。如果我们的下一代消失了，人类所能拥有的洞察力、创造力、爱和同情心的不可估量的潜能也将从宇宙的历史舞台上消失。摆在我们面前的选择是决定命运的选择：是进化和灭亡之间的选择。"②

三、争论中的正义方案

1989 年，日裔美国学者弗兰西斯·福山（Francis Fukuyama）发表了《历史的终结》一文，预言家般地宣告了西方的自由民主制度已经成为"人类意识形态进步的终点"与"人类统治的最后形态"，"自由民主的理念已不能再改良了。"然而，在 2014 年出版的《政治秩序与政治衰败》一书中，福山承认，以美国为代表的西方民主制已经显露出无力与颓败。实际上，在西方民主制度内部，主流思想家们对于政治正义性的争论从未间断过。1971 年美国哲学家罗尔斯（John Rawls，1921—2002）发表了《正义论》，对于战后西方的自由民主制度作了系统的哲学论证，由此促成了政治哲学的复兴，甚至使政治哲学占据了当今哲学领

---

① ［德］奥·赫费：《作为现代化之代价的道德》，邓安庆等译，上海译文出版社 2005 年版，第 6 页。

② ［美］E.拉兹洛：《决定命运的选择》，李吟波等译，三联书店 1997 年版，第 158—159 页。

域中显学的位置。政治哲学的这种繁荣恰恰是通过一系列激烈的争论来实现的，最为突出的表现就是 20 世纪 80 年代以来至今未能完全终结的自由主义与社群主义之争。个人的权利或自由向来被视为民主政治的基础，但究竟是立足于积极的自由还是消极的自由，自由主义和保守主义则各执一端，相互攻讦。罗尔斯力图将消极自由与积极自由综合起来，把自由看成一个整体，他通过"反思平衡"的论证设计确立了第一正义原则的优先性，指出自由平等原则关系到政治权力的获得与行使，决定了政治制度的基本结构，并特别强调承认自由对于社会经济利益的绝对重要性。罗尔斯关于权利优先于美德的论证受到了来自自由主义阵营内部的社群主义的抨击。社群主义认为，抽象地谈论个人权利的优先性不但在理论上无效，而且在实践中有害，只有纳入共同善的生活情境中，个人权利的优先性才是有意义的。为了弥合自由主义内部的意见分歧，不论是佩迪特（Philip Noel Pettit）从"无支配的自由"出发，还是霍耐特（Axel Honneth）从承认理论出发，当代思想家们都试图寻找出"第三种自由"，来统合个人与集体、权利与美德、自由意志与公共的善。

2014 年，法国经济学家托马斯·皮凯蒂（Thomas Piketty）的《21 世纪资本论》一书在英语世界出版，引起了广泛的关注。作者通过对近三百年来欧美国家财富收入的相关历史数据的全面分析指出，尽管"二战"以来，西方发达国家在大力推广现代科技手段的同时也广泛实施了福利政策，但社会不平等的深层结构并没有改变，资本收益率持续高于经济增长。这一不容否认的事实摧毁了民主社会公平竞争的神话：一个人拥有财富的多寡不仅是由劳动所得决定，更由继承的财富决定，因而出身要比后天的努力和贡献更为重要，今天的西方正在向承袭制倒退，民主社会的基本价值受到了威胁。在皮凯蒂看来，"历史会怎么演变取决于社会如何看待不平等，以及采取怎样的政策和制度去衡量和改变不平等"①。

---

① ［法］托·皮凯蒂：《21 世纪资本论》，巴曙松等译，中信出版社 2014 年版，第 27 页。

实际上，从古至今，对于平等的欲求一直被视为引发变革或革命的主要原因，而实现平等的理想在实践上则被视为存在着几乎难以克服的困难与复杂性。针对保守主义关于"平等革命"将断送西方文明的论断，罗尔斯（John Rawls，1921—2002）以他的《正义论》作出了反击。他认为，"一个社会体系的正义，本质上依赖于如何分配基本的权利和义务，依赖于在社会的不同阶层中存在着的经济机会和社会条件"①。罗尔斯的第二正义原则依据的是这样的理由：正义的分配制度之所以向弱者倾斜，是因为社会资源与自然资源一样，其分配并不是平均的，个人的偶然所有都应视为公共的好处。也就是说，个人源自先天的禀赋或残疾、源自出身的富有或贫穷，虽然会在相当大的程度上决定了一个人的幸福或命运，但是所有这些又都是与现代政治的自主原则即自由（个人的选择与努力）无关的自然或社会的偶然性，因而是现代政治制度设计力图克服和减少的因素与差别。

由于罗尔斯的正义原则是通过"无知之幕"的假设推导出来的，意在排除自然的或社会的偶然因素影响人们对公平正义原则的选择，而这种理想化的论证设计引来了多方的批评与指责，也激发了近三十年来运气平等主义思潮的兴起。被视为运气平等主义理论家的德沃金把平等视为"至上的美德"，他主张用一种福利的平等来取代资源的平等。在他看来，公平的分配必须能够分辨个人经济地位的哪些方面是出于与个人自由和努力相关的选择，哪些方面是出于与个人自由或后天努力无关的优势与劣势，即所谓运气。正义的分配既要消除与自由无关的不平等，又要为基于责任的自由选择或个人努力造成的不平等留有空间。

如果说皮凯蒂关于倒退回承袭制的警告证明了即使是在西方发达国家内部，现实的制度安排与在"重叠共识"中确立的正义理想还相去

---

① ［美］约翰·罗尔斯：《正义论》，何怀宏等译，中国社会科学出版社1988年版，第5页。

甚远，甚至已经南辕北辙，那么越来越多的哲学家们认识到，全球正义问题已经成为更加紧迫和现实的理论与实践难题。显然，随着全球化进程的扩展与深化，世界各国人民的生产与生活突破了现有的民族国家的界限，更为紧密地联系在一起，全球治理、全球正义的问题应运而生。与此同时，全球化并没有改变地区发展的不平衡和国际政治中的不平等，世界上最贫穷人民的生活不但没有改善，反而出现了恶化；在重建世界秩序的过程中，冷战思维不但以新帝国的面目借尸还魂，而且由此激发的地区冲突、"文明冲突"、恐怖主义更加剧了世界的动荡与分裂。罗尔斯晚年在《万民法》中试图通过向外扩展国内体制的正义原则来建构国际正义理论，然而，由于他拒绝把平等主义原则引入国际社会，这两种正义理论被认为是不融贯的。哈贝马斯根据国家主权的活动空间受到限制、国际关系的性质发生的变化、非政府的国际组织发挥着越来越大的影响力等新的时代特点，指出仅仅着眼于国内的体制来建构国际关系已经远远不够了，有必要建立和扩大具有较强政治行为能力的跨国组织，将世界公民权利制度化，并使之对所有政府产生强制性的约束力。像哈贝马斯一样，许多学者都试图在经济公民和国家公民之外，通过探讨世界公民概念的政治、法律意义，来应对全球化带来的形势变化，在世界主义的框架内探索实现全球正义的可能途径。① 然而，正像二百多年前德国哲学家康德所言："人性表现得最不值得尊敬的地方，莫过于在整个民族彼此之间的关系这方面了。任何时刻都没有一个国家在自己的独立或自己的财产方面，是有安全保障的。"② 近年来，民粹主义等逆全球化的趋势有所抬头，这表明：国际社会的自然状态至今还没有从基础上根除，对于全球正义的探索将是一个长期而艰巨的课题。

---

① 参见［德］奥·赫费：《经济公民、国家公民和世界公民》，沈国琴等译，上海译文出版社 2010 年版，第 150 页以下。

② ［德］康德：《历史理性批判文集》，何兆武译，商务印书馆 1990 年版，第 208 页。

四、未完成的现代性规划

从 20 世纪 60 年代开始，有关现代性的讨论逐渐成为各门社会科学和人文科学共同关注和热烈讨论的话题，后现代主义思潮也随之风靡全球。现代性问题既是一个综合性的课题，又是一个特别的哲学课题，因为它不但涉及经济、社会、政治、文化、科学、艺术等现代人类生活的所有方面和领域，而且涉及对迄今为止整个西方文明的总体性认知和评价，特别是涉及对于人类文明发展方向与历史命运的选择和思考。人们甚至可以笼统地把当下的所有哲学问题都归结为现代性问题，因为它既是一个理论问题，也是一个实践问题，前者关系到对西方哲学—形而上学的理解和把握，后者关系到面对当代的种种危机与风险应当作出的选择与回应（详见"现代性的哲学反思"与"现代虚无主义及其克服"两讲）。

第二讲　分析的形而上学

杨 玉 成

　　从 20 世纪初到 20 世纪五六十年代，在英美哲学界分析哲学是占绝对统治地位的一场哲学运动。分析哲学中的逻辑实证主义学派，有强烈的反形而上学色彩，力图实现哲学的科学化。逻辑实证主义者把哲学的科学化看作哲学中的一场彻底的革命。但是，他们的"哲学科学化"目标最终没有实现。20 世纪六七十年代后，传统哲学的形而上学问题、知识论问题以及道德哲学问题重新得到认真的讨论，几乎可以说是"全面复兴"。当然，这种复兴不是传统哲学的简单复活，而是分析哲学背景下的传统哲学"问题"的复兴，也就是说，这些领域经过分析哲学的"洗礼"，尽管问题仍然是传统哲学的"问题"，但在研究方法和研究风格上已经发生了很大的转变，可以说是一种"分析哲学化"的形而上学、知识论、心灵哲学和道德哲学。从总体上看，这种"分析哲学化"的形而上学、知识论、心灵哲学和道德哲学取得了一定的成就。分析的形而上学关于实体、属性、事件、行动等领域的研究非常精致、细致，已经完全超出了传统形而上学的那种简单化的处理。心灵哲学研究也已经远远超出了传统的意识理论。因此，一方面，当代英美哲学的这种"分析化的"形而上学、知识论、心灵哲学、道德哲学和政治哲学对于问题的深化和细化无疑有重大的贡献。但是，另一方面，这几个哲学领域也有它的毛病，也就是说，这几个领域所讨论的问题依然是传统哲学问题，它们的讨论也有传统哲学所具有的那些毛病。20世纪前期分析哲学所批评的传统哲学的那种概念不清、含糊、歧义这些毛病又回来了。所以，尽管这几个前沿哲学领域对问题有"深化细化"之功，但它们对于推进问题之实质性解决的贡献相对有限。无论是形而上学领域、知识论领域、心灵哲学领域还是道德哲学和政治哲学领域，又再次陷入了传统哲学的那种争论不休、莫衷一是的状态，哲学似乎又成了康德所说的那种"厮杀的战场"。

那么，我们又该如何看待哲学回复到这种"争论不休"状态？有人可能说，哲学恢复了它的"思辨本性"，哲学本该如此，哲学就应该是一种"前科学状态"或"超科学状态"。当然，笔者还是比较赞赏分析哲学和科学哲学的思路，认为哲学还是应该走精确化的路子。笔者把目前形而上学、知识论、心灵哲学和道德哲学领域的思辨性讨论看作走向科学化、精确化的前奏或引导。也就是说，从哲学与科学的关系角度看，上述领域的思辨性探索所发挥的乃是"科学母体"的作用，这种探索或许对后来的科学发现有某种启发，甚至孕育出某个新的学科。

一、从传统形而上学到分析的形而上学

形而上学是西方哲学的一个古老分支，其含义大致相当于我们常说的本体论，也就是马克思主义哲学所说的"世界观"部分。形而上学与认识论和伦理学一道，通常被看作是西方哲学的三个最重要的组成部分。古希腊哲学的第一个派别米利都学派就以形而上学为主要特征，研究世界本身是由什么东西构成的。在亚里士多德的哲学体系中，形而上学是一个重要的组成部分。当然，大家都知道，亚里士多德自己并未使用"形而上学"这个词，他用的词是"第一哲学"。形而上学这个词是亚里士多德著作的编者用的，意思是"物理学之后"。中文译名"形而上学"出自《易经·系辞上》的"形而上者谓之道，形而下者谓之器"。"形而上者"或"道"指的是无体无形的事项，即感官不能感知的事项；"形而下者"或"器"就是指有形的、可以感知的事项。因此，所谓"形而上学"就是指研究不可感知的事项的科学。这个译名是切合亚里士多德的"第一哲学"的原意的。近代哲学创始人笛卡尔也使用"第一哲学"这个术语，他最著名的著作的名称就是《第一哲学沉思录》（也有人翻译为《形而上学沉思录》）。笛卡尔明确地把形而上学称为知识之树的根基，是哲学的首要部分。他把整个哲学比作一棵树，认为"形而上学是根，物理学是干，其他各门学科是分枝"。

但是，从19世纪30年代以来，形而上学经常受到攻击。以孔德、穆勒等人为代表的第一代实证主义和以马赫等人为代表的第二代实证主义者都排斥形而上学。到20世纪30年代的第三代实证主义即逻辑实证主义那里，反形而上学运动达到巅峰。逻辑实证主义者把形而上学看作是没有任何认知意义的胡说，对形而上学进行猛烈攻击。当然，逻辑实证主义者否定的是形而上学的认知意义，但承认它们有表达情感或情绪的意义。逻辑实证主义之后分析哲学的日常语言学派的反形而上学态度有所缓和，但对形而上学也还持敌视态度，经常运用语言分析手段揭露形而上学对语言的误用。至少在后期维特根斯坦哲学和牛津日常语言学派鼎盛时期，很少有哲学家自愿称自己是形而上学家。由于逻辑实证主义和日常语言学派的反形而上学态度，分析哲学经常被看作是反形而上学的。所以，讲"分析的形而上学"似乎有点自相矛盾，但这种自相矛盾是表面的。实际上，把分析哲学看作是"反形而上学的"，这个描述在很大程度上是不准确的。早期的分析哲学家并不反形而上学。罗素和穆尔（G.E.Moore）这两位分析哲学的创始人都不反对形而上学。罗素的逻辑原子主义的形而上学倾向非常明显。早期的维特根斯坦也有很强烈的形而上学倾向。无论是罗素的逻辑原子论还是维特根斯坦的《逻辑哲学论》，都试图阐明世界的本体论结构，这本身就是一种形而上学。

在 20 世纪 60 年代以来的后期分析哲学中，逻辑实证主义和日常语言学派的那种对形而上学的偏见也开始得到纠正。在这个转折过程中，美国哲学家蒯因（W.V.O.Quine）提出的"本体论承诺"和牛津哲学家斯特劳森（P.Strawson）提出的"描述的形而上学"起到关键性作用。普特南（H.W.Putnam）在《从内部看哲学的半个世纪》一文中说，自蒯因之后，英美分析哲学家开始拥有一种本体论风格，这里发生了角色颠倒：分析哲学在逻辑实证主义阶段将自己描绘成是反形而上学的，后来却逐步演变成世界哲学舞台上最显眼的形而上学运动，这就是"分析的形而上学"。① 普特南的这个描述应该说是比较准确的。

二、分析的形而上学的主要问题

对于当代分析的形而上学探讨的主要问题，不同的学者有不同的概括。韩林合认为，从当代分析哲学家的观点看，形而上学的适当任务应该是这样的：研究作为存在物的存在物或存在物本身，或者说存在物就其本身而言（或者说在其存在范围内）所具有的那些属性。这种形而上学所关心的主要问题是：何谓存在？是否存在为所有存在物所共同具有的属性，我们又如何解释这些属性？存在物的最为基本的类别有哪些？这些不同类别的事物之间具有什么样的最为一般或最为基本的关系？简言之，世界或实在的最为基本的结构或者说其本质结构是什么样的？按照这种理解，某种意义上的存在论构成了形而上学的核心内容。具体而言，分析的形而上学的主要问题包括：存在与同一性；变化与持存；个体、性质和关系；事实、事态与事件；因果关系；还原、突现与

---

① 参见［美］H.W.普特南：《从内部看哲学的半个世纪》，王义军译，载陈波主编：《分析哲学：回顾与反省》，四川教育出版社 2001 年版，第 99 页。

伴生；可能世界；等等。① 分析的形而上学对这些问题的探讨非常专业，技术性很强，我们这里只是作简单介绍。

（一）存在与同一性问题

1. 存在（existence）

"存在"一词究竟表达了什么样的一个概念？古希腊哲学家亚里士多德认为，一个实体存在就意味着它是其本质的自身。例如，苏格拉底存在就意味着苏格拉底"是存在的"，其中"是存在的"是指苏格拉底的本质特性。近代哲学家康德首先对亚里士多德的观点提出了挑战，他断言存在不是事物的谓词或性质，把"存在"加到一个事物身上等于什么也没加，实际存在的东西并不比相应的可能的东西包含更多的性质。

现代分析哲学奠基人弗雷格区分了一阶谓词（first-level predicate）和二阶谓词（second-level predicate），认为"存在"不是一阶谓词而是二阶谓词。一阶谓词用于修饰单个的实体，例如，"苏格拉底是智慧的"，其中"智慧的"作为一阶谓词修饰苏格拉底。二阶谓词则是用于修饰一阶谓词的，例如，"智慧（being wise）是好的"，其中"是好的"就是修饰"智慧"的二阶谓词。按照弗雷格的观点，"苏格拉底存在"中的"存在"不能被读作"是存在的"而修饰苏格拉底。该句子应该被解读为"至少存在一个东西，该东西同一于（identical with）苏格拉底"，这样"存在"就成为修饰"是同一于苏格拉底的"这个一阶谓词的二阶谓词。

弗雷格主要基于以下两个原因而把"存在"看作是二阶谓词：其一，如果"存在"是一阶谓词，那么存在就是个体的一个特性，这样"不存在"（non-existence）也应该是个体的一个特性。假定一个个体 X

---

① 参见韩林合：《分析的形而上学》，商务印书馆 2003 年版，第 14—15 页。

具有不存在这个特性，因为具有一个特性，个体 X 就应该存在；但是具有不存在这个特性，X 又应该不存在，这样就出现了自相矛盾。其二，类似的困难来自否定性命题。我们会说"孙悟空不存在""猪八戒不存在"，因为他们只是小说中虚构的人物。但是如果不存在是作为个体的孙悟空和猪八戒的特性的话，那么他们应该存在才可能具有这样的特性，这样也会导致悖论。弗雷格把"存在"视为二阶谓词就可以解决上述困难。

对于弗雷格把"存在"当作二阶谓词的观点，也有一些哲学家提出了不同意见。对于上述把"存在"作为一阶谓词时所面临的两个困难，他们提出了解决方案。其一，他们发现，这两个悖论都含有一个暗藏的假设：如果存在是一个个体的特性，那么不存在也必须是个体所具有的特性，并且具有这个特性的个体也必须存在。他们争辩说，这个暗藏的假设在逻辑上是有问题的，承认存在是真正的一阶特性并不意味着必须承认不存在也是真正的一阶特性。其二，有些哲学家认为有两种意义的存在。虚构的人和物蕴含了（encode）许多特性，因此它们以"潜存"（subsists 或 is）的方式存在。而时空中实际存在的人和物例示了（exemplify）许多特性，因此它们以"实存"（exists）的方式存在。

关于"潜存"和"实存"的区分又引发了哲学家们有关虚构实体究竟在什么意义上存在这一问题的争论。有的哲学家坚持，存在的意义只有一种，但我们对不同对象的存在有不同的"本体论承诺"，数学在科学话语中的"不可或缺"使我们产生了对数学对象的存在的本体论承诺，虚构人物在虚构话语中的"不可或缺"使我们产生了对于虚构人物的存在的本体论承诺。[1] 本体论承诺是美国著名哲学家蒯因在《论何物存在》一文中提出的核心概念，这篇论文对于形而上学的复兴发挥了重要作用。

---

[1]　参见黄益民：《当前分析的形而上学中的核心课题》，《世界哲学》2007 年第 5 期。

2. 同一性（identity）

哲学家们通常都坚信，所有存在物都有一个共同的特点：它们都分别与自身同一，并且彼此相异。这个特点是一个存在物之为存在物的必备条件之一。对于任何一个事物而言，我们只有在能够为其提供同一性标准或个体化标准的情况，我们才有意义地谈论它与它自身同一或与他物相异，否则的话，它就不成其为存在物。那么，我们该如何理解这种同一性？如何一般性地规定同一性标准或个体化标准？这些问题就是哲学家们在同一性论题下所探讨的重要问题。

人们通常认为，同一性首先具有如下两种性质：一是自返性，每个事物都与其自身同一，用符号表示就是（x）（x＝x）；二是相同事物的不可分辨性（the indiscernibility of identical），这就是莱布尼茨法则，即如果两个事物是同一的，那么它们必定拥有完全相同的特性，用符号表示就是：（x）（y）（x＝y→（p）（px≡py））。

对于上述的绝对意义上的同一性标准，有些哲学家提出了质疑。有哲学家指出，在给定的语言 l 中，关于特性 p 的资源是有限的，而在一个包括 l 但比 l 更丰富的语言 l_1 中，原来的同一关系就可能不存在。这就是说，对于两个事项 x 和 y 而言，相对于语言 l 中的特性而言它们拥有完全相同的特性，因此按照上述莱布尼茨法则，x＝y，但是，在 l_1 语言中，则很可能 x 拥有新的特性 q，而 y 不拥有特性 q，这样按照莱布尼茨法则，x 和 y 就不同一。

在否定了绝对同一性概念之后，有的哲学家提出了相对同一性概念：对于任何两个事项 x 和 y 而言，我们只能说相对于某个类 f 而言它们是同一的。比如，"昨天的张三和今天的张三是同一个人"的意思是，相对于人这样的分类概念而言，昨天的张三和今天的张三是同一的，尽管譬如说构成今天的张三的细胞和构成昨天的张三的细胞已经有所不同。

也有哲学家认为上述的相对同一性概念没有意义，我们只有在承认绝对同一性之后才能有意义地讨论相对同一性。当代美国著名哲学家蒯因在《同一性、实指和本质》① 一文中提出了另一种相对同一性概念。他指出，如果有一组存在物在一个给定的言谈中是无法分辨的，那么这些存在物相对于这种言谈而言是同一的。古希腊哲学家赫拉克利特曾经说，"人不能两次踏进同一条河流"。在不同时刻，一条流动的河所由以组成的水分子确实有所不同，从这个意义上说，我们无法两次踏进同一条河流。但是，在蒯因看来，对于我们的日常言谈框架而言，我们又无法把这条河流的不同时刻的"实体存在"区分开来，我们还是把它们看作是同一于那一条河。蒯因还进一步指出这种相对的同一性的本体论地位问题，并提出一种实用主义的解释，即我们主要是出于实用上的方便考虑，而在给定言谈中不分辨原本不同的存在物。因此，这种相对同一性不是世界本身所固有的，而是我们的言谈框架投射到世界上去的。

（二）变化与持存

前面我们在讨论同一性时没有专门提到时间问题。按照同一性与时间的关联情况，我们可以把同一性分为两种，即共时的同一性和历时的同一性。共时的同一性指的是在某个给定的时间点与时间段事物甲和事物乙的同一性，例如，苏格拉底和柏拉图的老师的同一性。历时的同一性指的是一个事物甲在不同时间点上的同一性，或者说处于不同时间点上的事物甲和事物乙的同一性，例如，少年的柏拉图和老年的柏拉图的同一性。与共时的同一性相比，历时的同一性在哲学上更受关注。历时的同一性也就是历经时间而持存或继存问题：一个具体的个体事物在某个时间点生成，又在另一个时间点毁灭，我们通常都坚信在这两个时间

① 该文载于 W.V.O.Quine, *From a Logic Point of View*, Cambridge, MA: Havard University Press, 2001, pp.65-79。

点之间的时段，该事物作为同一个存在物持续存在，也就是说，具体的个体事物在生与灭之间的这个时间段内，它们通常会经历各种各样的变化，但我们通常又认为它们总是作为同一个事物而存在着。那么，这种看似矛盾的既变化又同一的现象究竟是如何可能的呢？

1. 个体事物的变化与持存

关于一般个体事物的变化与持存问题，目前主要有整存论和分存论两种主要理论观点。（1）整存论。该理论认为一个事物在时间中持存就意味着该事物在一个时间段中的各个时刻都整个地和完整地作为它自己而存在着。（2）分存论。该理论认为一个持存的对象是由不同的时间部分组成的一个整体。换言之，就像一个存在于空间中的事物在空间中铺展开，从而是由占据不同空间的部分组成的整体一样，分存论认为持存的事物也类似地在时间中铺展开，从而是由占据不同时间的部分组成的一个整体。① 无论是整存论还是分存论都有它们各自的解释力上的优势，也有它们各自的难题。目前这两种理论正在进行激烈的争论。② 这个争论比较复杂，由于篇幅关系，这里不拟介绍。

2. 个人的历时同一性问题

我们这里想着重讨论的是人这种特殊的个体事物的历时同一性问题，即个人同一性（personal identity）问题。众所周知，在我们人的一生中，从生物学的意义上说，我们身上的每一个分子都在改变（我们身上旧的细胞不断地死亡，新的细胞不断地生成），我们的思想也不断变化，我们小时候的思想到我们年老时可能早已荡然无存，那么，我们每一个人在不同的时候是同一个人吗？或者说，在什么意义上说，我们

---

① 参见黄益民：《当前分析的形而上学中的核心课题》，《世界哲学》2007 年第 5 期。
② 参见韩林合：《分析的形而上学》，商务印书馆 2003 年版，第 76—91 页。

在一生中保持为同一个人？这个问题不仅仅是理论上的问题，它还是一个有着重要现实含义的问题。比方说，一个年轻人犯有谋杀罪，被判无期徒刑。从 20 岁一直监禁到 60 岁，那么这个老人和犯罪的年轻人是同一个人吗？假如组成该年轻人的细胞都已经不再存在于老年人的身上，那么从身体的成分角度看，该年轻人实际上不是已经被替换了吗？甚至该年轻人头脑中的想法也完全发生改变，从思想上说与该老人似乎也不再是同一个人。要是这样的话，这个年轻人所犯下的罪行和一个完全不同的老人有什么关系呢？这里的关键问题是，这个老年人是不是还有罪？是不是该把他放出来？细想起来，这个问题确实是一个需要说明的现实问题。① 对于这个个人同一性难题或困惑，当今哲学家和科学家仍然争论不休，至今仍然得不到很好的解答。

如果我们把前面所介绍的整存论和分存论观点应用于个人同一性问题，那么对个人的同一性就有两种方式的理解：（1）整存论的理解是，张三从时间 t_1 到时间 t_2 保持同一（在这段时间持存）意味着 t_1 时的张三就是 t_2 时的张三，或者说，张三完整而完全地存在于 t_1 和 t_2；（2）分存论的理解是，张三是由 t_1 时的张三和 t_2 时的张三这两个不同的时间部分所构成的聚合物。

那么，到底是什么样的根据使得我们能够断言或判定张三在这段时间内保持着同一性？在古希腊，苏格拉底认为一个人的灵魂是其个人同一性的基础，只要同一个灵魂持续存在，同一个人就继续存在。在近代哲学家中，洛克对这个问题的研究有较大贡献。洛克认为，人的意识是保持自我持续性的条件，记忆是保持一个人同一性的基础，正是记忆把今天的我和昨天的我联系在一起。在这个问题上，当代哲学家大致有以下几种理论观点：（1）身体标准理论。这种理论认为，个人的同一性建立在物质基础上，人的身体决定人的同一性。具体来说，个人同一性

---

① 参见 Brooke Noel Moore and Kenneth Bruder, *Philosophy*: *The Power of Ideas*, Mountain View, California: Mayfield Publishing Company, 1990, p.7。

标准应该建立在躯体、大脑或它们的主要关键部分等身体标准之上。但是，在当今人的身体器官可以被更换的情况下，这种观点受到很大的挑战。假如我们所有的身体器官都被更换一遍，那么，我们还是保持为同一个人吗？还有人借助现代科学研究成果，坚持基因测定是判断个人同一性的标准。这个观点似乎有一定道理。但问题是，从日常生活角度看，我们通常并不借助基因测定来形成个人同一性判断。（2）心理标准理论。这种理论认为，个人同一性标准应该建立在诸如记忆、心理特征的接近与持续等心理特征之上。一些哲学家在很大程度上继承了洛克的记忆理论，主张心理连贯性决定个人的同一性。按照这种观点，人的自我的存在离不开自我意识，所以，自我意识的连贯性决定个人的同一性。但是，这种观点的反对者可能会问，当一个人失忆后，难道他就不再是同一个人吗？（3）无标准理论。这种理论认为，关于个人同一性，并不存在严格意义上的充分而且必要的条件和标准。一些哲学家认为个人同一性是身心连续体之外的进一步的事实，也有哲学家认为个人同一性判断是一个实用主义的程度问题。（4）超越标准理论。该理论认为我们不能像前三种理论那样陷入寻找个人同一性标准的泥潭。在这种理论看来，如果我们对诸如身心关系、持存以及时间等相关的形而上学问题没有一个明确的立场，那么我们实际上不可能真正有意义地回答关于个人同一性的许多问题。①

也有哲学家认为，个人的持存问题与个人的同一性问题并没有什么特别的关系。这种观点认为，人的持存并不意味着人的同一性，甚至于并没有假定人的同一性。一个人的持续存在，不必前后保持同一性，而只需要前后具有一定的心理或物理连续性即可。因此，我完全可以作为

---

① 参见 J. Kim and E. Sosa（eds），*Metaphysics*：*An Anthology*，Oxford：Blackwell Publishers，2000，Parts Ⅴ-Ⅵ；M. Loux，*Metaphysics*：*A Contemporary Introduction*，second edition，London and New York：Routledge，2002，Chapter 6；黄益民：《当前分析的形而上学中的核心课题》，《世界哲学》2007 年第 5 期。

两个不同的人继存下去，而这并不意味着我就是这两个人。①

（三）个体、性质和关系

按照人们通常的理解，世界是由个体、性质和关系构成的。性质和关系都可以被看作是"属性"，性质是一个存在物所具有的属性，是一元的（monadic），而关系则是两个或两个以上的存在物所具有的属性，是多元的（polyadic）。哲学家们经常用"特殊的"（particular）和"普遍的"（universal）这一对概念来刻画个体和属性的特征。一些哲学家认为，个体是特殊的存在物，是殊相（particulars），而性质和关系是普遍的存在物（universals），是共相；一些哲学家则认为，性质和关系也只能作为殊相而存在；还有一些哲学家否认存在任何形式的性质和关系，只承认存在个体。

1. 关于性质和关系（属性）的理论

在哲学上，坚持性质和关系作为共相而存在的理论，被称为"实在论"（realism）或"共相论"（universalism）；坚持性质和关系只能作为殊相而存在的理论，被称为"特普论"（trope theory）；坚持只存在个体而不存在任何形式的性质和关系的理论，被称为"唯名论"（nominalism）。"特普论"和"唯名论"也被合称为"殊相论"（particularism）。

按照实在论，当不同的存在物具有相同的属性时，如玫瑰花是红色的，天上的晚霞是红色的，丹霞地貌是红色的，它们实际上是在"分享"一个共同的东西。这个共同的东西是另一种类型的实体或存在体（entity）。实在论者把这种被个体事物所共同分享的存在体称为共相。红色、美丽、大于等性质或关系都是共相，所有的共相都是确实存在的存在物。在哲学史上，柏拉图主义是实在论的典型代表。柏拉图认为，

---

① 参见韩林合：《分析的形而上学》，商务印书馆 2003 年版，第 118 页。

作为抽象实体的共相都是存在于时空之外的形式（Form）或理念，而时空中的具体事物通过"分有"某个形式而具有相应的属性。尽管当代实在论者的立场和观点各有差别，但他们都认为作为抽象实体的共相是存在的，而具体事物通过"例示"或"展示"的方式与某个共相发生关系从而具有相应的属性。

在这个问题上，唯名论者的观点则与实在论者的观点正好相对立。他们认为，所有的抽象实体及共相都不存在。唯名论有简约唯名论、元语言唯名论、相似性唯名论、概念唯名论和类唯名论等形式。简约唯名论认为，只有具体的个体事物是真实存在的，具体的个体事物主要是指时空中的单个对象，如单个的人、植物、动物等物质对象。并且，坚持这种观点的哲学家们认为，具体的个体事物分享共同的属性是一个最基本的、不能再被进一步还原的事实。因此，当我们说"某个个体 x 具有属性 p"时，我们就是在指称"x 具有 p"这个基本事实。元语言唯名论（metalinguistic nominalism）或谓词唯名论也认为，只有具体的个体事物是真实存在的，但它坚持认为，当我们说"某个个体 x 具有属性 p"时，我们不是在指称像"x 具有 p"这样非语言的基本事实，我们实际上只是在谈论语言中的表达式。例如，当我们说"张三是勇敢的"，我们的意思是："勇敢的"是一个适用于张三的形容词或谓词。相似性唯名论认为，当我们说"某个个体 x 具有属性 p"时，我们的意思是：它与某个或某些作为范例性的 p 对象适当相似。例如，当我们说"天上的晚霞是红色的"，我们的意思是：天上晚霞的那种颜色与红苹果的那种红色极为相似。也就是说，我们用对象之间的相似性来解释两个或两个以上的对象共同具有一种性质，而不用共相这样的抽象实体来解释。概念唯名论认为，众多个别事物具有同一种属性，只是因为我们用同一个概念把它们归为一类。类唯名论认为众多个别事物具有同一种属性是因为它们属于同一个方面的集合，属于同一方面的类。

　　"特普论"一词译自英文"trope theory"①。其观点介于实在论和唯名论之间，它承认性质和关系的真实存在，但认为它们只能作为殊相存在，而不能作为超越时空的共相而存在。在这种观点看来，任何个体事物所具有的任何性质都是该事物所独有的，都是独特的、特殊的，都不能为其他事物所具有，任何两个对象甲和乙所具有的关系也只能是这两个对象之间的独有关系，而不能为任何其他对象所具有。例如，我面前的这个红色苹果的颜色、形状、重量、大小、味道、硬度等都是这个苹果所独有的，而不可能为任何其他对象所具有。特普论经常以相似性来解释多个对象的属性一致现象，即多个对象具有属性 p 的原因在于它们分别所具有的作为殊相的特性彼此相似。在这个意义上说，它与上述的相似性唯名论有类似之处。

　　学界通常认为，上述关于共相和抽象实体的不同理论各有其优势和弱点。实在论的优势是它能够较好地解释不同事物具有相同属性问题（即属性一致问题）、抽象指称问题等，其弱点是无法很好地解释作为时空之外的存在物的抽象实体与作为时空内的个体事物之间的因果隔绝难题。唯名论的优缺点正好和实在论相反，其优点在于本体论较为简约，可以避免作为时空之外的存在物的抽象实体与作为时空内的个体事物之间的因果隔绝难题，其缺点是不能很好地解释属性一致性问题与抽象指称问题。特普论的优缺点与唯名论类似。

　　关于唯名论和特普论所面临的困难，哲学家们经常提到的有三条。② 一是不可或缺论证。当代美国哲学家蒯因和普特南都曾经指出，

---

① 据考证，"trope"一词来自拉丁词"tropus"，意思是对一个词的比喻性使用。这个词的本来意思与作为殊相的性质和关系没有什么联系。但现在这个比较怪异的词却得到大多数哲学家的认可，因此人们将只承认作为殊相的性质和关系的理论称为"trope theory"。一些译者在将该词翻译为中文时采取音译加意译的办法，称之为"特普论"。参见韩林合：《分析的形而上学》，商务印书馆 2003 年版，第 141 页。
② 参见 Z.G.Szabo，"Nominalism"，in M.Loux and D.Zimmerman（eds.），*The Oxford Handbook of Metaphysics*，Oxford：Oxford University Press，2005，pp.11-45。

数学理论对当代物理学及其他科学而言是不可或缺的，而数学理论对相应的抽象实体是有本体论承诺的，因此物理学以及其他科学也持有相应的本体论承诺。对于这个论证，唯名论者有两种回应策略：要么否认数学理论必须假设抽象实体的存在，要么否认数学理论对物理学以及其他科学而言是不可或缺的。这些都是目前仍然在热烈地争论着的话题。二是相似性难题。一些哲学家指出，对于求助于相似性来解释属性一致问题与抽象指称问题的唯名论者和特普论者而言，会遇到一系列难题。首先，两个不同的东西究竟是因为它们相似我们才说它们具有某个性质，还是因为它们具有某个共同的性质我们才说它们相似？比如，一个红苹果和一片晚霞，究竟是因为它们的颜色相似我们才说它们都是红色的，还是因为它们都是红色的我们才说它们颜色相似呢？唯名论者坚持前者，但反对者认为他们本末倒置，后一种说法更有道理。其次，即便"相似性"可以解释不同事物的相同性质，但它无法解释该性质本身。假设世界上只有一个红色的东西，它不同任何其他东西相似，那么，"相似性"显然无法解释它的红色这一性质本身。最后，相似性的连续性问题。比如，就颜色而言，黄色介于橙色和绿色之间，而且这三种颜色之间有一个逐渐过渡的过程。假如把几百个个体事物的颜色摆在一起，形成橙黄绿三种颜色的连续性，其中每一个事物的颜色都与下一个事物非常相似。也就是说，任何两个相邻的事物的颜色都同等程度地相似。那么，我们为什么说这里有三种颜色而不是一种颜色？即便是维特根斯坦的"家族相似"理论也无法解决这个难题。实在论者用橙色、黄色和绿色这三个"共相"的客观存在以及个体事物对"共相"的不同程度的"分有"或"例示"来解释这个连续性现象，似乎可以避免上述难题。三是概念唯名论和类唯名论的难题。概念唯名论和类唯名论在解释属性一致性时求助于概念、类或集合。但是，反对者指出，它们还是无法回答我们为什么把某些东西而不把另一些东西归于一个概念之下，或归于一类或一个集合之下。

正是由于唯名论和特普论无法圆满地解决众多个别事物具有同一属性问题，所以，有关性质和关系的实在论大有市场。一些学者认为，尽管实在论既承认作为共相的性质和关系的存在，也承认殊相的存在，因而从本体论角度看并不简约，但它可以较好地解释许多令人困惑的难题。相比较而言，特普论和唯名论在本体论上较为简约，但它们在解释属性一致和抽象指称等现象时往往不得不求助于更复杂的理论。因此，在权衡和选择形而上学理论上，要综合考虑它们的各自利弊。有学者认为，经过权衡利弊，还是实在论更为可取。当然，我们所应选取的实在论不是柏拉图意义上的实在论，而应该是这样的实在论："承认作为共相的性质和关系的存在，但不认为它们存在于某种非时空的世界中，而是认为它们就存在于现实的时空世界中；而且即使没有现实地得到例示的性质和关系也是现实地存在的，但是不存在不可能得到现实地例示的性质和关系"。①

2. 关于个体的理论

按照彻底的唯名论观点，不存在任何共相，只存在殊相，而且只存在一种殊相，即个体，不存在任何形式的性质和关系。这样，从本体论角度看，个体也就不可能具有任何结构，它们是不可进一步分析的模糊不清的一团东西。当然，这种唯名论也承认，个体可以具有这样或那样的物理结构，它们可以是由更小的物理成分构成的，最终是由物质微粒构成的。

实在论承认性质和关系作为共相存在，特普论不承认性质和关系作为共相存在，但承认它们作为殊相存在，那么实在论和特普论如何看待作为殊相的个体？由于它们承认性质和关系的存在，因此它们认为，从本体论角度看，个体都是有结构的，是可以进一步分析的，它们都是由

---

① 韩林合：《分析的形而上学》，商务印书馆 2003 年版，第 162 页。

更小的或更根本的本体论要素构成的。关于个体的本体论要素，目前存
在两种比较流行的观点。一种观点认为，所有个体实际上都是由其所具
有的各种各样的性质构成的，它们不过是性质束或性质簇，或者说是性
质的集合。另一种观点认为，所有个体都是由两种要素构成的：其一是
它们所具有的各种各样的性质，其二是作为这些性质的承担者或具有者
的赤裸的基质或支撑物。前一种观点被称作关于个体的捆束（bundle）
理论，后一种观点被称作关于个体的基质（substratum）理论。按照后
一种个体理论，一个具体的个体首先有一个作为基底的东西，这个东西
本身没有什么性质，所以说基质是一个赤裸的光秃秃的东西（殊相），
但是这个作为基质的光秃秃的东西却是这个个体所具有的各种各样的性
质的支撑者，是这些性质得以展示的载体。应该说，这个基质理论比较
符合我们通常的直觉。比如，我们通常觉得一个苹果作为一个具体个体
首先是一个东西，然后这个东西具有颜色、气味、味道、软硬、形状等
各种各样的性质。但是，持捆束论的哲学家反对基质的存在，他们认
为，一个具体个体是由它的各种性质以特定的方式和特定的结构组合而
成的。比如，一个苹果就是由它的色、形、香、味等性质以特定的形式
结合而成的，所谓作为光秃秃的"承载体"的东西其实并不存在，只
是我们的想象投射到现实世界上去的结果，说得更直白一点，它实际上
是我们虚构的产物。人们通常认为，在哲学史上，休谟是坚持特普论的
捆束理论的典型代表，洛克是坚持特普论的基质理论的典型代表，而罗
素则是先坚持实在论的基质理论，而后又转向坚持实在论的捆束理论。

　　无论是捆束理论还是基质理论，在理论上都有各自的困难。[①] 一些
哲学家认为，在对个体的分析上，最关键的是应该尊重我们的常识理
解，即承认我们通常所说的个体具有属性（性质和关系），而不是在本
体论上更为基本的其他东西具有属性。他们认为两千多年前的哲学家亚

①　参见韩林合：《分析的形而上学》，商务印书馆 2003 年版，第 164—174 页。

里士多德的关于个体的"实体理论"就更符合这种常识理解。亚里士多德的实体理论反对具体个体是由本体论上更为基本的元素构成的假设，转而认为我们通常所熟悉的具体个体就是本体论意义上的最基本的实体。这些具体个体展示了和它相结合的相关属性（共相），其中有些属性对于某个个体而言是偶然的属性，有些属性对该个体而言是本质属性。① 比如，对于柏拉图这个个体而言，"属于人这个类"是他的本质属性，而他作为"哲学家""《理想国》的作者""苏格拉底的学生"等则是他的偶然属性。

此外，在与具体个体的本体论状态相联系的前沿讨论中，个体化（individuation）也是一个重要话题。所谓个体化问题指的是，究竟是什么使一个具体的对象被挑选和分离出来变成一个独立的个体，或者说是什么使一个个体变成它自己？② 与此相关的一系列难题目前还没有得到很好的解决。

（四）本质属性与非本质属性

亚里士多德区分了个体的本质属性和偶然属性，因此他的个体理论通常被看作本质主义的形而上学理论。这种本质主义在 20 世纪很长一段时间里受到了冷落。但是，在 20 世纪 80 年代初，美国哲学家克里普克（Saul Kripke）在《命名和必然性》（1980 年）一书中又把本质主义问题重新带回哲学讨论之中。克里普克认为，我们可以通过反事实（counterfactuals）假设方法来确定什么是或不是事物的本质属性。具体地说，某物有属性 P，如果我们可以设想在一个可能世界里，此物可以不具备此属性而存在，那么，P 就不是它的本质属性；反之，P 就是它

---

① 参见黄益民：《当前分析的形而上学中的核心课题》，《世界哲学》2007 年第 5 期。
② 参见 M. Loux, *Metaphysics：A Contemporary Introduction*, second edition, London and New York：Routledge, 2002, Chapter 3; E.J.Lowe, "Individuation", in M.Loux and D.Zimmerman (eds.), *The Oxford Handbook of Metaphysics*, Oxford：Oxford University Press, 2005, pp. 75-95。

的本质属性。比如，"人"和"亚里士多德的老师"都是柏拉图的属性，但两者都是他的本质属性吗？在克里普克看来，我们可以设想在一个可能世界里，柏拉图不是亚里士多德的老师，但我们不能设想在任何可能世界里，柏拉图不是人，所以，"人"是柏拉图的本质属性，但"亚里士多德的老师"不是他的本质属性。但是，也有一些哲学家指出，克里普克的反事实假设方法有一定的随意性，因为什么是可以想象的和什么是不可以想象的，有时会因人而异。克里普克指出，在可能世界中，老虎可以丧失所有的表面特征，只要其内在结构不变，就不会因此而不再是老虎。因为只要某一种类事物拥有其本质属性，就拥有其同一性，在有关该类事物的所有可能世界中，本质属性是唯一不变者。比如，水的本质属性就是 H_2O，黄金的本质属性就是原子序数 79。按照克里普克的这个看法，即使事物的外显特征完全改变了，只要它的本质结构保持不变，事物仍然是其自身。比如，水的外在特征完全改变了，只要它的本质结构是 H_2O，它就仍然是水。但问题是，我们也可以想象在一个可能世界中，水的外部特性或属性没有任何改变，而 H_2O 这个结构发生了改变。既然它的外部特性没有改变，我们可以喝，也可以用于浇花、洗衣服等，那么，我们是不是有理由把它看作是水？这种情况也是可能的、可以想象的。

由上述讨论可见，从可能世界角度讨论本质属性往往会受到我们的主观想象和判断的影响，而我们的想象和判断往往取决于我们所处的具体语境中的价值取向和我们的群体习惯，所以，有些哲学家认为，本质属性并不是独立于我们的认知而存在于客观对象中的事实。另一些哲学家则认为本质属性就是一种"物理"属性，本质主义是一种关于客观存在的、独立于我们的认知语境的客观对象之本性的理论。这两种立场和观点目前还处于争论之中。另外，关于本质主义的争论已经渗透到分析哲学的许多领域。比如，在心灵哲学中有关意识的本质是物理的还是感受性的争论，在形而上学中关于个人的同一性的本质是肉体还是心灵的争论，以及在语言哲学中关于专名的指称对象是否有本质属性的争论。①

（五）事件

如果说传统的形而上学主要关注的是事物及其属性的本体论状态，那么，我们可以说关注事实、事态和事件（event）的本体论状态是 20 世纪分析哲学的新特征。维特根斯坦在其名著《逻辑哲学论》（1921年）中"把世界看作是事实的总和，而不是物的总和"这个观点，就是形而上学的聚焦点的这种改变的重要标志。在 20 世纪上半叶，罗素、维特根斯坦和牛津普通语言派哲学家对事实和事态的本体论状态有大量的讨论。由于篇幅的关系，这里不拟赘述。我们这里主要想讨论关于事件的本体论分析。这是 20 世纪中后期才逐渐获得重视的形而上学领域中的前沿问题。其背后的原因大概有三个方面：一是在分析哲学的自然主义化背景下，哲学家们越来越重视自然科学的发展状况。而 20 世纪一些新兴科学理论，如相对论、量子力学以及生物学、心理学、生理学等学科中的前沿理论，都把事件看作是一个本体论上的基本范畴。二是在 20 世纪哲学的语言转向背景下，美国哲学家戴维森的工作表明，把事件作为基本的本体论范畴可以很好地揭示关于行动的语句的逻辑形式。三是在 20 世纪后半叶模态逻辑哲学兴起的背景下，大卫·刘易斯（David Lewis）将作为基础本体论范畴的所有时间中的对象都归类于事件，这也从一个方面突出了事件的本体论的基础地位。②

关于事件的本体论地位，主要有以下几种理论观点：（1）美籍韩裔哲学家金在权（Jaegwon Kim）认为事件是一个或几个对象在一定时

---

① 参见 E. J. Lowe，*A Svrvey of Metaphysics*，Oxford University Press，2002；L. A. Paul，"In Defense of Essentialism"，in J. Hawthorne（ed.），*Metaphysics*，*Philosophical Perspectives*，a Supplement to Nous，Malden，MA：Blackwell Publishing，2006，pp.333-372.
② 参见黄益民：《当前分析的形而上学中的核心课题》，《世界哲学》2007 年第 5 期。

间内对某种性质或关系的例示。（2）本内特（Jonathan Bennett）认为事件是性质实例或一种特普。（3）齐硕姆（R.M.Chisholm）认为事件是一种事态。（4）蒯因认为事件是具体的个体。（5）劳姆巴德（Lawrence Brian Lombard）认为事件是一种变化。

关于事件的同一性标准，蒯因认为当且仅当两个事件在同一时空领域中具有相同的内容它们才是同一的。戴维森认为当且仅当两个事件具有完全相同的因果作用和因果地位它们才是同一的。而金在权则认为当且仅当两个事件的组成部分（即对象、被展示的性质或关系以及时间）都一一对应相同，它们才是同一的。①

（六）因果关系

世界中的事物和事件都是相互联系的，它们彼此之间的联系方式多种多样。其中有些联系方式对于形成世界的某种特定结构具有决定性的意义，因果关系就是这种联系方式中最重要的一种。科学研究最为关心的就是事物与事件之间的因果关系，其目的就是通过揭示事物与事件之间的因果关系来对事物或事件进行解释和预测。在日常生活中，我们通常不会怀疑因果关系的客观有效性，科学家们也极少怀疑因果关系的客观有效性。但是，对因果关系的本质，哲学家们至今仍然无法给出令人满意的说明。

近代英国哲学家休谟首先对因果关系提出质疑。他从经验主义角度发现经验本身并不能向我们揭示客观的因果关系。我们的经验只是告诉我们一个事件（或事物）在前，另一个事件（或事物）在后，二者之间有前后相继的关系。然而，经验并不告诉我们前者是后者的原因。它至多可以告诉我们，迄今为止，这二者的出现有前后相继的恒常性。但是，前后相继的恒常性并不等于因果性。苏格兰哲学家托马斯·里德

---

① 参见 P.Simon，"Events"，in M.Loux and D.Zimmerman（eds.），*The Oxford Handbook of Metaphysics*，Oxford：Oxford University Press，2005，pp.357-385。

（Thomas Reid）就指出，白天和黑夜之间有稳定的前后相继性，然而二者之间并不具有因果关系，白天并非黑夜的原因。那么，我们到底该如何定义因果关系？一些当代哲学家从原因作为结果的条件这个角度来探讨。首先，原因不一定是结果的必要条件。例如，火柴可以点火，但它不是点火的必要条件，因为打火机也可以点火。火柴也不是点火的充分条件。如果火柴太湿，或者风太大，或者没有足够的氧气，火柴也不能点火。麦基（J.Mackie）把原因定义为产生结果的"充分的但不是必要的条件中的不充分的然而必要的部分"。他认为，尽管一个原因不是产生结果的必要条件，但它是产生结果的那一系列条件中的一个必要条件。在火柴点火过程中，火柴是必不可少的条件。尽管一个原因本身不是产生结果的充足条件，但它是充足条件中的一部分。按照麦基的理解，我们可以说，在给定条件下，原因是产生结果的充足条件。如果火柴是干的，风不太大，又有充足的氧气等条件，火柴可以点起火来，那么我们可以说火柴是点火的原因。[①]

这里又引出一个问题。原因和条件之间有没有区别？在上述例子中，我们是不是可以把火柴和充足的氧气都看作是点火的原因呢？进一步说，我们是不是可以把所有的条件都算作原因呢？近代哲学家约翰·斯图亚特·穆勒（John Stuart Mill）甚至把结果产生之前的整个无限宇宙的情况都看作是该结果的原因。这种极端的观点使因果关系失去了意义，实际上等于取消了因果概念。

事实上，在原因和条件之间并不存在严格的界限。至于什么是原因，什么是条件，可能与我们所思考的问题和所要解决的问题有关。比如说，张三死于心肌梗死。但假如他同时长了第二个心脏，当他的第一个心脏发生心肌梗死时，他的第二个心脏就会给他的大脑和身体的其他部位供血，他就不会死。如此说来，没有第二个心脏就是他死亡的原因

---

① 参见李晨阳：《形而上学》，载余纪元、张志伟主编：《西方人文社科前沿述评·哲学卷》，中国人民大学出版社 2008 年版，第 57 页。

之一。但是，我们一般不会说没有长第二个心脏是他死亡的原因。只有在正常人都长有两个心脏的情况下，我们才会说没有长第二个心脏是他死亡的原因之一。

另一个问题是，原因和结果之间有没有必然联系。休谟认为，如果甲是乙的原因，那么假如甲不发生，乙就不会发生。但是，这并不意味着根本就不存在另一个可以引起乙的原因丙，而是说在事实上甲引起乙的这种情况下，假如当初没有甲，乙就不会发生。有些哲学家认为，原因和结果之间的这种必然联系是理解因果关系的关键。刘易斯把这种关系称为"反事实条件依赖性"。借用上述例子，我们可以说，乙对甲有一种反事实条件的依赖性，即在甲引起乙之后，我们可以设想，当初没有甲，乙在同样的条件下会不会发生，如果乙不会发生，就说明乙对甲有这样的依赖性。这就是说，甲是乙的原因。

除了探讨因果关系之外，关于原因和结果本身是什么，也是较为重要的讨论话题。休谟曾经把原因和结果笼统地看作是"对象"的存在或活动，没有明确指明它们到底是事物还是事件。有人认为，像石头和椅子之类的物质事物本身似乎不可能引起结果发生。戴维森认为，原因和结果都是"事件"（events），事件是不可重复的个体的发生过程，因果关系是指一个事件引起另一个事件的过程。也有人认为，因果关系所联系的是"事实"（facts）。"事实"和"事件"的区别在于，在英文中，"事件"是用短语来表达的，比如，"恺撒之死"（the death of Caesar），而"事实"是用句子表达的，比如，"恺撒死了"（Caesar died.）。

（七）还原、突现和伴随

我们通常看到的事物都是复杂事物，它们都是由若干更小的部分按照某种方式组合而成的。现代物理学认为，所有物理事物终究都是由各种各样的不可观察的微观物质粒子（如原子、基本粒子、夸克等）构成的。因此，任何物理事物都是由其组成部分所构成的整体。那么，就一个特定的整体而言，其独特性质与其诸多构成部分的性质之间具有什么样的关系？更为一般地说，非物理性质和物理性质之间具有什么关系？不同的哲学家对于这种关系提出了不同的理解。一些哲学家将其理解为还原（reduction），另一些哲学家将其理解为突现（emergence），还有一些哲学家将其理解为伴随（supervenience）。①

所谓整体的性质与其诸构成部分的性质具有"还原"关系，指的是整体的性质可以完全还原为诸构成部分的性质，或者说可以从后者的性质中得到完全的解释。一些哲学家认为，这种还原关系是普遍存在的，甚至断言任何整体的性质与其构成部分的性质之间的关系，甚至更进一步说，任何非物理性质与物理性质之间的关系，都是这种意义上的还原关系。例如，近代机械唯物论认为，世界中的一切现象终究都是机械现象，最终都可以由经典力学的规律加以解释。也就是说，所有事物的性质最终都可以还原为机械性质，都能够用机械性质加以解释。这种所谓机械还原论是一种极端形式的还原论。这种观点的现代版本主张：一切具体存在物的最终结构都是基本粒子的结构或物理结构，而且它们的性质和行为最终都可以通过有关基本粒子的性质和行为的物理学规律或其他物理学规律加以解释。

与此相对照，另外一些哲学家认为，尽管世界上的一切具体存在物终究都具有基本粒子的结构或物理结构，都是物质的或物理的，但是这并不意味着它们的性质可以还原为基本粒子的性质或其他物理性质，它们的行为都可以经由有关基本粒子的性质和行为的物理学规律或其他物理学规律加以解释。在许多情况下，整体的性质与其构成部分的性质实际上是突现关系。所谓"突现关系"，指的是整体的性质是突现的，整

---

① 参见 J. Kim, "Supervenience, Emergence, Realization, Reduction", in M. Loux and D. Zimmerman（eds.）, *The Oxford Handbook of Metaphysics*, Oxford：Oxford University Press, 2005, pp.556-584；韩林合：《分析的形而上学》，商务印书馆 2003 年版，第 284 页。

体具有突现的性质（emergent properties），它们不能还原为其构成成分的性质，不能从后者的性质中得到完全的解释。比如，一个化合物的独特性质与其诸构成部分的性质之间的关系就是一种突现的关系。我们知道，氧气具有某些性质，氢气具有某些其他性质。它们依照某种固定的比例关系结合形成水。但是氧气和氢气本身所具有的性质并不能告诉我们由它们化合而成的水具有什么样的性质。也就是说，水的性质无法还原为氧气和氢气的性质，无法由氧气和氢气的性质加以解释，我们只有通过实际观察和分析水，才能获得关于水的性质的知识。任何生命体的性质与其诸构成部分的性质之间的关系也被看作是这种突现关系。同样，一个人作为一个整体所具有的心理性质与其诸构成部分所具有的化学性质或神经生理性质之间的关系也被看作是突现关系。坚持上述突现观点的理论被称作突现论（emergentism）。①

还有一些哲学家认为，一个整体的性质与其诸构成部分的性质之间的关系，或者说某些学科如心理学所讨论的性质与物理学所讨论的性质之间的关系，既不是还原，也不是突现，而是伴随。当我们称一组特性 A 伴随于另一组特性 B 时，我们主要表达这样两个意思：第一，特性 B 的产生必然导致特性 A 的产生，也就是说，特性 A 必然伴随着特性 B 的产生而产生；第二，任何关于特性 A 的变化必然地由关于特性 B 的变化而引起，也就是说，没有关于特性 B 的变化就必定没有关于特性 A 的变化。伴随性又可以分为个体弱伴随性和个体强伴随性以及区域伴随性和全球伴随性，并且全球伴随性又可分为几种类型。②

在分析的形而上学领域，目前比较热门的话题还有可能世界、可能性和必然性、自由意志、时间、空间等。由于篇幅限制，本讲不拟讨论。

_____

① 参见韩林合：《分析的形而上学》，商务印书馆 2003 年版，第 285—287 页。
② 参见贾益民：《当前分析的形而上学中的核心课题》，《世界哲学》2007 年第 5 期。

第三讲　当代西方知识论问题研究

杨　玉　成

　　认识论或知识论（epistemology or theory of knowledge）作为传统哲学的一个重要部门，主要研究知识的性质、来源及其局限性等问题。当代知识论指的是当代分析哲学背景下的知识论，特别是指 20世纪 60 年代初盖蒂尔问题（Gettier problem）提出之后半个多世纪以来西方认识论的发展和研究。当代知识论主要侧重研究以下问题：（1）什么是知识？即在何种条件下我们可以说一个认知者具有知识？（2）什么是认知辩护（epistemic justification）？即在何种条件下一个信念得到辩护？（3）我们能否得到真正的知识？即我们如何有效地应对认知怀疑论的挑战？（4）认识论问题是否受伦理问题、实用问题以及其他社会历史因素的影响和制约？在何种程度上认识论问题受到非认识论考虑的制约？（5）自然科学的发展，尤其是认知心理学、进化心理学、人工智能学的发展，是否以及在多大程度上影响哲学认识论的发展？[①] 本讲的讨论主要围绕上述（1）和（2）两个问题展开。

---

① 参见王新力：《认识论》，载余纪元、张志伟主编：《西方人文社科前沿述评·哲学卷》，中国人民大学出版社 2008 年版，第 2 页。

一、什么是"知识"?

当代哲学讨论知识的意义往往从我们日常语言习惯中如何使用"知道"一词开始。例如,当我说"我知道花园里有一只金翅雀"或"我知道珠穆朗玛峰是世界最高峰"时,我在表述我知道一个事实。这个事实可能是一个科学事实,可能是一个历史事实,也可能是其他事实。但是,当我说"我知道如何开车"或"我知道如何下棋"时,我所知道的就不再是一个事实,而是一种技能和如何做事的方式。再如,当我说"我认识他"或"我了解他"(I know him)、"我了解我家里可爱的小猫咪"、"我熟悉福州"时,这种认识或了解就既不单纯是对某一个事实的知道和理解,也不仅仅是对某一种技能的知晓和掌握,而是对我生存环境中熟悉的人、物、事的亲知与熟知。从我们日常说"知道"一词的这三种用法中我们可以得出知识概念的三种意义。这就是:关于"是什么"的知识(knowledge-that);关于"怎样做"的知识(knowledge about how to do something);亲知和熟知(knowledge by acquaintance)。很多哲学家认为,不仅关于事实的知识通常需要通过命题的形式表达出来,而且上述第二、第三种意义上的知识也只有通过命题的形式表达出来才能真正被理解,因此他们在讨论知识问题时,通常是在"命题知识"(prepositional knowledge)的意义上使用"知识"一词的。

二、盖蒂尔反例:得到辩护的真信念是知识吗?

20世纪60年代初,美国马萨诸塞大学哲学系教师盖蒂尔(Edmund

L.Gettier）在一篇题为《得到辩护的真信念是知识吗?》的短文①中指出，阐述某个人知道一个特定命题的必要和充分条件，是当代哲学界定义知识概念的一种重要尝试，并且他暗示这种定义知识概念的努力似乎可以追溯到柏拉图的《泰阿泰德篇》和《美诺篇》。② 用当代流行的哲学术语来说，这种知识定义的形式是：某人 S 知道命题 P 当且仅当（1）P 是真的；　（2）S 相信 P；　（3）S 相信 P 是得到辩护的（justified）。简单地说，这种知识概念就是把知识定义为"得到辩护的真信念"（justified true belief）。这也就是说，一个命题得以成为知识必须满足"真理""相信""得到辩护"这样三个基本条件。

后来一些学者的研究表明，尽管盖蒂尔把上述知识定义追溯到柏拉图似乎没有充分的依据，但该知识定义在当代知识论中确实有很大影响，经常被看作是经典的知识定义。正如盖蒂尔所指出的，20 世纪英国著名分析哲学家艾耶尔（A.J.Ayer）和美国哲学家齐硕姆都坚持类似的知识分析思路。艾耶尔在《知识问题》一书中把知识的必要和充分条件阐述为：

某人 S 知道命题 P 当且仅当

（1）P 是真的；

（2）S 确信 P 是真的；并且

（3）S 有资格相信 P 是真的。③

齐硕姆在《知觉：一个哲学研究》一书中也以类似的方式阐述了知识的必要和充分条件：

---

① 盖蒂尔（Edmund L.Gettier）的《得到辩护的真信念是知识吗?》一文不足 3 页，是名副其实的短文。盖蒂尔原本对此文并不寄予厚望，只是在同事催促下为完成单位的工作量而叫人把该文翻译为西班牙文发表于南美的一家刊物，后来才在著名哲学期刊《分析》上发表，不意此文成为哲学史上最著名的论文之一。盖蒂尔因此而爆得大名，恐怕他是哲学史上以最短的文字而成名的哲学家。

② Edmund L.Gettier, "Is justified true belief knowledge?", *Analysis*, XXIII（1963）.参见该文脚注 1。

③ A.J.Ayer, *The Problem of Knowledge*, Harmondsworth：Penguin Books, 1956, p.34.

某人 S 知道命题 P 当且仅当

（1）S 接受 P；

（2）S 拥有关于 P 的足够证据；

（3）P 是真的。①

当代一些其他哲学家在进行知识概念分析时，其基本思路通常也是分析"S 知道命题 P"这个语句成真的必要和充分条件。那么，知识概念分析的这个思路能行得通吗？一个命题之所以成为知识确实只需要满足上述三个条件吗？就在我们前面提到的《得到辩护的真信念是知识吗?》这篇短文中，盖蒂尔用两个小小的反例，对这个定义思路提出了质疑和挑战。②

盖蒂尔的第一个反例后来被称为所谓"合取反例"（conjunctive case）。假设史密斯和琼斯两人同时申请某一份工作。并且，我们再假设史密斯确信如下合取命题（即 P_1）是真的：琼斯就是那个会得到这份工作的人并且他的口袋里有十个硬币。史密斯持有这一信念的理由是，该公司老板对史密斯说他会把工作给琼斯，而且史密斯十分钟前刚刚数过琼斯口袋里的硬币，正好十枚。因此，我们完全可以说史密斯有理由相信 P_1 是真的，或者说史密斯相信 P_1 乃是得到辩护的。

因为史密斯相信 P_1 是真的，所以，从命题 P_1 推论出的命题 P_2 即"那个口袋里有十个硬币的人会得到这份工作"也必然为真。③ 如果史密斯相信 P_1，那么，我们也完全可以说史密斯有理由相信 P_2 是真的，或者说史密斯之所以相信 P_2 是得到辩护的，是因为 P_1 逻辑地蕴含着 P_2。

---

① 参见 Roderick M.Chisholm, *Perceiving：a Philosophical Study*, Ithaca, New York：Cornell University Press, 1957, p.16。

② 参见 Edmund L.Gettier, "Is justified true belief knowledge?", *Analysis*, XXIII（1963）。

③ 就严格的逻辑意义而言，第一个反例的这个推论是有问题的。大概也正是由于这个反例有瑕疵，后来的研究者们往往撇开第一个反例，而直接从第二个反例着手展开问题。参见王庆节：《知识与怀疑：当代英美哲学关于知识本性的讨论探析》，《中国社会科学》2002 年第 4 期。

　　但是，我们设想，实际的结果是琼斯并没有得到这份工作，而是史密斯本人得到了这份工作，而且史密斯在获得喜讯后又去检查了自己的口袋，发现里面竟然也正好有十个硬币！在盖蒂尔看来，事情的结果固然可以证明 P_1 为假，但并不能同时证明从 P_1 引申出来的 P_2 为假。P_2 仍然是真的，因为史密斯得到了这份工作并且他的口袋里有十个硬币。如果这个反例成立的话，那就表明艾耶尔等哲学家关于知识的经典定义有问题。我们知道，在这个例子里，首先，命题 P_2 "那个口袋里有十个硬币的人会得到这份工作"是真的；其次，史密斯相信 P_2；最后，史密斯相信 P_2 是有根据的或是得到辩护的。也就是说，史密斯对于 P_2 即"那个口袋里有十个硬币的人会得到这份工作"这一命题，拥有上述知识定义所规定的三个条件，但我们能够说史密斯知道 P_2 或史密斯对于 P_2 拥有知识？显然不能，因为史密斯的所谓"知道"充其量仅仅是一种巧合。

　　在盖蒂尔第二个反例中，对经典知识定义的质疑表达得更为清晰。这个反例被称为所谓"析取反例"（disjunctive case）。盖蒂尔首先让我们假设史密斯有足够的证据相信琼斯拥有一辆福特牌轿车，因为他回忆自他认识琼斯以来就总看见琼斯开着这辆福特车，并且他不久前还坐过琼斯开的这辆车。由此，我们得出史密斯相信命题 P_3：琼斯拥有一辆福特牌轿车。让我们再假设史密斯还有一位朋友叫布朗。布朗先生总是行踪飘忽不定。史密斯随机从地图上挑出三个城市，比如说波士顿、巴塞罗那、东京，加上 P_3，构成以下三个新的命题：

　　P_4：或者琼斯拥有一辆福特牌轿车，或者布朗在波士顿。

　　P_5：或者琼斯拥有一辆福特牌轿车，或者布朗在巴塞罗那。

　　P_6：或者琼斯拥有一辆福特牌轿车，或者布朗在东京。

　　我们知道，根据逻辑真值表，P_4、P_5 和 P_6 都是 P_3 所蕴含的命题，如果 P_3 为真，那么它们都必然为真。也就是说，无论布朗先生现在在波士顿、巴塞罗那还是东京，或者无论在哪里，只要 P_3 为真，P_4、P_5 和 P_6 都逻辑地必然为真。因此，史密斯有足够的理由相信 P_4、P_5、P_6。

不过，最后的结果是，琼斯并不真的拥有这辆福特车，车是租来的或者朋友借给他开的，但是，布朗先生确实是在巴塞罗那。

现在的问题是：根据艾耶尔和齐硕姆的经典知识定义，史密斯显然既没有关于 P_3 的知识，也没有关于 P_4、P_6 的知识。那么，史密斯是否有关于 P_5 的知识呢？答案显然也是否定的，因为 P_5 之成真纯属巧合。但是，同样无可置疑的是，史密斯对于 P_5，拥有经典知识定义所规定的三个条件：第一，P_5 即或者琼斯拥有一辆福特牌轿车，或者布朗在巴塞罗那是真的；第二，史密斯相信 P_5；第三，史密斯相信 P_5 是有根据的或是得到辩护的。

三、戈德曼（Alvin I.Goldman）的 "因果知识说"

那么，史密斯先生究竟知道还是不知道"那个口袋里有十个硬币的人会得到这份工作"呢？他究竟知道还是不知道"或者琼斯拥有一辆福特牌轿车，或者布朗在巴塞罗那"呢？按照常理，我们会说他不知道。但是，按照经典知识定义，我们又得说他知道。既然按照经典知识定义得出的结论如此地背离常理，那不正说明经典知识定义有问题吗！

那么，问题究竟出在哪里？我们该如何修补经典知识定义？自1963年盖蒂尔发表那篇著名短文以来，英美哲学界就这一问题展开了热烈的讨论。有的学者认为盖蒂尔的"辩护"（justification）一词的用法太宽泛，认为盖蒂尔反例中的所谓"得到辩护"根本算不上得到辩护，因此盖蒂尔反例对经典知识定义的挑战并不成其为真正的挑战。有的学者承认盖蒂尔反例的挑战并致力于探讨知识应该满足的第四个条件。在后一种努力中，最为重要的理论成果有阿文·戈德曼的"因果知识说"（the causal theory of knowledge）和罗伯特·诺齐克的"虚拟条件知识说"（the subjunctive conditional theory of knowledge）。1976 年，戈德曼在《哲学杂志》上发表了《关于知识的一种因果理论》一文。在该文中，戈德曼讨论了盖蒂尔反例，尤其是其中的第二个反例。戈德曼认为，经典知识定义的疏忽之处主要在于未能清楚地界定我们信念的内容与信念之间的因果关系。例如，当我们说史密斯先生知道"或者琼斯拥有一辆福特牌轿车，或者布朗在巴塞罗那"时，使史密斯先生相信"或者琼斯拥有一辆福特牌轿车，或者布朗在巴塞罗那"的证据是琼斯拥有一辆福特牌轿车。但是，使"或者琼斯拥有一辆福特牌轿车，或者布朗在巴塞罗那"这一命题为真的证据则是布朗在巴塞罗那，而史密斯先生并不真的知道布朗在巴塞罗那。用戈德曼自己的话来说就是："在这里使得命题 P_5 为真的乃是'布朗在巴塞罗那'这一事实。但这一事实却与史密斯相信 P_5 没有丝毫的联系。也就是说，'布朗在巴塞罗那'这一事实与史密斯相信 P_5 之间没有因果联系。假如史密斯相信 P_5 是因为他读到了一封布朗寄自巴塞罗那的信，我们也许可以说史密斯知道 P_5。另一种可能性是，假如琼斯的确拥有一辆福特牌轿车，并且史密斯相信琼斯是这辆福特车的主人是因为他不久前还坐过琼斯开的这辆车，而这又导致史密斯相信 P_5，我们也会说史密斯知道 P_5。因此，在（盖蒂尔）例子中，在使得 P_5 为真的事实与史密斯之相信 P_5 之间似乎缺乏一种因果联系。而关于这样一种因果联系的要求正是我想要加进传统的分析之中去的"。[①]

　　鉴于上述考虑，戈德曼主张在经典知识定义中加上第四个条件：我们所相信命题的内容必须与我们的信念之间有因果联系。因此，经过戈德曼修正的知识定义的表述形式是：

某人 S 知道命题 P 当且仅当

（1）P 是真的；

---

① Alvin I.Goldman，"A causal theory of knowing"，*The Journal of Philosophy*，vol.LXIV，no.12，1967.

（2）S 相信 P；

（3）S 的相信 P 是得到辩护的；

（4）P 是 S 相信 P 的原因。

显然，戈德曼关于知识的第四个条件是对第三个条件的补充与限制，其主要目的在于避免盖蒂尔反例的出现。戈德曼还将我们经由经验得来的知识分为三类，即通过知觉而来的知识、通过回忆而来的知识以及通过推论而来的知识，并较为详细地阐述了因果关系在获得这三类知识中的重要作用。当然，尽管戈德曼的"因果知识说"能够防止盖蒂尔反例，但仍然无法完全解答经典知识定义的问题。经典知识定义的目的是要找到有关知识的充分必要条件。这就是说，一方面，对于任何一个命题 P 而言，如果要成为知识，就必须满足知识定义规定的所有条件，缺一不可，这些条件应该是必要条件；另一方面，对于任何一个命题 P 而言，只要满足了知识定义规定的所有条件，它就必定成为知识，这些条件应该是充分条件。就这个"充分必要条件"标准而言，戈德曼的"因果知识说"一方面太严格，它所设置的条件会把人们所公认的一些知识排除在外，另一方面它又太宽松，会把一些我们原本不知道其是否为知识的"命题"纳入知识命题范围之内。

首先，戈德曼的"因果知识说"对知识范围的界定过窄，不能说明所有重要的知识现象，其适用范围有限。有学者指出，"因果知识说"能够较好地说明经验范围内的知识现象，而对诸如数学、伦理学等超出经验范围的知识则无法很好地说明。英国哲学家丹西（Jonathan Dancy）指出："我们可能无法保证我们的信念只能通过一条途径来得到证明，或者更具体地说，我们似乎毫无理由假设任何知识都必须经由因果的途径来获得，而这一假设的结果就是所有得到证明的信念 P 都必须源自与之相应的事实。"① 例如，数学上著名的大费尔玛定理

---

① Jonathan Dancy, *Introduction to Contemporary Epistemology*, New York：Blackwell，1985，p.35.

（Fermet's Last Theorem）近年来已被数学家们证明，成为人类数学知识的一部分。尽管经验事实确实能够在很大程度上帮助我们学习、理解数学知识，但我们也知道，对于数学知识的证明决非依赖于关于数的经验事实，数学知识的获取也并不是来源于经验事实。再比如，"不应杀害无辜"被世界上几乎所有的文化都奉为不可违反的道德律令，因此我们有足够的理由把它看作是人类共有的道德伦理知识。但是，按照戈德曼的因果理论，我们是否可以说我们之所以具有这一道德知识是因为"大多数人没有杀害无辜"这一经验事实呢？或许事情反过来说才更有道理。也就是说，不是因为"大多数人没有杀害无辜"这一事实使得我们具有"不应杀害无辜"的道德知识，而是因为我们人类社会有了"不应杀害无辜"的道德知识，才有"大多数人没有杀害无辜"的事实。①

其次，戈德曼的"因果知识说"对知识的界定又太宽，难以有效应对怀疑论的挑战。戈德曼的知识定义严重依赖因果关系。众所周知，自近代英国哲学家休谟首次对因果推理的有效性提出质疑以来，对因果关系的辩护就一直是一个悬而未决的难题。戈德曼过于轻易地使用"未经可靠辩护的"因果关系来定义知识和描述知识获取过程，因此他所宣称的"知识"是否真的成其为知识难免令人生疑。

四、诺齐克（Robert Nozick）的
"虚拟条件知识说"

罗伯特·诺齐克在《哲学解释》（1981 年）一书②的第三章"知识

---

① 参见王庆节：《知识与怀疑：当代英美哲学关于知识本性的讨论探析》，《中国社会科学》2002 年第 4 期。
② 参见 Robert Nozick, *Philosophical Explanations*, Cambridge MA：Harvard University Press, 1981, pp.167-290。

与怀疑论"中，探讨了怀疑论对知识的挑战，提出了"虚拟条件知识说"，试图克服戈德曼的"因果知识说"的困难并回应怀疑论的挑战。

知识论上的怀疑论者怀疑或否定某些知识甚至一切知识的可能性，他们断言我们并不真正知道我们自以为知道的东西，因为我们不能辨明我们是否真正知道，或者说我们缺乏真知的能力。

诺齐克以一个经典的思想实验来说明怀疑论的性质。这个思想实验很类似于一个科幻故事。假设"我"从生命一开始就只是一块脑组织，泡在科学实验室的一个装满液体的容器里，它的全部神经系统和一台极为复杂的机器连接。一群心理学家在用不同的方式不断地刺激这一大脑。"我"从小到大的生活中的所有感受、知觉、想象、回忆、信仰、信念、思维以及"我"以为作为这些精神活动的对象的外部世界全都是这块脑组织在心理学家们不断地刺激下的虚幻的产物。现在再假设这些心理学家开始一个新的实验。他们使用新的刺激让"我"相信"'我'从生命的一开始就只是一块脑组织，泡在科学实验室的一个装满液体的容器里；并且一群心理学家在用不同的方式不断地刺激我的神经系统，使之产生幻觉"。

这个所谓"缸中之脑"故事虽然只是想象的产物，但在现实世界中并非完全不可能，也没有逻辑上的自相矛盾。借助这个故事，怀疑论者想要提出的问题是：故事中的"我"是否有有关于其生活真相 P 的知识？怀疑论者的回答显然是否定的，因为是这些心理学家让我知道真相 P，而这完全是偶然的。心理学家们随时可以改变刺激，让"我"再相信这个所谓真相 P 也是幻象。

诺齐克的这个思想实验想要说明的是，尽管戈德曼"因果知识说"在防止盖蒂尔反例方面颇有成效，但它无法有效应对怀疑论的挑战。诺齐克认为，无论是按照艾耶尔的经典知识定义的三个条件，还是按照戈德曼"因果知识说"的四个条件，"我"拥有关于"我"的生活真相 P 的知识。因为在这个例子中，如果用 P 来代替"我从生命的一开始就只是一块脑组织，泡在科学实验室的一个装满液体的容器里；并且一群心理学家在用不同的方式不断地刺激我的神经系统，使之产生种种精神意识现象，包括感受、知觉、想象、回忆、信仰、信念、思维等的话"，那么

（1）P是真的；

（2）我相信P是真的；

（3）我的相信P是得到辩护的；

（4）P是我相信P的原因。

也就是说，认知者"我"具备艾耶尔和戈德曼的知识定义所规定的拥有知识的所有条件。然而，在诺齐克看来，"我"实际上并不拥有关于"我"的生活真相P的知识，因为如果没有心理学家们偶然制造的刺激，我不可能知道"我"的生活真相P。

为了克服戈德曼的"因果知识说"的漏洞和应对怀疑论的挑战，诺齐克提出了他的"虚拟条件知识说"。在诺齐克看来，在艾耶尔经典知识定义的三个条件中，人们很少质疑条件1与条件2。人们的质疑主要集中在条件3上，而条件3实际上是连接条件1与条件2的，或者说是对条件1与条件2的关系的界定。戈德曼的"因果知识说"给出的条件4是对条件3的修正与加强。所以，"因果知识说"其实也是一种"条件知识说"，只是其中一个条件被具体化为因果条件。盖蒂尔反例表明经典知识定义中的条件3太宽松，以致有些非知识也可以满足它所规定的知识条件。我们前面所讨论的"因果知识说"所面临的难题也表明它的条件4有问题，因为它似乎既太严又太松：说它太严是因为有些命题明显是知识，却被它排除在外，例如数学知识与伦理知识；说它太松是因为我们明显"存疑"的命题却被它判定为知识，例如，我关于"我"是否是一块泡在科学实验室容器里的脑组织的知识。诺齐克认为，解决这个难题的办法是找到一种适当的条件表述方式，使得新的知识定义既可以保留"因果知识说"的长处，又可以避免它的困难。这

一适当的条件表述方式就是诺齐克在书中提出的"虚拟条件知识说"。①

诺齐克的"虚拟条件知识说"给出的知识定义是：

某人 S 知道命题 P 当且仅当

（1）P 是真的；

（2）S 相信 P；

（3）虚拟假设 P 不是真的，S 不会相信 P；

（4）虚拟假设 P 是真的，S 会相信 P。

诺齐克的这个知识定义的前两个条件与戈德曼的定义没有区别，主要区别在条件 3 与条件 4。诺齐克的条件 3 与条件 4 的特点在于强调条件的虚拟性。我们先看一看诺齐克的虚拟条件 3。在诺齐克看来，一方面虚拟条件 3 与戈德曼的因果条件 4 有联系，"常常当某一事实 P（部分地）导致某人去相信 P 时，这一事实也就会成为此人所以相信的因果性的必要条件。这也就是说，若无此因，决无此果"。② 由此可见，诺齐克的虚拟条件 3 和戈德曼的因果条件 4 是相通的。但另一方面，这一条件又不与因果条件等同，因为在诺齐克所谓"强因果决定论场合"（cases of causal overdetermination），因果条件会被满足，而虚拟条件却不会被满足。

诺齐克所谓"强因果决定论场合"是指同一个结果有两个分别独立的充分原因，或者有一个备用原因在第一原因失效后接着起作用的情况。诺齐克举例加以说明。假设我有足够的证据相信在我办公室的两个人中，至少有一人拥有一辆福特车。当我说这话时，我指的是第一个人 A，因为我有足够的证据相信他有一辆车而且是福特车。让我们再假设结果却是第二个人 B 而不是第一个人 A 真的有一辆福特车。在这种情

---

① 参见王庆节：《知识与怀疑：当代英美哲学关于知识本性的讨论探析》，《中国社会科学》2002 年第 4 期。

② Robert Nozick, *Philosophical Explanations*, Cambridge MA：Harvard University Press, 1981, p.173.

况下，显然我没有关于命题"在我办公室的两个人中，至少有一人拥有一辆福特车"的知识。但是，戈德曼的因果条件 4 并不能将这个命题作为非知识加以排除，因为在我办公室的两个人中，至少有一辆福特车是一个事实并且这一事实导致我相信"在我办公室的两个人中，至少有一人拥有一辆福特车"。诺齐克的虚拟条件 3 则可以将"在我办公室的两个人中，至少有一人拥有一辆福特车"这个命题作为非知识加以排除。按照虚拟条件 3"虚拟假设 P 不是真的，S 不会相信P"，我应当假设一个与现存的世界相近的可能世界，在这一可能世界中，其他所有的情况都完全一样，唯一的区别就在于：P 不是真的。在逻辑意义上，P 不是真的意味着 P 的否定，即"并非'在我办公室的两个人中，至少有一人拥有一辆福特车'"。我们前面说过，我相信"在我办公室的两个人中，至少有一人拥有一辆福特车"的根据是我相信"在我办公室的两个人中，其中 A 拥有一辆福特车"。如果在一个可能世界中，由于另一人 B 不拥有一辆福特车而使 P 不是真的，我依然会相信 P。由此可见，"在我办公室的两个人中，至少有一人拥有一辆福特车"可以满足戈德曼的因果条件 4 成为知识，但不能满足诺齐克的虚拟条件 3，不能成为知识。

我们再看一看诺齐克的虚拟条件 4："虚拟假设 P 是真的，S 会相信 P。"首先，与虚拟条件 3 一样，虚拟条件 4 也可以帮助我们克服诺齐克上面的例子给戈德曼的因果条件 4 带来的麻烦。因为，如果在一个可能世界中，即使第一个人 A 实际上不拥有一辆福特车，但由于另一人 B 拥有一辆福特车而使 P 是真的，我也不会相信 P，因为在这种情况下 P 成真纯属偶然，不足以让我相信。所以，这个虚拟条件也可以把"在我办公室的两个人中，至少有一人拥有一辆福特车"作为非知识排除掉。虚拟条件 3 和虚拟条件 4 对于排除"在我办公室的两个人中，至少有一人拥有一辆福特车"这样的命题而言可以说是双重保险。

当然，虚拟条件 4 更重要的作用还在于它可以帮助克服虚拟条件 3

的弱点，从而更加有效地判定知识。在诺齐克看来，只有虚拟条件 3 难以应对前面所说的"缸中之脑"思想实验的挑战，难以应对怀疑论给整个知识论带来的困境。前面的"缸中之脑"故事表明，怀疑论断言我不能够知道"我"是否是一块泡在科学实验室容器里的脑组织。不仅戈德曼的因果条件 4，就是诺齐克的虚拟条件 3 也不能满足我们，因为我的情况符合虚拟条件 3，即虚拟假设"我"不是一块泡在心理学家实验室容器里的脑组织，我就不会相信"我是一块泡在心理学家实验室容器里的脑组织"。由此可见，如果知识概念仅仅依赖前三个条件，我应当知道"我是一块泡在心理学家实验室容器里的脑组织"。但实际上我并不真正知道我"是否是一块泡在科学实验室容器里的脑组织"。可是，如果我们加入虚拟条件 4，即"虚拟假设 P 是真的，S 会相信 P"，情况就完全不同。我只是在这个现实的世界里是一块泡在科学实验室容器里的脑组织并且相信"我"是一块泡在科学实验室容器里的脑组织。但这种相信完全是偶然的。在一个与现实世界相近的可能世界中，我有可能是一块泡在科学实验室容器里的脑组织，但并不相信我"是一块泡在科学实验室容器里的脑组织"。在这个可能世界中，和现实世界的唯一不同之处在于，心理学家们使用电击或者化学刺激，使我不相信我"是一块泡在科学实验室容器里的脑组织"。因为虚拟条件 4 不能满足我不知道 P，即我不知道"'我'是一块泡在科学实验室容器里的脑组织"。[①]

五、结　语

笔者认为，在盖蒂尔所阐述的经典知识定义的三个条件中，第三个

---

① 参见王庆节：《知识与怀疑：当代英美哲学关于知识本性的讨论探析》，《中国社会科学》2002 年第 4 期。

条件"S 相信 P 是得到辩护的"引起诸多麻烦的根本原因是这个条件相当含糊。这个条件的关键在于"得到辩护"（justified）一词。"得到辩护"究竟意味着什么？　　"justified"是"justify"一词的过去式。"justify"这个词在英文里有"表明或证明……是正当的、有理由的、合乎道理的""为……辩护""使有正当理由"等意思。中文里面没有一个意思很确切的对应词，很难翻译。不少专家都觉得这个词在中文里不好处理。有的人把它翻译为"确证"，有的人把它翻译为"辩明"，有的人把它翻译为"证明"，有的人把它翻译为"辩护"。目前我国港台地区学者经常把它翻译为"证成"，应该取的是"证明……成立"的意思。"确证"一词的含义"确切地证实"，即用可靠的事实加以证明，提供充分的理由或根据，其证实强度似乎高于英文的"justify"。① "证明"一词容易与数学中的证明相混淆（数学中的证明对应的英文词是"prove"，指的是逻辑推理上的证明，不是用事实证据来证明），而"justify"主要不是这个意思，它主要指的是用事实或证据来证明。"证成"这个译法的意思还可以，但中文词库里没有这个词，不太容易理解，最好还是不用。我们还是采用国内学者较为普遍的译法，把"jus-tify"翻译为"辩护"。因为当代西方知识论和科学哲学发展的一个重要成果就是"辩护"与"证明"的区别，一个科学命题即使不能被证明，但也可以得到辩护。尽管这个译法也不是一个理想的译法，因为容易与法律上的辩护（defense）相混淆，但因为中文里实在没有很确切的对应词，相对而言"辩护"这个词要顺当一点。

笔者认为，当代知识论有关知识问题的许多争论在很大程度上就是由于"justify"（其名词化形式是 justification）以及"justified"意思的含糊不清造成的。到底什么算是"辩护"（justify 或 justification）？什么算是"得到辩护"（justified）？有学者就认为，"justification"是个很空

① 参见文学平：《论当代知识论的"合理证明"概念——兼与陈嘉明教授商榷》，《学术界》2014 年第 8 期。

虚的概念，需要联系具体的领域才能发挥作用。① 确实，在我们的日常理解中，所谓辩护（justification）并没有一个严格的标准，因此引起争议是很正常的。与此类似，艾耶尔所说的"S 有资格相信"中的"有资格"（has the right）和齐硕姆所说的"S 拥有关于 P 的足够证据"中的"足够证据"（adequate evidence）也是相当含糊的概念。到底怎样才算是"有资格"？怎样的证据才算是"足够的证据"？由此我们也可以看出，哲学中的许多争议实际上确实是因为语词的含混不清造成的。如果用词的含义严格清晰，可以避免不少争论。因此，在笔者看来，尽管当代知识论领域的争论很热闹，但是该争论的"分析知识命题的必要和充分条件"这个基本思路似乎有问题，因此其实质性意义未必那么大。当代知识论领域要获得新进展，似乎需要新的思路。

当代知识论在讨论知识与辩护问题时，其论题还包括基础主义与一致主义之争、内在主义与外在主义之争、怀疑论对辩护的挑战、语境主义、德性知识论、社会知识论等。本讲只探讨在知识定义问题上讨论的主要线索，对其他论题不再赘述。

---

① 参见 A.C.格雷凌（A.C.Grayling）：《认识论》，载 N.布宁（Nicholas Bunnin）等主编：《当代英美哲学概论》（上册），社会科学文献出版社 2002 年版，第 105 页。

第四讲　当代西方心灵哲学问题研究

杨　玉　成

　　长久以来，心灵的本质问题就一直是哲学家们非常关注的一个话题。自近代法国哲学家笛卡尔提出"身心二元论"之后，该问题更是得到许多哲学家的关注。20世纪的分析哲学家们也非常关注这个问题。罗素、后期维特根斯坦和牛津哲学家赖尔（G.Ryle）都提出过有关心灵本质的理论。特别是近半个世纪以来，这个领域的研究变得异乎寻常的活跃和丰富。这一方面因为分析哲学家们发现语言哲学和形而上学领域问题与心灵哲学问题有深层次的联系。比如，当代美国著名哲学家塞尔（John Searle）认为，对言语行为的分类要进一步追溯到人的意识的意向性问题，所以他从言语行为理论研究又进一步转向心灵哲学问题研究。另一方面，认知科学的发展也进一步促进了心灵哲学的繁荣。认知科学从各个方面（包括心理学、语言学、脑神经科学和人工智能研究）对心灵进行研究，这个领域的研究需要哲学家和科学家们之间的密切配合。

　　有学者认为，自20世纪70年代以来，心灵哲学已经取代分析哲学成为英美哲学的主流。当然，也有学者认为，这个说法是不准确的，因为心灵哲学本身就是分析哲学家们固有的研究领域之一，因此更为恰当的说法应该是，心灵哲学经过近几十年的发展已经成为英美分析哲学的最重要的研究领域之一。原先语言哲学是分析哲学最主要的研究领域，现在这种主流地位似乎已经被心灵哲学取代。

有学者指出，当前心灵哲学领域的激烈争论可能是人类对心灵的认识获得重大突破的前兆。是否确实如此，还有待进一步观察和检验。当然，目前该领域还处于百家争鸣状态，类似于库恩所说的前科学状态。目前还看不到从这种前科学状态过渡到常规科学状态的明显迹象。如果人类真的对心灵的认识实现了重大突破，那么，这个领域很有可能脱离哲学而成为一门经验科学。因为尽管哲学思辨在前科学研究领域可以发挥明显的引导和启发作用，但在成熟科学中似乎作用有限。

当代心灵哲学主要关注的是意识、心理状态和心灵的本质等问题。当然，对于心灵哲学中的主要论题，不同的学者有不同的理解和概括。本讲打算从意识的性质、心灵内容、心灵形而上学和认知科学四个方面展开介绍。

一、意识性质理论与物理主义
和反物理主义之争

（一）关于意识性质的种种理论

什么是意识？我们大家都有意识，但要给意识下一个定义，并不是一件容易的事情。我们知道一个没有意识的人不能行动，不能言语，没有感觉。我们也知道石头、河流、桌子、椅子等没有意识。但是，从无意识到有意识之间的界限在哪里？蚯蚓、蚂蚁、蝴蝶等昆虫是否有意识？人在睡觉时有意识吗？我们在发呆时对周围环境有意识吗？目前在心灵哲学中，关于意识的性质，比较有影响的理论包括布洛克（Ned Block）的智能意识和现象意识区分理论、罗森塔尔（David Rosenthal）的高阶次思想论、阿姆斯特朗（David Armstrong）的高阶次知觉论、德雷斯克（Fred Dretske）的事物意识与事态意识理论、查默斯（David

Chalmers）的僵尸论证与意识自然论等。①

　　布洛克在其1995年发表的《论关于意识功能的一个混淆》一文中主张应该区分智能意识和现象意识。他认为，智能意识指的是我们日常从不同渠道接收资讯并对这些资讯进行思考和加工的一种功能化的心智作用。它的内容是表征性的，而它的功能可以用电脑程序来掌握。这种意识可以从第三者的角度从外部加以考量，因为我们测量观察的是对象的种种思考、反应能力。可是，这种意识不是作为主观经验的意识形式。布洛克把主观经验的意识形式称为"现象意识"。所谓现象意识就是经验意识，经验的内容就是我们从主观角度所体会的所有感觉和知觉。当我们听视见闻，当我们尝味道，当我们感觉痛，当我们感到喜怒哀乐爱恶欲等种种情绪时，这些经验都可归为现象意识。布洛克认为，现象意识不能功能化。他举了许多例子来证明在人的意识状态中可以有智能意识而没有现象意识，也可以有现象意识而无智能意识。② 布洛克的"现象意识"已经成为意识哲学讨论中的一个中心概念。

　　罗森塔尔在其1986年发表的《两种意识概念》一文中强调不是所有心理状态都是意识状态。他把心理状态分为三个层次：第一个层次是直接感官知觉；第二个层次是对直接感官知觉的思想，可称为意识状态；第三个层次是对第二个层次意识状态的内省，可称为内省意识。罗森塔尔在其2002年发表的《解释意识》一文中进一步分析了内省意识。他指出，内省意识是一种注意力集中的意识形式，它是我们对高阶次思想本身的内省，因此是第三阶次的思想。如果我们处于内省意识状态中，我们一定同时在意识状态中，但我们在意识状态中并不代表我们同时处于内省意识状态中。他也解释说内省意识是伴随着主观感觉经验的意识。

① 参见刘纪璐：《心灵哲学》，载余纪元、张志伟主编：《西方人文社科前沿述评·哲学卷》，中国人民大学出版社2008年版，第130—133页。
② 参见 Ned Block，"On a Confusion About the Function of Consciousness"，*Behavioral and Brain Science*，1995（18）。

从这一点看，罗森塔尔所说的内省意识，大致相当于布洛克所说的现象意识，或者说，布洛克所谓现象意识必须有内省意识才能存在。①

阿姆斯特朗在 1981 年发表的《什么是意识?》一文中区分了"低度意识""知觉意识"和"内省意识"，并着重强调内省意识。例如，一个卡车司机在长途开车后慢慢感到困了，他半夜三更还在开车，可是已经在半意识状态下开车了。突然他惊醒过来，发现自己的卡车刚停在路口，而且交通灯是红灯。他一定是有低度意识才能开车，而且他一定是有知觉意识才会在红灯时停下来。可是如果他记不得前面几分钟他在做什么，他就没有内省意识。阿姆斯特朗认为知觉意识是对外在世界的知觉，而内省意识是对内在心理状态的知觉。这两种意识都是知觉意识模式，只是知觉的对象不同而已。内省意识是对知觉意识的高一层次的知觉。因此，他的意识理论被称为高阶次知觉论。②

德雷斯克在 1993 年发表的《意识经验》一文中对罗森塔尔和阿姆斯特朗的高阶次意识理论进行了反驳。他认为我们的意识状态不用依靠任何一种内省能力。意识状态是对事物、事态的意识，只要我们能直接知觉、思考这些事物与事态，我们的心理状态就是有意识的。也就是说，意识没有层次，只有直接意识的对象。德雷斯克说，对我们来说，更值得追问的是：使意识成为可能的条件是什么? 他的回答是，任何意识状态都是生物意识和状态意识的结合。一个生物个体要有任何意识状态，必须先具有生物意识。但单纯生物状态并不能保证该个体处于有意识的状态。首先，一个意识主体要处于意识状态，该主体必须意识到对象的存在，即意向性是意识的一个必要条件。其次，这个意识内容会影

① 参见 David Rosenthal, "Two Concept of Consciousness", *Philosophical Studies*, 1986 (49); David Rosenthal, "Explaining Consciousness." in D. Chalmers (ed.), *Philosophy of Mind: Classical and Contemporary Readings*, Oxford: Oxford University Press, 2002。

② 参见 David Armstrong, "What is Consciousness", In *The Nature of Mind*, Ithaca, NY: Cornell University Press, 1981。也可参看刘纪璐:《心灵哲学》，载余纪元、张志伟主编:《西方人文社科前沿述评·哲学卷》，中国人民大学出版社 2008 年版，第 132 页。

响到主体的行为与决定。前面所说的卡车司机只有对马路、对红灯的意识，但没有对他自己内心状态的意识，所以他会停下车来，但是不记得自己前几分钟在想什么、做什么。也就是说，该卡车司机有对外在对象的意识，但缺乏对自己的内心状态的意识。这两种意识的差别不是层次的差别，而只是意识对象或意识内容的差别。因此，使意识成为可能的不是高阶次的思想或知觉，而纯粹是意识主体自身自觉的对象或内容。由于德雷斯克更为强调意识表象的内容，所以他的理论被称为"第一阶次的表象论"。

德雷斯克的另一个理论重点是他对"事物意识"与"事态意识"的区分。他认为，事物意识不需要主体具有概念能力，任何有知觉的动物都可以有这种意识，而事态意识则是我们对事件发生的概念化意识。他举例说，假设一个厨师与一只猫在一个房间里都闻到了烤面包机里的面包烤焦的焦味，但是，猫只有事物意识，而厨师有烤面包机的概念、有面包概念、有焦的概念，所以厨师所意识到的是"面包烤焦了"，这就是事态意识。德雷斯克还指出语言能力对这种区分的重要性。事态意识是有语言能力的动物的特有意识模式，这种意识模式应该是我们的研究重点。①

查默斯在《意识性的心灵》②一书中提出了一个有很强争议性的僵尸论证。他让我们想象从物理角度去分毫不差地复制我们的世界，这样就有可能产生一个没有任何意识性的经验活动的世界。也就是说，我们可以想象一个在物理细节上与我们的世界分毫不差的世界。如果说这样一个僵尸世界在逻辑上是可能的话，那么意识性的经验活动就不是物理事实的必然结果。查默斯认为，这个论证证明了意识的实在论超越了物

---

① 参见 Fred Dretske，"Conscious Experience"，*Mind*，1993（102）；Reprinted in D.Chalmers（ed.），*Philosophy of Mind：Classical and Contemporary Readings*，Oxford：Oxford University Press，2002。

② David Chalmers，*The Conscious Minds*，Oxford：Oxford University Press，1996.

理实在性，因此物理主义是站不住脚的。

查默斯称他自己的意识理论是一种意识"自然论"。他主张，我们应该把"经验"和"意识"看作是世界的不能由其他现象来加以解释的基本现象。与物理学上的质量、能量、时间、空间等基本概念一样，经验和意识概念也是不能再作分解、再作解释的基本概念。经验本身就是一种基础属性，不是物理属性的分类或延伸。查默斯的这个理论实际上是我们在后文中所要论及的属性二元论，它强调不同性质的基础属性（心理属性和物理属性）各自独立存在。他还认为心理世界和物理世界之间的有些法则是自然界的基础法则，但它们不是物理法则。查默斯认为，他的这种自然论不同于物理主义，因为他主张物理层面不是我们世界的全部，也不是我们世界的最底层面。物理学不是唯一的自然科学，并且不是所有属性都可以还原为物理属性。

（二）物理主义与反物理主义之争

自从当代美国哲学家蒯因提出"自然化认识论"之后，自然主义化成为分析哲学中一种重要的思想趋势。自然主义化的核心思想是：每种事物在本体论上都是自然界或物理世界的一个部分，在认识论上都可以用自然科学的方法加以解释。在这种思想环境中，意识在自然世界或物理世界中的地位问题很自然地就成为心灵哲学中至关重要的问题。换句话说，这个问题就是如何在纯物理世界中确定意识或心灵的位置。其中，意识的感受性（qualia）在物理世界中的本体论问题又是当前心灵哲学中的重中之重的焦点课题。意识的感受性指的是我们在看到颜色、尝到味道或感到疼痛时所感受到那种特定的现象感觉特性。[①] 用我们上文中所提到的布洛克的话来说，这种感受性就是所谓的"现象意识"。通过脑科学，我们知道在我们这个现实世界中，意识的感受特性与相应

---

① 参见黄益民：《当前心灵哲学中的核心课题》，《世界哲学》2006 年第 5 期。

的大脑的物理特性之间有密切关系，比如疼痛的感觉是由大脑的 C—纤维肿胀这个物理特性引起的。当然，我们也知道这种关系只是我们现实世界的自然法则所决定的一种因果关系，而不是一种逻辑上的必然关系。也就是说，在另一个可能世界中，一方面大脑 C—纤维肿胀可能并不引起疼痛的感觉，另一方面疼痛的感觉可能会被 C—纤维肿胀之外的一种完全不同的大脑物理特性所引起。由此看来，我们的通常看法是：尽管在现实世界中，意识的感受性与其在现实世界中对应的大脑物理特性由自然法则联系起来，但从本体论上看，它们毕竟是相对独立的存在。我们这种直觉上的常识理解与上述分析哲学中的自然主义化趋势是不一致的。按照分析哲学的自然主义化观点，心灵或心理事件是自然世界或物理世界的一部分，可以用自然科学的方法加以认识。

在将意识感受性自然主义化的尝试中，物理主义哲学家们大致提出三种方案。① 第一种方案是取消论（eliminativism），其要点是，诸如红色的视觉感受、酸的味道感受以及疼痛的感受等，都是我们在日常生活中所使用的大众心理学概念，而在成熟的科学理论概念框架中，这些概念都将被弃而不用，因此由它们所指称意识感受特性的本体论地位也就随之消失。这种版本的物理主义是彻底的、极端的，但辩护起来有很大难度，因为在直觉上和道理上我们难以理解为什么我们的日常心理概念会与成熟的科学理论框架格格不入。

第二种方案是还原论（reductionism），其策略是将意识感受性还原为各种物理世界中的存在物。行为主义者把意识感受性还原为一系列言行，例如把"疼痛"这一感受还原为一系列可观察的行为。功能主义者把意识感受性还原为在输入和输出之间扮演的因果"功能"，它们既可能是大脑活动的某种功能或其他生物体活动的某种功能，也可能是人工制品（电脑或其他机器）的某种功能，因此重要的不在于功能体的

---

① 参见贲益民：《当前心灵哲学中的核心课题》，《世界哲学》2006 年第 5 期。

材质，而在于它们是否能完成该功能。功能主义是人工智能研究的重要理论基础。同一论者把它们还原为大脑的神经状态，按照同一论者的观点，意识的感受性与其在现实世界中对应的大脑神经状态或特性本体论上是同一的，譬如说，疼痛就是大脑肿胀的 C—纤维，它们在本体论上是同一样东西。这种版本的物理主义如果成立的话，那么有关意识感受特性的自然主义化的努力就是成功的。但是，这种方案也有其认知上的困难，因为在概念上我们总是觉得意识的感受特性与言行、功能和神经状态是属于不同范畴的东西，把概念上属于不同范畴的存在物说成在本体论上是同一样东西，未免有些牵强，还需要更加足够的道理和证据。

第三种方案是伴随论（supervenience thesis）。这种理论的主要思想是：只有物理学中的基础的、物质的特性是以一种基本的、独立的方式在自然界中存在，其他所有特性，尤其是意识的特性，都仅仅是与物理特性相伴随而存在，都是以被物理特性的存在所实现（being realized）的方式而存在的。所谓伴随，就是说在任何一个可能世界中，一旦特性 B 存在，那么特性 A 就必定伴随着 B 的存在而产生和存在。如果伴随论可以成立的话，那么从本体论上说，意识的感受性就是被其现实世界中相应的物理特性所必然决定的，这也就意味着从本体论角度看，意识的感受性成了物理世界不可分割的一部分，这也可以说是意识感受特性的一种自然主义化。与取消论和还原论相比，伴随论版本的物理世界主义较为温和。但是，即使是这种温和版的物理主义，也与我们的通常直觉不一致。我们的通常直觉是，意识的感受特性不是被其相应的物理世界所必然决定的，因此从本体论上看，意识的感受特性不是物理世界不可分割的一部分。

反物理主义哲学家将我们的通常直觉发展成各种各样反物理主义哲学论证。其中有六种论证较有影响。①

---

① 参见黄益民：《当前心灵哲学中的核心课题》，《世界哲学》2006 年第 5 期。

第一，模态论证。模态论证源自于当代美国哲学家克里普克的工作。克里普克在《命名与必然性》一书中首先论辩说：专名是严格指示词（rigid designator），即一个专名在任何可能世界中都严格地指示同一个对象。他接着将他的专名理论延伸到像水、黄金和热等自然种类词上。譬如说，水在任何一个可能世界中都固定地指示 H_2O 这种物质，那么，由此可以推出，"水是 H_2O"这个陈述在本体论必然是真的，尽管从认知上看它是后天的。因此，按照克里普克的论证，存在着后天必然为真的命题。克里普克的这一观点给心灵哲学中的物理主义者以重要的启发，他们认为语言哲学和形而上学中的这个结果正是他们所需要的东西。在他们看来，就像"水是 H_2O"这个陈述一样，"疼痛就是肿胀的 C—纤维"和"肿胀的 C—纤维引起疼痛"这样的陈述在本体论上必然是真的，尽管它们在认知上仅仅是后天命题。因为这些命题在所有可能世界中都是真的，所以，物理主义主张是正确的。

然而，克里普克本人却反对物理主义者这样运用他的结果。他举例说，就热这个自然种类词而言，"热是分子的运动"是后天必然为真的，因为我们完全可以想象在一个可能世界中存在同一种分子运动，可是却有人感觉不到热。不过，克里普克认为，这没有关系，我们可以说在那个可能世界中，热仍然是存在的，只是有人感受不到热的感觉，就像生病发烧时常常有人感觉不到热。那么，我们再来看一看"疼痛就是肿胀的 C—纤维"和"肿胀的 C—纤维引起疼痛"，它们之成真也是后天的，但并非后天必然为真，因为我们可以想象在一个可能世界中某人大脑的 C—纤维肿胀，可是他一点也不感到疼痛。克里普克指出，疼痛的情形和热的情形不同，在这个可能世界中，我们不能坚持说疼痛仍然存在，只是此人没有感觉到疼痛，因为疼痛的本质就是感觉到疼痛，他感觉不到疼痛，那就没有疼痛。①

---

① 参见 S. Kripke, *Naming and Necessity*, Cambridge, MA: Harvard University Press, 1980, pp. 144-145。

第二，"主观特征论证"。这是托马斯·内格尔（Thomas Nagel）在《作为一只蝙蝠会是什么样？》一文中提出的一个论证。内格尔强调感觉的主观特性的不可还原性，他认为迄今为止的所有还原论在把心理的东西还原为物理的状态或过程时，都未能把握住意识的"主观特征"的存在，都会遗漏掉那种完全主观性的东西。为了说明他的观点，他让我们想象一下，一只蝙蝠的意识生活会是什么样的。由于蝙蝠是靠人所没有的声呐或超声波来辨别周围物体的，因为无论我们怎样想象，都不可能对蝙蝠的感觉有任何清楚明确的概念，因为我们受到我们的"心理资源的严格限制"。如果我们试图推测蝙蝠的感觉，那么这种推测必定是不完善、不准确的。蝙蝠是与人有明显差别的动物，人与人之间因其主观性和私人性也是有明显差别的。人之无法把握他人的感觉，正如人无法把握蝙蝠的感觉，因为任何人的心理感受都有主观特征，都是无法用语言加以完全描述和传达的。

第三，知识论证。杰克逊（F.Jackson）的知识论证是建立在这样一个思想实验之上的。假设玛丽是一位天才科学家，但是她从小就待在一间只有黑白颜色的房子里。通过黑白电视和书籍，她学会了关于物理世界的所有知识。但是，当她第一次走出黑白房间看到一个熟透的西红柿时，杰克逊宣称玛丽学到了一种新东西。杰克逊因此断言说这个例子表明关于意识的事实中含有非物理的事实，因此物理主义是错误的。[①]

第四，解释沟论证。解释沟（explanatory gap）这个概念来自列文（J.Levine）的工作。物理主义者声称可以通过对大脑特性和状态的详细描述来解释意识现象，但列文指出无论我们将来会知道多少关于大脑的事实，但在概念上我们还是无法解释为什么一种复杂的大脑状态或过程会让人感到某种特定的意识感受性，如疼痛，为什么这种大脑状态或过程不能让我们感到其他的意识感受性，如痒、酸或舒服等。列文的结论

---

① 参见 F.Jackson，"Epiphenomenal Qualia"，*Philosophical Quarterly*，1982（32）。

是，即使物理主义在本体论上是正确的，它在认知上仍然因为这种解释沟而令人困惑。列文给出了自然科学中的成功解释的一些范例，指出在这些范例中是不存在解释沟的，因此关于意识感受性的自然主义化解释至少在认识论上是有严重缺陷的。①

第五，二维语义论证。我们在讨论模态论证时谈到，物理主义者借助克里普克的工作论辩说，"疼痛就是肿胀的C—纤维"和"肿胀的C—纤维引起疼痛"这样的陈述后天必然为真，就像"水是 H_2O"后天必然为真一样。查默斯用二维语义学理论论辩说，这个论证思路从克里普克开始就是错的，因为即使"水是 H_2O"这样的陈述也不是后天必然为真的。查默斯的二维语义学论证的核心思想大致如下：我们要区分（1）"像水一样的物质是 H_2O"和（2）" H_2O 是 H_2O"这两个陈述。前一个命题是后天偶然为真，而后一个命题是先天必然为真的，因此根本就不存在克里普克所谓后天必然为真和先天偶然为真的语义命题。查默斯还进一步加上模态理性主义（modal rationalism）的观点来论辩说物理主义在本体论层面上就是错的。②

第六，心灵因果性论证。在这个方面，美籍韩裔哲学家金在权做了许多重要的工作。我们的通常直觉是，心灵事件是有因果效应的，比如，我们的某些欲望、信念等心灵事件都是可以在因果上导致作相应行为的心灵事件。但是，对于持伴随论的物理主义哲学家而言，却会面临如下因果排除性（causal exclusion）难题：根据我们通常的理解，心灵事件 M_1 在因果上导致心灵事件 M_2，但是根据伴随论，M_1 和 M_2 又分别由相应的大脑物理事件 P_1 和 P_2 产生。那么，既然心理事件 M_2 已经有物理事件 P_2 作为原因，心理事件 M_1 还有什么因果工作可以做呢？换句话说，物理事件似乎有优先权排除任何心理事件的因果效应，其结果是任

① 参见 J.Levine，"Materialism and Qualia：The Explanatory Gap"，*Pacific Philosophical Quarterly* 64，1983。

② 参见黄益民：《当前心灵哲学中的核心课题》，《世界哲学》2006 年第 5 期。

何心理事件都没有真正的因果效应，而这和我们通常的直觉和理解是完全冲突的。①

以上反物理主义论证或者涉及语言哲学和形而上学中的许多重要问题，或者涉及诸如知识、解释和因果这样一些无论是哲学上还是在自然科学上都相当重要的概念，因此每一个论证本身又成为心灵哲学中的重要话题。

（三）当前物理主义心灵哲学的问题

目前大多数从事心灵哲学研究的哲学家倾向于接受某种物理主义，而按照物理主义观点，人完全是物理有机体，他并不具有非物理的、非物质的成分或特征。但是，物理主义心灵哲学也面临不少难题。我们这里要简要介绍其中最主要的难题。②

1. 最终权威难题

我们说，人们通常是通过内省或反思获得有关自己的意识状态的知识。因此，关于这些意识状态究竟如何，意识的主人似乎拥有最终的权威。如果你认为某个东西在你看来是棕色的，那么，如果我们试图告诉你，这个东西在你看起来是蓝色的，那么你恐怕会大吃一惊：怎么我看起来如何还要由你们来决定？如果你说你在考虑爬山，而我们却说，"喔，不，你事实上在考虑巴拿马运河协议"，我们的这种说法就显得很奇怪。

对我们来说，说这些话似乎是怪怪的，因为每个人都相信唯有他自己是他自己的意识状态的最终权威。认为别人也能以同样的权威谈论你的意识状态，这种想法不仅是错误的，也是非常可怕的。你想一想，如

---

① 参见 J.Kim, *Mind in a Physical World*: *An Essay on the Mind-Body Problem and Mental Causation*, Cambridge, MA: MIT Press, 1998; J. Kim, *Physicalism*, *Or Something Near Enough*, Princeton: Princeton University Press, 2005。

② 参见 Brooke Noel Moore and Kenneth Bruder, *Philosophy*: *The Power of Ideas*, Mountain View, California: Mayfield Publishing Company, 1990, pp.491-494。

果别人通过一些物理手段或物理器械，能够完全探知你头脑中的想法，那不是一件很可怕的事情吗？那就没有任何隐私可言。

但是，如果像同一性理论所主张的那样，意识状态是物理过程，或者像功能主义者所主张的那样，是某个物理系统或其他系统的功能状态，或者像行为主义者所主张的那样是行为倾向，那么，至少在原则上，似乎其他人也和你一样能够权威地谈论你的意识状态。个人是否以及从什么意义上说真的是其自身的意识状态的最终权威，以及如果他是其自身的意识状态的最终权威，那么，物理主义理论如何能够接纳这个事实，这是当前引起巨大争议的问题。

2. 意向性及相关问题

思维不仅仅是一个过程，因为思维总是有关某物的思维。思维具有内容或具有所思考的对象。比如，有两个思想，一个思想的对象是圣诞老人，另一个思想的对象是仙女。这两个思想有什么差别？它们之间的差别就在于它们的对象不同，一个是有关圣诞老人的，另一个是有关仙女的。因此，我们说，思想具有意向性这一特征，这就是说，它总是"指向"或"包含"自身之外的某个对象。

按照某些哲学家的看法，意向性①是精神现象或心理现象的标志。

---

① 意向性理论是德国哲学家和心理学家布伦塔诺（Franz Brentano，1838—1917）提出的。在布伦塔诺看来，说意识状态是"意向性的"，仅仅意味着它们有对象（你不仅仅想象，你必定想象点什么）；你不仅仅希望，你必定希望点什么。布伦塔诺还注意到，意识状态的对象有可能是想象的，也就是说它们无须存在。例如，你可能想到一个已经不存在的人（去世的人），甚至想到一个从来就没有存在过的人。因此，想到某个人似乎完全不同于帮助某个人，因为你不可能帮助一个不存在的人。意识状态具有意向性，这是布伦塔诺的"描述心理学"的一个根本信条。布伦塔诺的学生、欧洲大陆现象学的创始人埃德蒙·胡塞尔把布伦塔诺的"描述心理学"发展成为现象学。胡塞尔断言，如果没有布伦塔诺的意识状态的意向性理论，那么，就不可能存在现象学。当代的分析哲学家努力去理解，如果人是纯粹的物理的存在物，那么，他们的意识状态怎么可能是意向性的。现象学家对意向性的兴趣完全不同，他们并不特别关心一个物理的系统是否可能具有意向性这一问题。由此可见，尽管分析哲学家和欧洲大陆的现象学家的关注点不同，但他们也有共同的思想源头，即布伦塔诺的意向性概念。

欲望、信念、观念、计划、怀疑、想象等许多心理现象的特征是由其对象刻画的。所谓欲望就是你想要什么东西，你不会单单想要，而必定是想要什么东西，并且一个欲望区分于下一个欲望就在于它们的对象不同。你这一刻想要什么不同于你下一刻想要什么。对信念和其他心理现象而言，情况同样如此。当前的一些心灵哲学家已经着手应对这个问题：一个纯粹物理的系统是否可能具有意向状态以及如何可能具有意向状态。

应该注意的是，刻画和规定信念、欲望等心理状态的对象有可能完全是想象的。考虑一下刚才提到的两个思想。非存在的事物，即圣诞老人和仙女，怎么能够使两个思想彼此区分并区别于其他心理状态？非存在的东西当然不是物理的东西，而非物理的东西怎么可能使物理的东西彼此区分呢？对于物理主义者而言，这个问题似乎特别麻烦。

探讨意向性问题的另一种方式是要注意到，思想、欲望、信念等都是命题态度。用哲学家的话说，拥有一个思想或一个欲望或一个信念，就是坚持某个命题是真的。例如，当你考虑圣诞老人时，实际上，你的思想在很大程度上是由你正在思考的命题构成的，比如圣诞老人穿着红衣服，他留着白胡子，或者你所思考的任何其他命题。那么，一个纯粹物理的系统怎么可能具有命题状态（命题状态是有真假的，物理的东西怎么会有真假）？

比如，一台计算机会接受指令，把几个句子打印在一张白纸上。在计算机内部所进行的是这种或那种电子过程。信号、句子和过程全都是物理的东西，是闪几下光或洒一些墨水或电子的爆发，无非是这些东西。对我们这些具有意向性的生物来说，这些物理的东西可能变成或真或假的命题，但是对操作这个过程的计算机而言，它们有真假可言吗？由此可见，意向性不是单纯的物理过程。那么，到底该怎么看待这个问题？

如果你不认可对计算机而言它们有真假这个说法，那么你就能够很好地意识到心理状态的命题性质给物理主义者提出的难题。因为，按照物理主义者的观点，当一个人在思维时，在他心灵中所进行的完全是某种电子化学过程。这个过程和计算机中进行的过程不完全相同，但是，这些过程与计算机中的过程相似，它们完全是物理的。但是，这些假定的纯物理事物怎么可能是命题的或有真假的东西？这确实是一个难题。

与此相关的一个问题是，我们通过思想来表象世界。这就带来两个问题。第一个问题与表象有关。一个纯粹物理事物，无论是墨迹、电脉冲、闪光、生物电信号、神经过程或任何其他物理事物，怎么能够表象任何东西？第二个问题与"我们"有关。确实，表象不理解它们自身：要成为表象，它们必须为意识所理解，为一个不同于表象的"我们"所理解。假定神经过程具有表象能力，它们是怎么得到理解的？而理解它们又意味着什么？

3. 心理状态的私密性问题和主观性问题

这个问题与前面所讲的第一个问题也就是最终权威问题有联系。我们先通过一个例子来说明问题。比如，大多数人可能会倾向于说，我读《红楼梦》的感受恐怕是你决不可能知道的。因为毕竟你只能知道你自己读这本书的感受，不可能知道我的感受。另一个人的经验如何，比如他阅读一本书的感受、他看到一串葡萄的经验、他做白日梦的经验或者他考虑暑期旅行计划的经验等到底是怎么样的？一条狗听到人的耳朵所无法听到的声音这一经验又如何呢？简单地说，经验以及一般的精神生活，对别人而言或对别的物种而言究竟真正是什么样子，这是某种人所无法知道的东西。我们常常看到有人用"如鱼饮水，冷暖自知"这个句话，说的也是这个意思。再比如，惠施对庄子说的"子非鱼，安知鱼之乐？"说的也是这个意思。人们常常说，经验对于拥有经验的主体而言是私密的，是别人所无法完全知道的东西。这就是当代分析哲学中所谓"他人的心"（other mind）问题。这个问题就是我们是否能够认识他人的心（他人的经验），如果能够认识的话，那么到底是如何认识的？物理主义理论要么必须能够解释为什么经验是私密的，为什么它们具有外部的考察所无法进入的主观的维度，要么必须说明，为什么说经验是私密的，是别人所无法进入的，是一个错误。只有能够进行这种说明，物理主义理论才是完整的或完善的。但是，目前的物理主义理论还不能很好地说明这一点。"私密性问题"是当前心灵哲学探讨的另一个主题。

总之，最终权威问题、意向性问题以及私密性问题都是当前的心灵哲学尚未解决的问题。从物理主义观点看，这三个问题尤其令人困惑。

二、心灵内容

我们的心灵状态是有内容的。所谓心灵的内容指的就是我们的知觉、想象、信念、判断和思想等心灵状态的内容。我看到一片晚霞，我的知觉状态就有和一片晚霞相关的内容；我相信院子里有两只白天鹅，我的信念就有与天鹅相关的内容；我想象在遥远的天宫中住着两个神仙，我的想象状态就有与神仙有关的内容。我们可以看出，各种不同的心灵状态有一个共同的特点，即它们都指向某个特定的对象或与某个特定的对象有关。心灵状态的这个共同特点就是所谓心灵的"意向性"（intentionality）。人们通常认为，意向性是心灵状态区别于非心灵状态的标志性特征，并且一个心灵状态指向或关于的对象显然是和它的内容有关的，所以我们首先必须追问的是：意向性的本质是什么？我们通常的心理活动和思想活动包含有信念、欲望、怀疑和恐惧等状态，这些状态涉及一个人对某个语义命题的各种可能的态度，所以我们把这类心灵状态统称为命题态度（propositional attitude），其中涉及信念的命题态度最为重要，因为它们就是我们通常所说的思想。心灵内容当然与思想有密切联系，那么，命题态度或思想的本质是什么？另外一个问题是有关心灵内容究竟如何被决定的问题，即狭义内容和广义内容之争问题。狭义内容理论认为一个人的心灵状态的内容是完全由这个人的内部特性和状态（例如他的大脑状态、个人感觉等）所决定的，而广义内容理论则认为一个人的心灵状态的内容至少部分地甚至全部地由外部因素（例如他所处的历史背景、自然环境和社区环境等）决定的。这两种理论各有其优缺点，因此引发了对几个相关课题的激烈争论。最后一个问题是关于我们心灵或头脑中的内容怎样在自然世界或物理世界中确定其所指的问题。这个方面的研究也被称为心理语义学（psychosemantics）。①

第一，意向性。布伦塔诺于1874年提出意向性问题。他在研究心灵现象与物理现象的区分问题时发现，心灵现象总是包含一个意向对象，并且心灵现象总是指向或关于这个对象，而物理现象却从来不指向这样的对象。美国哲学家齐硕姆沿着布伦塔诺的思路进一步研究，他发现意向对象有时在现实中并不存在，比如我们前面所提到的天宫中的神仙。他还考虑了几种将意向性还原为更简单的概念的可能性，其结果似乎是意向性不能被非心理的、非意向的概念所解释。

德雷斯克则认为，意向性可以被还原为更简单的物理现象。例如，一个像指南针这样简单的物理系统就能展现意向性特征，因为指南针总是指向同一个特定对象，即一个特定的方向。德雷斯克进而提出关于意向内容的因果指示理论：例如，如果在物理世界中老虎的出现总能以一种非常可靠的方式在因果上引起一个生物的某种心灵状态 R，那么状态 R 就是老虎的一个可靠的指示物，我们也可以说状态 R 的意向内容就是老虎。在这里，意向性被还原为物理世界中的一种因果关系。②

密里根（R.G.Millikan）更进一步提出了意向内容的进化目的理论。

① 参见黄益民：《当前心灵哲学中的核心课题》，《世界哲学》2006年第5期。
② 参见 F.Dretske, *Explaining Behavior*, Cambridge, MA：MIT Press, 1991。

他指出，如果一个生物的某种心灵状态 R 的功能就是指示老虎在自然世界中的出现，而且这种功能是在亿万年进化过程中逐渐形成的、以种群繁衍为目的功能，那么显然状态 R 的这种功能就是老虎出现的非常可靠的指示物（否则的话，这种生物早就被老虎吃光而灭绝了），因此我们可以说状态 R 的意向内容就是老虎。在这里，意向性得到一种自然世界中的进化论解释。①

布兰顿（Robert Brandon）则从另一个角度提出了意向内容的推理理论。该理论主张，一个心灵状态的意向内容是由这个状态在理性思维中的推理作用所决定的，并且这些推理作用受到社会语言实践的某些约束。②

霍根（T.Horgan）和腾逊（J.Tienson）则论辩说，意向内容是根植于现象中的，即一个心灵状态的意向内容是由这个心灵状态的意识经验的现象特征所决定的。他们认为，像德雷斯克和密里根那样将意向性根植于自然世界的做法是根本错误的，对意向性的自然主义化还原论阐释至少像对意识感受性的自然主义化还原论阐释一样困难。③

第二，命题态度。关于命题态度或思想的本质的理论大致有三类。塞拉斯（Wilfrid Sellars）在其 1956 年出版的名著《经验主义及心灵哲学》中提出了关于思想的"理论"理论。这种理论认为，我们在日常生活中断言某人有这样或那样的思想，而这只是我们大众心理学理论的一种理论假设，这种理论假设促使我们的理论能够成功地解释其他人的言行。我们可以看出，这完全是从第三者的视角出发以经验科学和实验科学的方法来探讨思想的本质。蒯因、戴维森和刘易斯等其他有影响的分析哲学家们继续倡导这种研究心灵的方法，由此我们也可以看出现代分析哲学中的自然主义化和科学主义化的重大影响。这种不从第一人称

---

①　参见 R.Millikan, *Language：A Biological Model*, Oxford：Clarendon Press, 2005。
②　参见 R.Brandon, *Articulating Reason*, Cambridge, MA：Harvard University Press, 2000。
③　参见贾益民：《当前心灵哲学中的核心课题》,《世界哲学》2006 年第 5 期。

角度而从第三人称角度出发研究思想的方法所得出的理论也被称为翻译理论（interpretation theory）。丹尼特（Daniel Dennett）指出，当一个系统的行为呈现出某些特定的式样（pattern）时，一个观察研究者如果采取某种意向姿态，那么他就可以用因为这样的姿态而产生的"信念""欲望"等理论机制来翻译、解释和预测这个系统的语言与行为。

关于命题态度或思想本质的第二种理论来源于福多（Jerry Fodor）的工作。福多认为，存在一种内在的心灵语言，即关于思想的语言。就像计算机需要一种程序语言来运作，人脑也需要一种思想语言来运作；就像计算机的程序语言可以由计算机的物理硬件来实现，人脑的思想语言也可以由人脑的神经硬件来实现。通过这种思想语言的语言学上的句法、语义学上的内容和指称及句子与句子之间的逻辑和推演关联，思想在理性思维中的作用以及思想和自然世界的关联才能得以实现。

关于命题态度或思想本质的第三种理论是取消论。丘奇兰德（Paul Churchland）以上述的"理论"理论和翻译理论为出发点，他认同命题态度只是我们大众心理学理论的理论假设。但是，他认为这种陈旧的大众理论学理论也许从根本上就是错误的，因为在这种理论框架下关于心灵的许多现象得不到满意的解释。因此，当我们用关于思想的新的科学理论框架取代这种旧理论时，作为旧理论框架中的理论假设的命题态度也就会随之消失。①

第三，狭义内容和广义内容。关于心灵内容究竟由什么因素所决定的问题，传统的理论一直坚持一种内在论的观点，即认为心灵内容或思想内容都是狭义内容，都是由思想者的内部因素决定的。20 世纪七八十年代以来克里普克、普特南和博格（Tyler Burge）等哲学家分别在各自领域对传统的狭义内容理论提出了挑战。在专名领域，克里普克运用模态论证、认知论证及语义论证批判了专名的传统描述理论。② 在自然

---

① 参见黄益民：《当前心灵哲学中的核心课题》，《世界哲学》2006 年第 5 期。

② 有关克里普克的专名理论请参看他的《命名和必然性》一书。

种类词领域，普特南运用他的影响深远的孪生地球思想实验①批判了意义的传统心理描述理论。博格运用他的著名的"关节炎"② 思想实验批判了心灵内容的伴随性命题。他们的工作都蕴含了广义内容理论的思想：克里普克揭示了历史因果背景的重要性，普特南揭示了自然世界中物质深层结构的重要性，博格揭示了社区语言实践的重要性。

在他们的工作之后，大多数哲学家放弃了传统的狭义内容理论，转而接受广义内容理论。最典型的例子是，在专名领域目前最流行的理论是直接指称论，按照这种理论，一个专名的语义内容和心灵内容都只是这个专名在现实物理世界中的那个作为它所指的物理对象。直接指称理论也被推广到自然种类词领域，这样一个自然种类词的语义内容和心灵内容都只是在现实自然世界中的那种作为它所指的物理种类。我们可以看到广义内容理论的流行实际上是英美分析哲学中自然主义化运动的一个重要组成部分，尽管广义内容理论避免了狭义内容理论的缺陷，但它也面临一些新的困难和挑战。首先是内容因果性问题：如果命题态度中的心灵内容都是广义的，即都在态度持有者的头脑和身体之外，那么命

---

① 普特南的孪生地球思想实验：假设有两个地球，一个是我所生活的现实的地球，另一个是作为此地球的复制品的地球即孪生地球。再假设有两个人，一个是生活在现实地球的我，一个是孪生地球上的作为我的复制品的另一个我。普特南认为，地球人和孪生地球人尽管有相同的大脑结构、心理结构，但他们在用"水"表示他们星球上的相应物质时，其所指是不同的，即尽管两种物质都叫水，但地球上的水是 H_2O，而孪生地球水则是 XYZ。这个思想实验被看作是驳斥心理内容内在主义、证明外在主义的一个重要根据，因为两个心理状态完全相同的人实际上有不同的心理内容。

② 实验分三步：第一步，假设有一个病人患风湿性关节炎多年。他开始觉得大腿骨隐隐作痛，心想他的风湿病转移到大腿骨了。他去看医生后，才知道风湿性关节炎只限在关节，因此腿骨的痛不会是关节炎。第二步，我们假设一个反事实情况，即风湿炎是一个普遍语词，概括关节炎以及一般风湿性疼痛。那么，同样一个病人去看医生，医生就会对他说，他的判断没错，他的风湿性关节炎确实转移到大腿骨了。第三步，我们对这个病人的现实情况和反现实情况作比较发现，这个病人本身的想法没有变，改变的是他所处的社会的语言环境。可是博格却强调这个病人的概念不同了，在现实情况是关节炎概念，而在反现实情况则是风湿炎概念。既然概念不同，他的想法内容也不同（参见刘纪璐：《心灵哲学》，载余纪元、张志伟主编：《西方人文社科前沿述评·哲学卷》，中国人民大学出版社 2008 年版，第 124 页）。

题态度是怎样通过它的内容在因果上影响和导致态度持有者的行为呢？其次是自我知识问题：如果我们的命题态度的内容都是广义的，那么我们怎么通过对我们自己内部思想的第一人角度的观察而得知我们自己的命题态度究竟是什么？换言之，我们怎么知道我们自己的信念、欲求、怀疑和恐惧等心理活动或思想活动的内容呢？再次是空名内容问题：如果一个专名的内容只是它在现实物理世界中的指称，那么虚构作品中的空名的内容又是什么呢？最后是弗雷格之谜（即"a=b"和"a=a"似乎应该传达同样的认知信息，但实际上它们所传达的认知信息是不同的）及信念之谜表明，像直接指称理论这样的广义内容理论会导致我们无法解释理性说话者涉及信念等命题态度的行为。①

第四，心理语义学。关于心灵内容如何在现实的自然世界中确定其所指的问题，大致有三种理论。（1）前已述及，克里普克和普特南提出了著名的历史因果理论：一个专名或自然种类词的所指是由存在于语言社区的历史因果链源头的命名仪式所决定的。（2）德雷斯克和福多等人提出了因果指示理论：一个心灵词项的所指是由它和物理世界之间的自然法则般的因果关联所决定的。（3）杰克逊和查默斯等人提出了二维语义学理论：一个心灵词项在现实世界中的所指是由二维语义框架中的所谓认知内涵所决定的。②

三、心灵形而上学

心灵形而上学问题指的就是心灵现象或心灵状态在自然世界或物理

① 关于弗雷格之谜及信念之谜的解释与解答，请参见黄益民：《从弗雷格之谜及信念之谜看心灵内容与语义内容的关系》，《世界哲学》2006年第6期。

② 参见 D.Chalmers，"The Components of Content"，in D.Chalmers（ed.），*Philosophy of Mind：Classical and Contemporary Readings*，Oxford：Oxford University Press，2002，pp.608—633；黄益民：《当前心灵哲学中的核心课题》，《世界哲学》2006年第5期。

世界中的本体论地位问题。关于这个问题，曾经出现过八种有影响的理论，其中一些理论至今仍然是在激烈争论着的话题。

第一，行为主义理论。行为主义理论的主要观点是：心灵活动的本质就是一种行为，譬如说，疼痛就是身体扭曲、尖声惨叫等"疼痛型"行为。英国牛津哲学家赖尔的改进版行为主义认为心灵至少是一种要做特性类型行为的倾向（disposition）。比如，说某个人相信天快要下雨，仅仅是认为他具有去做某些行为的倾向和不去做某些事情的倾向，比如去关窗户，把烤炉盖起来并说像"天快要下雨"这样的话，而不去洗车和晒衣服。逻辑行为主义者认为，所有心理谓词应该都能翻译成只描述行为的语言。这种翻译的可能性是建立在对心理谓词的定义上。逻辑行为主义者认为，心理现象无法观测，因此纯粹描述心理现象的语言没有意义，除非我们能够将它们转化为描述行为的语言。科学行为主义认为对心灵的科学研究是对行为的研究，比如，心理学家应该把心理学的理论及解释建立在对行为的观察和研究基础之上。

第二，功能主义理论。功能主义的主要思想是："心灵状态不是神经状态而是功能状态，它表现为感觉刺激输入与个体行为输出之间的因果关系和因果作用；因此，对心理活动的任何规定和描述不需要考虑它的内部状态，只需要考虑它的感觉输入与行为输出之间的关系，即它的功能。换句话说，功能主义考虑的不是人心'是什么'、'是如何构成的'，而是'它做什么'、'起什么作用'。这意味着，对人的心理状态不只有脑的神经生理活动的解释，而是可以有多种乃至无数种解释，比如以硅材料为元件的电子系统的解释，只要这个系统具有特定的心理状态所具有的功能"。① 因此，功能主义为把计算机模拟引入心灵研究提供了理论依据。人的心灵活动被看作是大脑活动的功能，而不是大脑活动本身。用计算机作比喻，可以把大脑活动看作是硬件，把心灵活动看

① 周晓亮：《试论西方心灵哲学中的"感受性问题"》，《黑龙江社会科学》2008 年第 6 期。

作是"软件"。普特南的机械功能主义认为心灵是一个计算型机器中的功能状态。阿姆斯特朗的分析功能主义认为，心灵是被它在因果链条中的因果作用所定义的，这种理论强调这是对心灵状态的一种概念分析。对功能主义的主要批评来自"缺席感受性""颠倒感受性"等和意识感受特性相关的思想实验。①

第三，同一性理论（identity theory）。同一性理论的主要观点是：心灵状态就是大脑状态，当我们谈到一个人的信念、思想、期望、观念等时，我们实际上指的是他的大脑和神经系统中的事件、过程与状态，也就是说，从本体论上看，它们是同一样东西以两种不同的形式呈现出来，就像水和 H_2O 是同一样东西以两种不同的形式呈现出来。同一论者声称他们的理论不是来自对心灵的概念分析，而是来自有关心灵的经验科学的发展，特别是脑神经科学的发展。当然，同一性理论也有它的理论困难。反对同一性理论的人提出过这么一个论证，大家可以看一下是否有道理。（1）我的心理状态可以通过内省来认识。（2）我的大脑的状态无法通过内省来认识。按照莱布尼茨的同一律"如果 X 等同于 Y，那么 X 和 Y 就具有相同的特性"，（3）所以，我的心理状态不同于我的大脑状态。当然，同一性理论家也对这个论证进行了反驳，但似乎并不完全令人信服。

第四，取消论。当代最著名的取消论者是丘奇兰德。他在 1981 年就提出取消唯物论，主张取消通俗心理学中预设的"信念""欲望"等概念。他认为既然所有心理现象都是大脑活动产生的，那么脑神经科学就是心灵活动的唯一解释学。同时，丘奇兰德强调我们不可能把通俗心理学概念还原到脑神经科学的概念，因此通俗心理学最终肯定会遭到科学的排斥。通俗心理学的概念就像从前一些错误的科学假设，既然无法融入新的科学体系，就只能被淘汰。取消论还进一步引申出"心的不

---

① 参见黄益民：《当前心灵哲学中的核心课题》，《世界哲学》2006 年第 5 期。

实在论"。这就是说，我们说"相信"或"欲望"的通俗心理学概念应该被取消，就是因为它们没有指涉的对象。换句话说，诸如"相信"或"欲望"这样的心灵状态实际上是不存在的。我们普通人沿用这些通俗的概念去讨论我们的心理状态。比如，我们说"这个人的精神很好"，但实际上并没有什么东西被称为"精神"。同样，"相信""欲望"等也是通俗的语言或概念，可事实上并不存在所谓"相信""欲望"这样的心理现象。①

第五，联结论（connectionism）。这种理论来源于人工智能研究。按照这种理论，大脑是由既平行又联结的神经"单位"方阵所组成的，人的行为可以由大脑的这种联结建筑结构来解释，理性思维等人类智力功能是从大脑的联结主义建筑结构中整体地体现出来的，而不是通过对内部信念和表征的规则性操纵而得以实现的。②

第六，交互作用论。这种理论认为，从本体论上看，心灵和物质是相互独立的存在，并且从因果上看这两种存在是可以相互作用的。这种理论最经典的版本就是笛卡尔的实体二元论（身心二元论）。按照这种二元论观点，人既拥有物质的身体，又拥有非物质的心灵（或灵魂、精神），并且人的非物质的心灵和物质性的身体是相互作用的。假如有人走过来猛推你一把，你很可能为此发火。这就是说，你的物质身体的被推导致在你的非物质的心灵中产生怒火。反过来说，当你决定去做某件事情时，你的身体通常就会加以实行。这就是说，你的非物质的心灵导致你的形体去走、去跑或去说话，或者去做任何你想要你的身体去做的事情。但是，对于笛卡尔的身心二元论而言，作为非物质存在的灵魂怎样对作为物质存在的身体产生因果作用是一个难以解决的难题。一个

---

① 参见刘纪璐：《心灵哲学》，载余纪元、张志伟主编：《西方人文社科前沿述评·哲学卷》，中国人民大学出版社 2008 年版，第 116 页。

② 参见 S. Davis（ed.），*Connectionism：Theory and Practice*，Oxford：Oxford University Press，1992。

非物质的东西不可能推、拉、拽、转动或分隔大脑中的物理事物，因为推、拉、拽等是物理动作。同样的道理，它也不可能磨碎大脑中的东西，或使大脑中的东西充电或磁化。换句话说，一个非物质的心灵如何能够对大脑施加影响是非常不清楚的，因为这种作用明显必须是非物理的，而我们对于非物理的作用或活动观念极不清晰。

交互作用论的另一个版本是特性二元论（property dualism）。这种理论否认心灵是以灵魂这样一种非物质的东西而存在的，而是认为存在心灵特性和物理特性这两种在本体论上相互独立的特性，并且这两种特性在因果上是相互作用的。当然，这种理论会遭遇所谓"向下因果性"难题，即我们很难解释作为非物理的心灵特性是怎样"向下"对身体的物理状态或特性产生因果作用的。

第七，附随现象论（epiphenomenalism）。这种理论认为，从本体论上看，心灵特性和物理特性是相互独立的存在，但在因果关系上，物理特性（如大脑特性）可以在因果上影响心灵特性，可是心灵特性却对物理特性没有任何因果作用。换言之，按照这种理论，心灵特性在因果关系上只是"挂在"其相应的物理特性上"晃荡"而没有任何因果作用。这种观点似乎与我们的直觉是严重冲突的。我们通常认为我们的心灵特性是会影响我们的物理特性的。

第八，罗素式一元论（Russellian monism）。罗素认为，就像苹果和其他物理对象一样，心灵也可以被还原为感觉材料，即用感觉材料的术语加以分析。换句话说，至少在理论上，我关于我的心灵所说的东西可以用仅仅指涉感觉材料的句子加以表达。因此，按照罗素的看法，我的身体（像苹果一样是物理对象）和我的心灵都可以还原为同一种类的东西，即感觉材料。罗素的这种学说被称作是中立一元论，这种中立一元论有时被看作是一种唯心主义。但是，罗素坚持感觉材料既不是心理的，也不是物理的，而是介于心和物之间的中性的东西。因此，我们很有理由把物理事物和心理事物都还原为感觉材料。近年来，罗素的这种理论被查默斯、斯图加等哲学家重新挖掘和发展起来。①

四、认知科学

大致说来，认知科学就是对心灵的跨学科的科学研究，这些学科包括哲学、心理学、人工智能、脑神经科学和人类学等。认知科学是这些具体学科在研究有关心灵的许多具体课题时工作上的交汇，与这些具体学科不同，它本身并不是一个自成一体的领域，它只是来自各个学科的研究者的合作成果。我们这里主要以认知科学中的主要学科为线索对认知科学作一个初步介绍。②

第一，认知心理学方法。20 世纪 60 年代后，认知心理学逐渐形成。和传统心理学过分强调行为主义不同，认知心理学强调对内在心灵运作的研究。认知心理学家研究了许多心理运作过程，其中包括式样识别、注意力、记忆、图像和语言等。

第二，脑神经科学方法。认知脑神经科学试图通过对脑神经机制的研究来解释各种认知功能。因为新技术的发展，人们现在可以利用各种新的精密仪器来对大脑状态进行扫描观察。研究者要求志愿实验者完成各种设计好的认知任务，然后用仪器观察他们相应的大脑活动。脑神经科学家们也采取其他一些研究方法，如对脑损伤病人进行研究观察，研究脑损伤对实验室动物的影响以及利用单个和多个细胞记录技术。

第三，进化论方法。进化认识论试图用达尔文进化论来解释人类心灵的机能。我们的祖先在面对生存压力时，依靠优先选择某些认知功能来解决环境和生存难题，进化认识论就是按照这个思路来研究我们的心智，其主要研究课题包括分类能力、记忆、逻辑思维和概率思维、语言

---

① 参见 B.Russell，*The Analysis of Matter*，London：Regan Paul，1927。

② 参见贾益民：《当前心灵哲学中的核心课题》，《世界哲学》2006 年第 5 期。

以及两性在认知上的差异等。

第四，语言学方法。这种认知科学研究进路完全集中在语言领域，其主要课题包括语言的本质、语言获得的机制、语言丧失问题、自然语言的处理过程和语言相对性假设等。研究者通常借助有志愿者参加的实验、计算机模型和因为脑损伤而语言功能受损的病人，他们也追踪语言能力在成长过程中的演变以及对不同语言进行比较研究。

第五，人工智能方法。人工智能研究指的是，计算机科学家们一直努力尝试设计建造出能模仿人类复杂思维过程的机器。目前的人工智能计算机程序已经能够完成诸如医疗诊断、语言使用和下棋打牌等任务。人工智能研究者们的目标是，能够设计建造出其思维和行为同人类一样的机器人。如果这个目标能够实现的话，那么我们对人类心智运作的机制以及意识的本质就会有一个崭新的认识。

第六，量子力学方法。近年来，用量子力学的方法来研究意识的本质越来越受到重视。一方面，按照对量子力学的标准理解，测量和观察在物理实在中起着核心的关键作用，这和传统的机械物理学对物理实在和观察的关系的论述完全不同。因为人们常常认为一个测量只有在一个有意识的观察者的意识中才能真正完成，所以有些物理学家认为除非被有意识的观察者观察，否则物理实在是不确定的。另一方面，由于解释缺口等原因，在传统物理学框架下理解意识现象和物理现象的关系问题显得相当艰难，以至于有些哲学家怀疑这也许是因为传统物理学框架本身有缺陷。他们建议我们应该抛弃传统物理学框架，转而在量子力学的框架中研究意识的物理基础问题，这样对意识和物质之间的关系的研究或许能取得重大进展。当然，这方面工作还处于起步阶段，许多工作仅仅是猜测和摸索，就像认知科学的其他领域一样，都有待进一步开拓和发展。①

---

① 参见黄益民：《当前心灵哲学中的核心课题》，《世界哲学》2006 年第 5 期。

五、结　语

　　在心灵哲学领域，目前广受注目的最大难题乃是意识感受性问题或所谓现象意识问题，也就是说，我们最难以用物理属性来解释的就是这样一个难题：纯粹的物理过程如何能够产生主观经验？纯粹的物理刺激与物理反应如何能产生丰富的经验内容？意识的感受性具有主观性和内在性，我们不可能拿动物的感受性和人的感受性作比较，也不可能拿两个人的感受性来作比较，甚至我们自己在不同时间的感受内容也会因记忆的模糊而很难作出精确的比较。对于这种主观性和内在性，我们又如何可能通过分析意识对象的物理结构和化学成分来加以认识？又如何能够通过分析和研究大脑的神经过程或神经状态来加以认识？有哲学家指出，这种主观的感受性只有从主体的、第一人称的角度才能感受到，而任何自然科学的解释都一定是客观的，是从第三人称的角度来看事情，因此自然科学的解释绝对无法掌握意识经验的主观性。有哲学家甚至认为意识的感受性对人类心智而言是"封闭的""不可进入的"，就如同康德所谓"物自体"是人类心智所不可进入一样。其理由是，我们经由内省可以自觉到自我的意识活动，我们通过脑磁波图（以及其他仪器）能看到大脑内部的神经活动，但我们无论用什么方法，都无法看到大脑内部的神经活动与我们的意识经验之间的"联结"或彼此之间的关系，这二者之间的"联结"本身对我们人类的心智能力而言是封闭的，不可进入的。因此，我们恐怕永远无法解决心身问题，我们永远无法说明为什么我们的大脑能够产生意识活动，我们人类不具有理解意识如何从大脑产生的能力。①

---

① 参见 Colin MaGinn，"Can we slove the Mind-body problem?"，*Mind*，1989（98）。

　　我们认为，这个问题实质上就是传统哲学所谓的物质和意识的关系问题。因此，经过近几十年心灵哲学的发展，当代哲学的基本问题似乎又回到了传统哲学的基本问题，即物质和意识之间到底是什么关系？如果说物质决定意识，那么这种决定关系到底是什么关系？我们能够认识和把握这种决定关系的细节吗？

第五讲　当代西方法哲学若干问题研究

杨 玉 成

　　西方法哲学是西方社会政治意识形态的组成部分，我们研究西方法哲学必须把法哲学放置在社会意识形态的大背景中加以考察。尽管西方社会意识形态纷纭复杂，但自近代资本主义制度确立以来，西方社会的主流意识形态无疑是自由主义。自由主义是一种政治哲学，因此我们研究西方法哲学必须把它放置在西方政治哲学的大背景下加以考察。从另一个方面看，法律是和政治最紧密相关的领域，研究政治哲学也不能不关注法律领域的重大问题，尤其是法哲学的基本问题。法律往往被看作是治国之重器。我们党和政府已经把依法治国看作是党和政府治国理政的基本方式。那么，我们该怎么理解法治的性质？实际上，对于"什么是法治？"这一问题，又存在着许多分歧和争议。比如，因投靠纳粹而受后人诟病的德国法学家卡尔·施密特（Carl Schmitt）曾经把希特勒的法西斯统治看作是法治。这个观点恐怕会让许多人吃惊。因为在我们的常识观念中，法治是一种好的国家治理方式，罪恶的纳粹统治又如何能与法治挂上钩？施密特作为法学权威到底是怎么理解法治的？其实，在法哲学中，施密特的观点并不值得大惊小怪。我们后面会谈到的实证主义法哲学的"恶法亦法论"与施密特的观点相距不远。

　　法治问题仅仅是法哲学中的一个问题。要理解依法治国或法治的性质，更根本的问题是，我们不能不理解法治中的"法"的性质或本质。

对于法的性质或本质的理解，无疑是法哲学最核心的课题。但是，这个问题又是一个非常复杂的问题，更是充满着分歧和争议。

一、法哲学、法律哲学与法理学

"法哲学"和"法律哲学"这两个概念的并存就反映出人们对"法"和"法律"这两个概念理解上的分歧，实质上反映出人们对法的性质看法的分歧。从词源上看，法和法律分别来自古罗马的"Jus"和"Lex"这两个概念。"Jus"指的是抽象的法则、正义、权利；"Lex"指的是具体的法律，即罗马王政时期制定的法律以及共和国时期各立法机关通过的法律。所以，从这两个概念的词源区分看，对于自然法学派而言，用法哲学更恰当一些，因为法的范围大于法律的范围；而对于实证主义法学派而言，可以用法律哲学概念，因为他们只承认人定法或实在法是法，基本上不承认自然法。

其实，法和法律这两个概念的区分是理解当代分析实证主义法学的"恶法亦法"和新自然法学的"恶法非法"这两个针锋相对的命题的关键之所在。[①] 从逻辑角度看，分析实证主义法学的"恶法亦法"这一命题是符合逻辑的，而新自然法学的"恶法非法"不符合逻辑。因为既然我们称恶法为恶法，就已经承认它们是法，只是这种法是恶法，不是良法。而恶法和良法都属于法的范畴。当然，这种逻辑的观点其实是表面的。如果我们看一看这两个命题的实际意思，就知道它们其实未必相互矛盾。"恶法亦法"的意思是"邪恶的法律也是一种法律"。而"恶法非法"的真正意思是"邪恶的法律不是法"，这里的"法"指的是自

---

① 这个争论主要起因于"二战"后对纳粹战犯的审判，纳粹的法律明显是恶法，那么，执行纳粹法律的人是否有罪？我们前面提到，纳粹法学家施密特就认为希特勒搞的也是法治。当然，最后对纳粹战犯的审判依据的主要是自然法。

然法，是公正和或正义的法则，也就是说"恶法是不公正的"。这样解释之后，这个命题就不是相互矛盾的命题。所以，这里的关键是，在"恶法非法"这个命题中，前一个"法"与后一个"法"不是一个意思。"此法非彼法也"。所以，"恶法非法"实际上不是对"恶法亦法"的简单否定。人文社会科学领域中的诸多争议都与语词或概念的含义的混淆有关系。不像自然科学那样，概念的含义是单一的、确定的、明确的。如果这样理解的话，那么分析实证主义法学和新自然法学其实未必那么对立，它们讨论的不是一个层面的问题。分析实证主义法学更着眼于是人定法或实在法，而新自然法学更关注人定法或实在法的道德基础、道德依据以及对人定法或实在法的道德评价。用 19 世纪英国著名实证主义法学家奥斯丁（John Austin，1790—1859）的话说："法律的存在是一回事，而它的优劣则是另外一回事。法律是什么或者不是什么，这是一回事，法律的存在是否符合某个假定的标准，这又是另外一回事"。① 法律实证主义认为法律本身和对法律的评价这两个问题可以适当分开，但并不反对法律进行道德上的评价。奥斯丁是法律实证主义者，同时也是一位功利主义者，像边沁一样，他也承认可以建立一门基于功利之上的"立法科学"，为立法者提供指导。他只是希望把已经制定的法律和立法原则分离，把法律本身和对法律的评价本身适当分离，而专注于已经制定的法律体系本身。自然法学家则认为这两个问题不能分开，他们一般认为制定法律是一种必须满足某种道德要求的有目的的活动，法律是道德要求的产物，法律的存在这个问题不能完全与它的道德义务或道德性质问题不相干，所以自然法学家采取一种道德义务论观点。由此可见，尽管分析实证主义法学和新自然法学这两个学派几十年来一直争吵不休，但其实未必需要那么对立，它们关注的焦点不一样，二者可以结合，可以调和。实际上，后来也确实出现融合的倾向。比

---

① ［英］约翰·奥斯丁：《法理学的范围》，刘星译，中国法制出版社 2002 年版，第 208 页。

如，分析实证主义大师哈特（H.L.A.Hart，1907—1992）承认"最低程度的自然法"。新自然法学派代表人物富勒（Lon.L.Fuller）把自然法划分为实体自然法和程序自然法，并强调对程序自然法的研究，这说明富勒的自然法思想已有向实证主义让步和融合的趋势。

目前学术界在"法哲学"的含义和研究对象上存在的分歧也反映出对法的性质的不同看法。"法哲学""法律哲学"和"法理学"三者之间的界线似乎仍然显得模糊不清。大致而言，有两种明显倾向。一种倾向是把法哲学看作是法学的一个分支，也就是把法哲学等同于法律哲学，又把法律哲学等同于法理学。这种观点和倾向特别流行于讲英语的国家。这些国家也是法律实证主义流行的国家。《不列颠百科全书》对"法理学"一词的解释，就是按照"法哲学"等于"法律哲学"的思路，认为"法律哲学就是系统阐述法律的概念和理论，以帮助理解法律的性质、法律权力的根源及其在社会中的作用。在英语国家里，法理学一词常被用作法律哲学的同义语，并且总是用以概括法学领域的分支学科的"①。我们如果把这个定义和近代英国经验论关于知识论是"研究知识的性质、起源和范围"这一经典定义相对照，可以发现二者的相似之处。这两个定义采取的都是经验主义、实证主义的思路。从这个定义看，法哲学的研究对象就是法律的性质、起源和范围（作用范围）。法的性质问题就是要回答"法律是什么"问题。法律权力的根源涉及法律权力到底是来自自然还是来自人类的立法和惯例（人为约定的产物、契约的产物）。法的范围涉及法与道德等其他规范之间的关系问题。并且，法律的范围和法律的性质这两个问题其实是密切相关的。法的性质问题是从法的内在规定性回答法是什么，而法与道德等其他社会规范之间的关系主要是从外在的关系上进一步回答法是什么。有人认为，这种倾向是法律实证主义流行的结果，即把法哲学的研究对象仅仅

---

① 转引自张文显：《当代西方法哲学》，吉林大学出版社 1987 年版，第 1 页。

局限于人定法或实在法的结果，认为这种倾向的表现形式是法哲学、法律哲学与法理学的趋同与合流，其实质是法哲学研究对象和内容的简单化与庸俗化，导致法哲学反思功能或批判功能的弱化甚至丧失。这种倾向的法哲学的英文表达就是"philosophy of law"或"legal philosophy"。

另一种倾向是把法哲学看作是哲学的一个分支，而不是法学的一个分支。法哲学的关键是以哲学的方式去反思、讨论法的原理、法的基本问题，并尽可能给出解答。从实质上看，法哲学就是用哲学的方式对法或权利或法权进行思考、反思和追问，它实际上就是权利哲学或法权哲学，具有法或权利和法权的本体论性质。这种倾向的法哲学的英文表达就是"philosophy of right"。这种法哲学在欧洲大陆流行，康德、黑格尔等人的法哲学其实就是权利哲学或法权哲学，就是"philosophy of right"，实际上也可以被看作是法的形而上学，它不同于涉及实在权利（法律规定的权力）或实在法律的法理学。马克思在使用法哲学概念时，大致也是这个含义。

国内一些学者在使用法哲学这个概念时，其含义通常还更加宽泛。张文显在《二十世纪西方法哲学思潮研究》一书中认为："在学术领域或学术概念的意义上，法学家把法哲学视为法学体系中最具抽象性的理论，哲学家把它作为一门应用哲学。作为法学体系最具抽象性的组成部分，法哲学是法学的一般理论、基础理论和方法论"。[①] 这个法哲学概念与英语国家的法哲学概念有很大的重合之处，同时又把法学方法论包含其中，含义更广。

二、什么是法律？

"什么是法律？"问题或法律的性质问题，是法哲学的首要问题。

① 张文显：《二十世纪西方法哲学思潮研究》，法律出版社1996年版，第2页。

戈尔丁（Martin P.Golding）在《法律哲学》一书中认为，"法律哲学中最重要的问题也许是对法律概念的分析"。[①] 在关于"什么是法律？"问题上，在当代西方法哲学中存在着实证主义法学传统和自然法哲学传统之间的激烈争论。这两个传统也是当代西方法哲学中两个最主要的流派。

（一）实证主义法学的法律观

有学者指出，实证主义法哲学观点的萌芽可以追溯到古罗马皇帝查士丁尼安下令汇编的《学说汇纂》的典型陈述："凡君主所愿即有法律效力"。用比较现代的术语说就是，凡由立法机关所颁布的就是该社会的法律。当代法律实证主义者普遍会接受这样一个命题。也就是说，正如哲学上的实证主义只承认感官所感知的东西的实在性，法律实证主义也只承认看得见摸得着的法律，即由立法者所颁布的法律条文，把它们看作是现实的、实在的法律（即实在法），而不承认抽象的自然法，认为看不见的、不可捉摸的抽象的自然法属于道德范畴，不是真正的法律。而自然法传统的法学家则认可自然法，认为人类制定的法律或实在法不得违背自然法，自然法是更为根本的法。自然法传统源远流长，从古希腊罗马的自然法传统一直到近代思想家的自然权利学说都属于自然法传统。尽管在 19 世纪自然法传统受到法律实证主义思潮的激烈挑战而有所衰落，但到 20 世纪下半叶自然法传统又再度复兴，成为与法律实证主义并驾齐驱的法哲学思潮。

实证主义法哲学最初形成于 19 世纪上半叶的英国，在 19 世纪中叶后，随着自然法哲学和以黑格尔为代表的德国形而上学法哲学的衰落，实证主义法哲学在西方法哲学中逐渐占据主流地位。其核心思想是法律与道德的分离，即强调实际存在的法律和应该存在的法律之间区分。实

[①] 〔美〕戈尔丁：《法律哲学》，齐海滨译，三联书店 1987 年版，第 3 页。

证主义法哲学强调法律的自主性，经常被看作是自由主义法哲学的代表。在方法论层面，实证主义法哲学强调描述方法和分析方法，注重法律的形式方面。实证主义法哲学的代表人物有边沁（J. Bentham，1748—1832）、奥斯丁、凯尔森（H.Kelsen，1881—1973）、哈特、拉兹（Joseph Raz，1939—　）等。边沁和奥斯丁的法哲学被称为古典实证主义法哲学，凯尔森的纯粹法学和哈特的分析实证主义法哲学以及拉兹等人的法哲学被看作是现代实证主义法哲学。

1. 边沁的实证主义法律观

在实证主义法哲学中，边沁是一位重要人物。随着边沁遗著的整理出版，其作为法律实证主义鼻祖的地位越来越得到公认。当代分析实证主义法学大师哈特晚年专门从事整理和研究边沁著作的工作，还撰写了《论边沁：法理学和政治哲学》①　一书。目前西方学界通常认为，边沁在法哲学方面的贡献比奥斯丁更大，其观点比奥斯丁更合理。边沁的功利主义伦理学以及其中所隐含的"法律实质上是国家的命令"这一观点奠定了实证主义法学的理论基础。在自然法理论衰落后，西方占主导地位的法律理论有两个部分。第一个部分是关于法律是什么的理论，这就是法律实证主义；第二部分是关于法律应该是什么的理论，这就是功利主义理论。前者涉及的是法律本身的分析，后者涉及的是立法问题，即立法应当遵循功利最大化原则，要追求最大多数人的最大幸福。这两个部分都与边沁有关。在法律本身的界定和分析上，边沁把法律看作是主权者的命令。就立法原则而言，边沁以功利原则为立法的最高原则。边沁对自然法学说提出了激烈的批评，斥之为毫无意义的胡言乱语。他主张应该把实然和应然分开，即应该把法律实际上是什么和法律应该是什么这两个问题分开。对于法律是什么的问题，边沁认为，法律是主权

---

① 此书中译本 ［英］H.L.A.哈特：《哈特论边沁——法理学与政治理论研究》，谌洪果译，法律出版社 2015 年版。

者的命令，是国家主权者提出或采纳的意志和命令的总和，是国家行使权力处罚犯罪的威吓性命令。而关于立法原则的法理学是审查性法理学，它所要回答的是"法律应该是什么"的问题。尽管边沁的功利主义法哲学仍然具有价值论的色彩，仍然是关于立法原则的评价问题，但他对于"法律实际上是什么"的提出和强调，标志着反自然法的实证主义法哲学的兴起。

2. 奥斯丁的实证主义法律观

当然，由于边沁的法哲学代表作《法学通论》一书一直到 1945 年才出版，其生前并未产生影响。所以长期以来学术界一直把奥斯丁看作是古典实证主义法学的奠基者。奥斯丁把边沁的功利主义和法的分析方法论运用于法的研究中，在法理学的研究范围、法与道德的关系、法的定义和法的概念分析等方面，都有开创性的贡献。不过，奥斯丁本人生前并没有太大影响，他的课并不受欢迎，听课的学生不多，以致难以维持生计。他生前出版的唯一著作是他在伦敦大学授课讲义的前六篇，名为《法理学的既定范围》。但是，奥斯丁去世后影响越来越大，其代表作《法理学讲义》应学术界要求整理出版。此后所谓"普通法学说"或"分析法学说"开始在教学和研究领域中排挤自然法哲学，大学中的有关法哲学或自然法讲座开始被普通法讲座取代。

奥斯丁认为，"任何法律或规则（在最大意义上可称为严格的法律）都是命令。或者说，所谓严格的法律都是某项命令"。① 实在法区别于其他法的本质在于它是主权者的命令。一个社会的法律就是主权者（最高政治权威）为支配社会成员行为而发布的总命令。主权者可以是个人（如君主），也可以是由个人组成的决策集团（如英国的议会）。社会大众对主权者有一种服从的习惯，但他们却不习惯于服从任何别的

---

① John Austin, *Lectures on Jurisprudence*, *or the Philosophy of Positive Law*, London: Scholarly Press, Inc., 1977, p.11.

人。主权者的一项命令（一条法律）就是强加于个人的一项义务或责任，后者则被指定应当以某种确定的方式行为或不行为。那么，命令是什么？奥斯丁的定义包含两层意思：一项命令首先是一种愿望的表示，并且命令是以威胁作为后盾的秩序。单纯的愿望并不构成命令，命令一定是上级对下级的关系，服从命令是下级的义务，否则就会受到惩罚。我对你说"请把门关上"就仅仅是一种请求，而一个司令官对士兵这样说就是命令。

奥斯丁在《法理学的既定范围》（即《法理学讲义》的前六章）的末尾，进一步表达了实在法的定义："每项实在法（或每项简单地和严格地称之为实在法）是由主权者或主权者机构直接或间接地为它作为最高立法者所在的独立政治社会里的某成员或某些成员制定的"。①这个定义被看作是古典实证主义法学关于法律的经典定义。

奥斯丁的"命令说"后来遭到不少质疑。其中最致命的质疑来自法律史家梅因（Herry Maine，1822—1888）。奥斯丁极其强调制定法律的机关，但梅因通过对古代法制史研究发现法律未必是正式的立法机关颁布的。在古典东方制度中，族长可以号令一切，但他并不颁布法律，而是依靠古老的规则和习俗。因此法律并不必然等同于制定法。另外，现代社会是法治社会，现代立法机关所颁布的法律不仅对普通公民而且对立法者自身也有约束力，那么我们能否认为立法者在命令和威胁自己？

20世纪著名法哲学家富勒和哈特也分别对奥斯丁的命令说提出异议。富勒在《法律的道德性》一书中认为，法律（立法）是使人类行为服从规则治理的事业。要实现这个目标，法律本身应该符合一定的道德性。富勒认为法律（包括立法）至少应该具备八条准则，并对八条

---

① John Austin, *Lectures on Jurisprudence, or the Philosophy of Positive Law*, London: Scholarly Press, Inc., 1977, p.143.

准则作了详细的阐述。① 对此我们后面还会论及。

另一种批评来自哈特。哈特认为，奥斯丁的分析混淆了"有义务去做某事"和"被迫去做某事"之间的区别。当一个歹徒持枪顶住我的后背说："拿出钱包来"，他就发出了一个以威胁为后盾的命令。但你能说他是在发布一条法律吗？在这种情况下，我确实被迫交出钱包，我别无选择，但我有义务交出钱包吗？显然不能这么说。对于一项法律我有服从的道德义务，但对于抢劫犯的命令我没有服从的道德义务，我仅仅是被迫接受。显然，使一条命令成为法律需要满足其他条件，这就是下命令者必须有下命令的权威或权力。②

奥斯丁的另一个重要观点是在法律与道德之间所作的区分，这个观点确立了实证主义法哲学与自然法哲学的基本分野。如前所述，尽管奥斯丁并不反对对法律作道德上的评价，但与他的前辈边沁不同的是，他反对将判断法律之善恶的功利原则纳入法理学的既定范围，强调"法理学的科学（或简单地称法理学）只涉及实在法，或严格意义上的法律，而毫不考虑哲学法律的善或恶"③。在他看来，边沁的"审查性法理学"是有关价值判断的伦理学，而"说明性法理学"才是唯一可称为法理学的科学。

3. 凯尔森的纯粹法学

凯尔森的纯粹法学深受新康德主义和维也纳学派的逻辑实证主义哲学的影响，被看作是"法律实证主义的维也纳学派"，它比以边沁、奥斯丁等人为代表的英国法律实证主义的观点更极端。凯尔森创立纯粹法学的目的是要把不属于法学认识对象的异质因素都排除在法学的研究范

---

① 参见［美］富勒：《法律的道德性》，郑戈译，商务印书馆 2005 年版，第 55—111 页。

② 参见刘日明：《法哲学》，复旦大学出版社 2005 年版，第 202—203 页。

③ John Austin, *Lectures on Jurisprudence, or the Philosophy of Positive Law*, London：Scholarly Press, Inc., 1977, p.61.

围之外，把法学建立为一门独立的科学。首先，纯粹法学是一门科学，是对其研究对象的纯粹认识。纯粹法学以自然科学为榜样，像自然科学那样对它的对象进行纯客观的研究。这就要求纯粹法学的研究对象也应该像自然科学的研究对象一样，是可以加以客观认识的。因此，纯粹法学应该以实在法为对象，研究法律实际上是什么，而不研究法律应当是什么、法律应该如何来制定。它从结构上去描述实在法，但不对实在法的优劣好坏进行评价。因为评价涉及主观价值判断，而主观价值判断是相对的，因人而异，是无法加以客观认识的。其次，纯粹法学是对一种特殊对象的科学认识，那就是法律规范。实在法规范是一种特殊的存在，一方面，与自然事实遵循因果律不同，它属于遵循另一种逻辑的"应当"世界；另一方面，与具有主观性的正义或道德规范不同，它是客观的规范，是对整个共同体都有效的价值规范。对于这样一种特殊的规范，我们必须用与之相适合的方法加以研究。

4. 哈特的分析实证主义法哲学

哈特的分析实证主义法学以当时盛行于牛津大学的语言分析哲学作为方法论基础，批判地吸收了奥斯丁的分析法学思想。哈特认为，应该区分两种法律：一种是"实际如此的法律"，即实在法；另一种是"应当如此的法律"，又称理想法或正义法。而作为一门科学的法学，只能研究实在法，也就是采取逻辑和语义分析的方法研究法实际上是什么样子，而不是研究法应该是什么样子。尽管哈特对自然法学作出一定的让步，承认"最低限度的自然法"，但他的基本倾向仍然是拒绝价值判断，反对在法学中加入道德因素和价值因素。有人把分析实证主义法学派的排除价值判断的观点看作是法律上的价值虚无主义。这种观点是不准确的。分析实证主义法学派实际上并不坚持价值虚无的立场，他们只是要么认为法律的价值理想已经存在于现行法当中，法学研究本身不必再关心价值问题，要么认为法律的价值问题不是纯粹法学应研究的问题，因为已经有其他学科如伦理学等学科关注和研究价值问题。这同只把法律当作治理工具而不关心法律的价值取向的法律工具主义是不同的。

哈特在批评奥斯丁的法律命令说基础上阐述他的法律概念。他认为，法律命令说对法律特性的解释是不适当的。首先，前文已经讲到，它不能区分"有义务去做某事"和"被迫去做某事"这两种行为的不同性质。其次，法律命令说似乎只适用于刑法和侵权法，不适用于许多其他法律。例如，规定设立有效合同、遗嘱和结婚方式的法律规则并不要求人们必须按照一种方式行为而不管其意愿如何，相反，它们通过给个人授权而为个人提供实现其意愿的便利条件。这类法律显然不能被解释为以制裁为后盾的法律。再次，以制裁为后盾的命令基本上是别人必须做某事或不得做某事这样一种愿望的表达，而不适用于命令者个人。但是，法律与此不同，它为所有人（包括立法者）设定义务和权利。最后，法律命令说的主权者概念不适当，它把主权者看作高于法律、在法律适用和限制之外，这不符合现代法律制度的实际情况。

哈特认为，有效的法律制度的基本特征是人民感到有义务服从法律。为了得出义务概念进而说明法律，人们必须使用"规则"观念，而奥斯丁的法律命令说的根本缺陷在于缺乏规则观念。哈特强调规则观念在法律概念分析中的重要作用，他的法律概念实际上是由涉及规则的三个主要命题构成：（1）法律是规则体系；（2）法律是主要规则和次要规则的结合；（3）承认规则是法律制度的基础。[①]

5. 拉兹论法律的作用

拉兹从论述法律作用的角度来阐述法律的性质，对法律作用的研究可以说是他对法哲学的一大贡献。拉兹首先指出此前法律理论家有关法

---

① 参见张文显：《当代西方法哲学》，吉林大学出版社 1987 年版，第 60 页。

律作用的论述的缺陷，然后对法律的作用进行分类，逐一分析法律的各种作用，以便澄清法学家们在法律作用问题上表现出来的模糊认识和造成的混淆，为详细研究法律作用提供范畴。拉兹区分了法律的规范作用和社会作用。法律的规范作用是由法律的规范性决定的，这种作用表现为指引行为和评价行为。法律的社会作用是指法律预期的或实际的社会效果，这种作用可以区分为间接作用和直接作用。①

（二）自然法哲学

自然法哲学的源头一直可以追溯到古希腊。赫拉克利特的"逻各斯"概念就已经隐含着"自然法则"的意思。正义问题是柏拉图和亚里士多德政治哲学的核心内容。自然法思想在斯多葛学派那里得到确立。在斯多葛学派看来，宇宙间确实存在着一种和谐的秩序和法治，即自然法。人是自然的一部分，人的本性（自然）就是理性，人按照自然法生活就是服从理性；自然法就是弥漫于一切事物中的正确的理性，自然法就是理性法。这样，斯多葛学派就把自然、人性和理性联系起来，从而确立了自然法对于成文法或人定法的支配地位。斯多葛学派还根据这种自然法断言，在人皆有理性的意义上说，人人平等，而不平等是人为造成的，希腊现实世界中自由民与奴隶、上等人和下等人的区分是人定法的产物，不符合自然法。

斯多葛的自然法学说通过古罗马思想家西塞罗和罗马法学家而流传下来。西塞罗认为，理性（自然法）来自自然，它督促人们正确行为而不妄为，它并非由于形成文字才第一次成为法律，而是一存在就成为法律。它是人定法的根本依据。在此基础上，西塞罗提出他的法治思想。他在其代表作《法律篇》中写道："法律统治执政官，所以执政官统治人民——执政官乃是会说话的法律，而法律乃是不会说话的

---

① 参见张文显：《当代西方法哲学》，吉林大学出版社 1987 年版，第 76—82 页。

执政官"。① 这个法律就是以自然法为依据的法律，它的地位在统治者之上。

中世纪哲学家奥古斯丁（Saint Aurelius Augustinus）认为根源于上帝的永恒法的自然法与正义是衡量国家政权和世俗法律的标准，如果国家和法律不符合正义和自然法，便没有真正的法律，国家也不是真正的国家。奥古斯丁说："不正义的法律不是法律，诚如没有正义的国家不过是一伙强盗而已"。② 中世纪另一位大哲学家托马斯·阿奎那（Thomas Aquinas）区分了上帝的永恒法、神定法、自然法、人定法（实在法）。他认为，一项法律就是由负责照管联合体的人出于公共福利的理由而必须颁布的命令。这个一般的定义适用于四种法律：永恒法、神定法、自然法和人定法（实在法）。永恒法是上帝从整体上统治宇宙的法律；神定法指引人类向着超自然的目的（即上帝显圣）；而自然法则为人们指引尘世的目标（即幸福）；人定法统治着作为属于特定联合体成员的个人。他认为人定法是根据自然法的规范和依靠推理的力量对社会所作出的特殊安排，是人类立法者依据自然法制定的法律。实在法有一种强制性的力量，以制裁作为后盾，这似乎是实在法之为实在法而与作为道德力量的自然法相区别的依据。但阿奎那认为并不是这种背后的强制力使法律成为法律，而是理性的力量使法律具有支配行为的权威性力量。

近代的自然法哲学把自然法转换为自然权利，近代所谓自然法则主要是一系列"权利"。近代法哲学（philosophy of right）可以说就是权利的形而上学。这种法哲学自19世纪中叶以来在分析实证主义法哲学的攻击下逐渐趋于衰落。但是，"二战"后尤其是20世纪70年代以后，分析实证主义法哲学思潮的统治地位开始被打破。其中最重要的诱因是

---

① 西塞罗：《论法律》，载《西方法律思想史资料选编》，北京大学出版社1983年版，第79页。
② 转引自刘日明：《法哲学》，复旦大学出版社2005年版，第71页。

"二战"后对纳粹战犯的审判。对纳粹战犯的审判最终依据的是自然法，是自由、正义、权利等基本价值，对"恶法亦法论"的反思成为自然法学说复兴的重要原因。哈特对纳粹法律的立场是，尽管"恶法亦法"，但可以采用溯及性立法来矫正纳粹恶法，来为审判纳粹战犯提供依据，尽管溯及性立法有违法治原则，但这是不得已为之，权衡利弊，在特殊情况下需要溯及性立法。而当代美国法学家富勒则认为纳粹法律在法律的道德性方面大有缺陷，因为它们在很大程度上是特别法、秘密法、溯及法，违背程序自然法，同时也违背人权、正义等实体自然法，不具有真正的法律地位，因此纳粹战犯不能以执行法律来为自己的行为辩解，可以依据自然法对他们进行审批。

在当代自然法哲学复兴中，富勒起到非常重要的作用。他是"二战"后兴起的自然法学派的主要代表。富勒对传统的自然法理论进行重要的修正。其一，他认为完善的绝对正义即向往的道德只是提醒我们注意人类成就的可能性（即是一种理想化的东西），而只有最低的道德正义即道德义务才把我们引向我们行为的底线，这就是底线正义。法西斯法律突破了底线正义。其二，他在法律的外在道德和内在道德区分的基础上，形成了"程序自然法"概念。在富勒看来，法律兼具外在道德和内在道德，前者指法律的实体的道德目的，如抽象的正义，后者指法律的解释和执行的形式与程序问题。由此，他把自然法划分为实体自然法和程序自然法两种，并特别强调对程序自然法的研究。这在西方法律思想史上是一个较有创新性的观点，因为此前的自然法学说主要探讨一般正义之类问题，也就是富勒所说的实体自然法，至于法律程序方面的问题，一般认为是属于法律实证主义研究的领域。富勒的创新在于把法律程序方面的问题纳入自然法研究领域，所以被称为新自然法哲学。

富勒还论述了程序自然法或法治原则的具体内容。富勒所讲的法律内在道德性，也就是程序自然法或法治原则。在他看来，程序自然法或法治原则主要有八项：（1）法律必须具有充分的一般性，即法律规则不是针对特定人来制定的，而是对一般人都适用的，同样的情况应受到同样的对待，这实际上就包含了人们通常所说的法律面前人人平等的原则；（2）法律必须公开颁布，即每个人都有权了解法律，而且只有了解法律才能够去遵守法律；（3）法律规则在操作上不得溯及既往，即公众总是可用这些法律规则来指导他们的行为，人们不应该因事后制定的规则的命令而被捕、受审判；（4）法律规则必须是明确的、可理解的，即规则的表达方式必须使它们所针对的那些人有机会理解什么是他们不应该做的事情；（5）法律规则不能彼此矛盾；（6）法律规则必须是人们可能遵守的规则，法律规则不应该要求人们做不可能的事情，即超出他们能力范围之外的事情；（7）法律规则不应频繁变动，变动过于频繁，人们就会无法根据这些规则来调适自己的行为；（8）官员必须以一贯而又正确的方式来适用和管理规则，而且官方行为与公布的规则必须一致。①

富勒认为法是一种合道德的社会活动，并以此批判法律实证主义。富勒的新自然法理论形成于20世纪50年代，它本身是在与英国著名的分析实证主义法学家哈特的论战中形成和发展起来的。富勒建立起一种世俗形式的自然法（近代自然法是超验的抽象的自然法），他把法定义为一种目的性的人类活动，即合道德的社会活动。他批评法律实证主义是一种局限性极强的法条主义，对法律的目的和意义视而不见，痴迷于旨在消除概念模糊性的语言分析，专注于描述实然的法律，而对法律的应然问题没有提出任何科学见解。这个批评意见应该说有失公正，因为法律实证主义者其实并不完全回避"应然"问题，他们在法律应然问题上通常采取功利主义立场。

在法律性质问题上，除实证主义法律观和自然法传统的法律观之外，还有法律"社会控制论"、法律"预测论"等学说，由于篇幅关

① 参见［美］富勒：《法律的道德性》，商务印书馆2010年版，第55—111页。

系，这里不再赘述。

三、法律的范围或界限

政治权威或社会权威与个人自由之间的关系是道德哲学、政治哲学、社会哲学、经济哲学和法哲学都非常关注的问题。比如，20 世纪关于国家对经济的干预和调节就是一个争论非常激烈的问题。法律权威是社会权威的一种形式，它所能施用的范围有多大？法律规范与其他社会规范之间的界线应该划在什么地方？说到底就是法律权威与个人自由之间的界线究竟应该划在哪里？比如，同性恋、卖淫嫖娼、色情作品、酗酒、赌博、吸毒是否应该纳入法律管辖的范围？对于诸如此类的问题，学术界一直就存在许多争议。穆勒在《论自由》中提出一条判断对个人自由能否施用社会权威的简单原则：任何人的行为，只有涉及他人的那个部分才须对社会负责。在仅涉及本人的那个部分，他的独立性在权利上是绝对的。也就是说，个人行为只要不危害到别人，社会就不应该干预。当然，穆勒承认，这个原则也有一些例外，这个原则对小孩、低能者和弱智者不适用。对于这些人可以实行家长统治。穆勒这个原则看似明确，但实际有不少含糊的地方。比如酗酒是否会伤害他人？有人指出，酗酒不仅会伤害家人，而且还会伤害到社会。现代社会是福利社会，酗酒损害健康，增加社会医疗成本，增加社会的税收负担，最终对他人造成损害。再比如，多数国家的法律要求骑摩托车者要戴头盔，这条法律是否侵犯人权？我们该如何为这条法律辩护？有人认为，对于诸如此类的问题可以实施法律家长主义，因为在这些事情上个人并不总是其自身利益的最好判断者，国家可基于维护个人利益的理由行使法律权威。但是，对于法律家长主义的适用范围，法学家又没有确切的界定。

四、刑罚哲学问题

刑罚哲学是当代西方法哲学领域中比较活跃的分支。我们有什么权利来实施刑罚？刑罚是否正当？死刑是否公正或人道？对于这些问题，在普通人中间以及在法哲学中都充满争议。关于刑罚的正当性问题，有三种影响较大的理论：一是威慑论；二是报应论；三是改造论。威慑论把惩罚看作对犯罪或其他不道德行为的一种威慑。柏拉图在《法律篇》中就明确表达了这种理论。他说："刑罚不是对过去的报复，因为已经做了的事情是不能再勾销的，它的实施是为了将来的缘故，它保证受惩罚的人和那些看到他受惩罚的人既可以学会彻底憎恶犯罪，还可以大大减少他们的旧习。"① 这种理论具有目的论特征。在这种理论看来，刑罚本身不是什么好事；它是根据有可能带来的好结果（减少犯罪）而具有正当性的。惩罚是手段，目的是减少犯罪。这种理论是向前看的，它着眼于惩罚的未来结果。在这一点上，威慑论与报应论正好相反，报应论是向后看，它认为惩罚犯罪是因为犯罪者犯了罪这个过去的事实，是对他的犯罪行为的报复，是罪有应得。这个理论并不考虑惩罚是否会带来好的结果，即使是带来不好的结果，也应该实施惩罚。其实，我们一下子就可以看出，这两种理论未必一定相互冲突，它们可以互补，也就是说，威慑和报应可以并存。

第一种理论存在一些难题。对于惩罚是否起到减少犯罪的作用，有人表示怀疑。他们反驳说，刑罚并没有起到阻止犯罪的作用，累犯率（多次犯罪、惯犯）极高就表明惩罚的无效。另外，完全从威慑角度考虑惩罚有可能助长不公正的惩罚，对轻微犯罪处以重罚也可以起到威慑

---

① 转引自［美］戈尔丁：《法律哲学》，齐海滨译，上海三联书店 1987 年版，第 141 页。

作用，但这种重罚是不公正的，不是罪有应得。而对于量刑应当适当，报应论似乎是更好的解释。另外，像酷刑、冤假错案造成的惩罚无辜也可以起到威慑作用，但它们显然是不正义的。报应论的优势是主张刑罚与罪过之间的密切联系，强调量刑适当。但报应论也有它的难题。有人认为报应论仅仅是人的一种卑鄙的报复感的反映，在道德上并不光彩，有人甚至称之为"报仇"理论。康德是古典报应论的代表人物。另外，报应论还可以区分为最大限度的报应论和最低限度的报应论两种。康德是最大限度报应论的代表，他主张刑罚应当等同于侵害行为的严重性。多数当代报应论者坚持最低限度的报应论观点。他们认为某个人应受惩罚并不必然意味着他必定要受惩罚，刑罚的严厉程度也未必要等于侵害程度，他们允许法官在特定条件下部分地或完全地免使一个罪犯受惩罚。比如，对于轻微犯罪行为可以免于惩罚。

改造论则认为，既不单纯为威慑而惩罚，也不单纯为报复而惩罚，刑罚的重要目的是教育人和改造人，其最终目的应当是使犯罪人回归社会。

五、结　语

本讲仅是对当代西方法哲学若干重要问题的粗浅介绍，重点阐述法律的性质问题，主要探讨的是思考这两个问题的思路，对其他若干问题的讨论极为简要，也是思路性的东西。当代西方法哲学还涉及权利与义务、守法与违法、责任与惩罚、法律与正义、法律与自由、法律与效益等问题。这些问题有待进一步深入研究，这里不拟论述。

第六讲　新自由主义思潮评析

杨　玉　成

　　新自由主义是流行于当代西方国家的一种重要的经济政治思潮，是当代西方某些国家的主流意识形态，对当代西方某些国家以及一些发展中国家的经济社会"发展模式"有着重要的影响。2008 年爆发的国际金融危机把新自由主义推到"风口浪尖"。国内外不少人指责"新自由主义"是引发这次金融危机的"祸根"，所以 2008 年金融危机之后几年，新自由主义成为国内外学界和媒体讨论的一个聚焦点。

一、新自由主义的来龙去脉

　　从经济政治思潮角度看，自资本主义生产关系产生以来，西方国家先后产生过四种曾经占据主流地位的经济政治思潮：重商主义（Mer-cantilism）、古典自由主义（Classical Liberalism）、改良自由主义（New Liberalism）和新自由主义（Neo-liberalism）。① 撇开重商主义不说，单

---

① 　关于"New Liberalism"和"Neo-liberalism"这两个术语的汉译问题，尽管一再有学者力图加以澄清，但目前的译法依然很不一致，并因此造成诸多混淆。国内哲学界和政治学界学者通常把以托马斯·格林、凯恩斯、罗尔斯等人为代表的"New Liberalism"称为"新自由主义"，也有人根据西方学者在不同语境下的不同称呼，分别称为"社会自由主义""修正论自由主义""嵌入式自由主义""干预主义自由主义""进步自由主义"

从自由主义史角度看，可以说新自由主义是对改良自由主义的反叛，是对古典自由主义的"回归"。所以，要讲清楚新自由主义，我们还得从古典自由主义讲起。

（一）古典自由主义与自由资本主义发展实践

古典自由主义理论是在近代资产阶级革命期间产生的，它有两大派别：一派叫权利论自由主义，其代表人物主要有洛克、孟德斯鸠等；另一派叫功利论自由主义，其代表人物主要有亚当·斯密、边沁、李嘉图、约翰·穆勒等。

权利论自由主义主要从自然权利角度论证自由的重要性。洛克把生命、自由、财产看作是个人的自然权利，是人之为人必须享有的权利。只要你是一个人，就享有这些权利。权利论者把自由看作人的最高价值。如果一个人不自由，那就不像个人样，活着没有什么尊严，没有什么意思。比如，在古希腊，奴隶不是自由人，就不被当人看待，而被看作"会说话的工具"。古罗马奴隶起义领袖斯巴达克（Spartacus）的口号"宁为自由战死，决不给主人卖命"，把自由价值看作高于生命。近代匈牙利的著名诗人裴多菲脍炙人口的诗句："生命诚可贵，爱情价更高；若为自由故，二者皆可抛！"表达的就是自由的至高无上价值。美国独立战争时期著名演说家帕特里克·亨利（Patrick Henry）的名言"不自由，毋宁死"表达的也是这个意思。

当然，后来的一些自由主义者逐渐发现，从自然权利角度论证自由也有问题，主要有两个问题：一是自然权利概念含混不清。对于什么应

"新政自由主义""伟大社会式自由主义""政治上的新自由主义"等，而把以哈耶克、弗里德曼、诺齐克等人为代表的"Neo-liberalism"称为"新古典自由主义""保守论自由主义""新保守主义""新经济自由主义""极端自由主义""自由至上主义"等。国内经济学界则把前一种思潮明确称为"国家干预主义"，而把后一种思潮称为"新自由主义"。由于经济学界的用法已经被官方和社会舆论普遍接受，笔者在这里把"New Liberalism"意译为"改良自由主义"，把"Neo-liberalism"直译为"新自由主义"。

该是个人的权利，什么不应该是个人的权利，很难有一个确切的判断标准。比如，为什么一个人可以有抽烟的自由，却不可以有吸毒的自由，从自然权利角度是很难讲清楚的。通常我们会考虑行为的社会后果。抽烟对个人身心健康的危害性不那么大，对社会也不会构成重大的损害，而吸毒对个人的身心健康会造成严重的危害，如果一个社会吸毒成风，那就会造成整个社会的败坏。这个论证牵扯到行为的后果，这就是我们后面要讲的功利主义的论证思路。这种论证思路的优势就在于它可以从行为后果好坏的角度来对行为的正当与否作出一个比较明确的判定。二是权利原则有过于激进的毛病，有可能带来严重的社会代价。权利论的逻辑是：我有自由的权利，这种权利是与生俱来的，是老天给我的。任何政府都不得侵犯我的自由，侵犯个人自由的政府是坏政府，人民有权以革命的方式推翻政府，恢复个人自由。这个原则是相当激进的，它鼓动人们以激进的方式去推翻侵犯个人自由的政府，而全然不顾这种激进的方式可能带来巨大的破坏性的社会后果。比如，法国大革命就是相当激进的，人民动不动就推翻政府。但是，这种激进的革命并没有使法国的个人权利得到切实的保障，反而导致滥杀无辜等消极后果。对于法国大革命的消极后果，即使是参与革命的当事人也感到十分迷惑。比如，罗兰夫人（Manon Jeanne Phlipon）是法国大革命时期著名政治家、吉伦特派领导人之一，她为自由事业投身于法国大革命，毕生为自由理想奋斗，但最终又被以自由的名义送上断头台，她在临刑前从心底里迸发出对自由近乎绝望的感慨：自由、自由，天下古今几多之罪恶，假汝之名以行。西方学界后来对于法国大革命的评价分歧很大。一些政治思想家对法国大革命有深刻的反省。比如英国保守主义创始人伯克（Edmund Burke）的《法国革命反思录》和法国思想家托克维尔（Alexis de Toccueville）的《旧制度与大革命》都是反思法国大革命的名作。

　　正是由于权利论的这两个难题，古典自由主义就逐渐从权利论过渡到功利论，从功利或效用①角度来论证自由。这种论证思路主要是强调自由的社会结果，特别是强调个人自由与个人的创造性和社会进步之间的必然联系。比如，古典经济学的创始人亚当·斯密认为，自由市场经济会带来国民财富的增长和社会的繁荣。约翰·穆勒在论证言论自由的必要性时指出，自由讨论有可能带来科学的昌盛、艺术的繁荣、理论的丰富，并最终带来人类的进步。从总的倾向看，功利主义者并不把自由作为最高价值，而是强调自由的工具性、手段性的价值，强调自由是达到良好社会效果的条件或手段。功利论者把功利原则也就是效用原则看作是高于自由原则的最高原则，以功利原则衡量具体自由的合理性与可行性。功利主义从"产生好的结果"这个角度论证自由，认为自由是个好东西，好就好在它是获得功利（幸福、快乐）的条件或前提。功利主义的这个思路无论是在西方还是在中国，实际影响是最大的。

这就是古典自由主义理论非常简单的概貌。我们再看一看古典自由主义理论指导下的自由资本主义发展实践。大家都很熟悉，在近代资产阶级革命期间，资产阶级政治思想家提出三个很响亮的口号："自由、平等、博爱"。但实际上，无论是权利论自由主义者，还是功利论自由主义者，对"自由"的强调和重视远远超过对"平等"的强调和重视。他们大多把"平等"看作是形式上的平等，即拥有同等权利或同等自由意义上的平等，也就是人们常说的"法律面前人人平等"，而没有看到一定程度的实质平等或结果平等的必要性。这种对实质平等的忽视导致传统自由资本主义的发展出现许多弊端，其中最主要的有两大弊端。

1. 经济盲目发展，波动性太大，其主要表现是周期性的经济危机。周期性的经济危机表明，尽管自由资本主义体制能够创造出巨大的生产力和庞大的社会财富，但它无法很好地管理自己的生产力和社会财富。马克思和恩格斯在《共产党宣言》中所指出的："资产阶级在它的不到

---

① "功利"和"效用"实际上在英文里是同一个词"utility"。国内哲学界把它译为"功利"，经济学界则把它译为"效用"。

一百年的阶级统治中所创造的生产力，比过去一切世代创造的全部生产力还要多，还要大。"① 但是，经济危机的事实表明，这种生产力一再被浪费，不能得到有效的管理和利用。这种周期性的经济危机甚至愈演愈烈，逐步演化为世界性的经济危机。1929 年爆发的世界经济大危机，最终导致第二次世界大战的爆发，给世界各国人民带来了巨大的苦难，这表明传统资本主义的路子已经走到了尽头。

2. 第二大弊端是经济发展粗放野蛮，经济与社会发展不协调。19 世纪工业革命后，资本主义国家经济增长速度大大加快，但资本主义社会阶级结构日益分化为资产阶级和无产阶级两大对立的阶级，贫富两极分化，社会阶级矛盾日趋尖锐。用马克思的话说，这种阶级对立表现为：一边是资产阶级财富的积累，一边是无产阶级贫困的加深。② 用我们现在的眼光来看，这种对立的一个重要原因是，在经济增长的同时，社会建设没能跟上。也就是说，国家没有对收入分配进行有效的调节，在住房、社会保障、医疗保障、教育等社会事业建设方面滞后。尽管早在 19 世纪中期，德国俾斯麦政府已经建立起社会保险体系，但保障水平很低，其他国家的社会保障更加落后。

（二）改良自由主义与有限资本主义实践

正因为古典自由主义理论引导下的自由资本主义发展实践存在严重的社会弊端，所以自由主义遭到许多人的批评和指责。在这种情况下，自由主义本身也在不断自我调整、自我变革。从 19 世纪末 20 世纪初开始，它以一种倡导"新自由"和福利国家的新姿态出现，这就是"改良自由主义"。早期改良自由主义的代表人物有英国新黑格尔主义哲学家托马斯·格林（Thomas Hill Green）、社会学家霍布豪斯（Leonard Trelawney Hobhouse）、经济学家霍布森（John Atkinson Hobson）以及美

---

① 《马克思恩格斯选集》第 1 卷，人民出版社 2012 年版，第 405 页。
② 参见《马克思恩格斯选集》第 2 卷，人民出版社 2012 年版，第 289—290 页。

国著名实用主义哲学家杜威等，中期主要代表人物是 20 世纪英国著名经济学家凯恩斯，后期（20 世纪 70 年代后）主要代表人物是当代美国政治哲学家约翰·罗尔斯等。

改良自由主义理论相当复杂，不是这里要讲的主题，只能讲一讲大体思路。改良自由主义就是要对古典自由主义进行改良或修正，祛除古典自由主义的弊端，使自由主义成为新型的自由主义（New Liberalism）。"New Liberalism"直译也是新自由主义。为了区别于本讲所说的新自由主义，笔者把它意译为改良自由主义。从政策主张看，这种改良自由主义的实质是坚持政治自由、言论自由等基本自由，但主张对经济自由和社会自由有所限制，也就是说该自由的方面继续坚持自由，该管的方面政府要管起来。从实践方面看，"二战"后，西方国家在改良自由主义指导下，普遍从自由资本主义转向有限资本主义（受国家节制的资本主义），广泛采用经济政策和社会政策对经济和社会进行调节。从总体的效果看，有限资本主义在保持经济长期稳定发展方面，在经济发展与社会发展的协调性方面，与自由资本主义时期相比，是有长足进步的，尽管没有从根本上解决资本主义的基本矛盾。

（三）新自由主义及其对有限资本主义的纠偏

在改良自由主义盛行的同时，新自由主义（Neo-liberalism）理论也悄然兴起。以米塞斯（Ludwig Heinrich Edler von Mises）、哈耶克（F.A. V.Hayek）为代表的奥地利经济学派在 20 世纪 20—30 年代就开始反对国家干预主义，主张回归和复兴古典自由主义。在新自由主义兴起和发展过程中，1947 年由哈耶克召集在瑞士朝圣山成立"朝圣山学会"（Mont Pelerin Society），是一个起着重要作用的组织。该学会后来共有 7 位成员获得过诺贝尔经济学奖。1980 年里根竞选总统时，有 22 位"朝圣山学会"成员担任他的经济顾问。在以弗里德曼（M.Friedman）等人为代表的芝加哥学派影响下，新自由主义在 20 世纪 70 年代初期在拉美的南锥体国家智利首先得到实践，取得一些成效。当时我国香港和台湾地区以及韩国、新加坡所实行的经济政策也有一定程度的新自由主义倾向，应该说也是有成效的。进入20世纪70年代后，凯恩斯主义在应对西方发达国家出现的"滞胀"危机时失灵。正是在这个背景下，新自由主义开始由后台走向前台，逐渐流行。随着1979年以撒切尔夫人为首的英国保守党上台执政和1981年共和党人里根入主白宫，新自由主义的相关理论观点和政策主张开始得到实践。20世纪80年代初，以新自由主义为基础的现代货币主义和供给学派的理论与政策主张成为英国撒切尔政府和美国里根政府制定经济政策的理论基础。在新自由主义的影响下，以英美为首的发达资本主义国家掀起了一股私有化和自由化的浪潮。学界研究通常认为，从以英美为首发达资本主义国家实际施行的经济和社会政策看，新自由主义并未得到深入的贯彻执行，只是得到一定程度的实施。也就是说，西方国家的政府始终没有放弃对经济的调控和干预，只是调控和干预的力度有所减弱。从撒切尔政府和里根政府的"自由化改革"实践来看，它们仅仅是减少国家干预和调整社会福利政策，并没有从根本上抛弃"二战"后在凯恩斯主义指导下形成的经济政策和社会政策的基本框架。撒切尔政府改革比较成功的是国有企业私有化，里根政府比较成功的是放松管制和减税，它们对"二战"后形成的有限资本主义体制仅仅起到"纠偏"作用。与古典自由主义的实践结果相似，撒切尔政府和里根政府的改革实践结果也有两个方面：积极的方面是改善经济效率，有助于促进经济增长，创造出更多的社会财富；消极方面是容易引发经济波动，加剧社会贫富分化，影响社会稳定。有人说，即便西方发达国家仅仅半心半意地推行新自由主义政策，也出现了不少消极的经济社会后果，如果全心全意推行新自由主义政策，恐怕难免灾难深重，肯定会重新陷入频繁的经济危机、社会矛盾尖锐甚至社会动荡的状态中。实际上，到20世纪80年代后期，以英美为首的西方发达国家在历经近10年的新自由主义实践后，已经开始认识到新自由主义理论的局限性。这就为以新凯恩斯主义为代表的国家干预主义的重新兴起提供了空间。进入 20 世纪 90 年代以后，随着经济形势的变化和政府的更迭，新自由主义在西方发达国家的现实经济运行中的影响逐渐减弱，特别是英美经济与社会政策基本上是把国家干预主义和新自由主义糅合在一起，左翼政党执政时国家干预色彩浓一些，右翼政党执政时自由放任色彩浓一些。美国克林顿民主党政府与英国布莱尔工党政府把国家干预主义政策和新自由主义政策融为一体，走"中间道路"即"第三条道路"。这条道路的国家干预色彩是比较浓的。进入 21 世纪后，美国的小布什共和党政府更偏重施行新自由主义政策，有人认为这给 2008 年国际金融危机埋下了祸根。2008 年国际金融危机后上台的奥巴马民主党政府为促使美国走出金融危机，其政策措施偏重国家干预主义。2017 年年初上台的特朗普共和党政府是在美国基本上走出金融危机、经济保持较稳定增长的背景下执政的，从他推行大规模减税等措施看，其国内政策总体上比较偏向新自由主义，尽管他的对外政策大搞贸易保护主义。国内有些学者指出特朗普搞的就是对内新自由主义加上对外贸易保护主义。

　　尽管英美等发达资本主义国家对新自由主义理论和政策的副作用心知肚明，它们自己仅仅半心半意地施行新自由主义改革，但它们又不遗余力地向拉美等发展中国家和苏联东欧等转轨国家兜售新自由主义改革方案。1989 年，美国经济学家威廉姆逊（John Williamson）在国际货币基金组织、世界银行、美国财政部等机构支持下提出了"华盛顿共识"，针对拉美等发展中国家提出十条"标准"改革建议：（1）加强财政纪律，压缩财政赤字，降低通货膨胀率，稳定宏观经济形势；（2）把政府开支的重点转向经济效益高的领域和有利于改善收入分配的领域（如文教卫生和基础设施）；（3）开展税制改革，降低边际税率，扩大税基；（4）实施利率市场化；（5）采用一种具有竞争力的汇率制度；（6）实施贸易自由化，开放市场；（7）放松对外资的限制；（8）对国有企业实施私有化；（9）放松政府的管制；（10）保护私人财产权。

　　"华盛顿共识"从它出笼之日起，就受到来自多方面的批评。有人指出，"华盛顿共识"是以新自由主义为理论基础的，是一种"市场原教旨主义"，发展中国家采取这个"处方"的结果必然是贫富差距越来越大，贫困化现象越来越严重，经济主权不断弱化。这些批评意见应该说是有见地的。

　　面对来自各方面的批评，威廉姆逊回应说，批评者曲解了他的用意。他辩解说，"华盛顿共识"不等于新自由主义，因为他在提出"华盛顿共识"时，里根政府已经下台，里根所推行的"市场原教旨主义"政策已经开始走下坡路，他没有必要去重蹈"里根经济学"的覆辙。他在一篇辩解文章中说，新自由主义政策不能解决贫困问题，而"华盛顿共识"中的一些政策取向则有利于减少贫困。那么，威廉姆逊的辩解是否有道理呢？我们可以分析一下。"华盛顿共识"中的前两条确实不属于新自由主义的东西。第一条"加强财政纪律，压缩财政赤字，降低通货膨胀率，稳定宏观经济形势"具有一定的合理性，这是一般政府都会强调的政策取向，不专属于新自由主义的政策主张。第二条"把政府开支的重点转向经济效益高的领域和有利于改善收入分配的领域（如文教卫生和基础设施）"，这一条明显不属于新自由主义的主张，颇有凯恩斯主义的味道，这也是威廉姆逊强调"华盛顿共识"中的某些政策取向有利于减少贫困的理由。当然，我们应该看到，"华盛顿共识"的基调是新自由主义的。它的后8条基本上都属于新自由主义的政策主张。有人把"华盛顿共识"的核心概括为所谓"三化"，即政府职能最小化、快速私有化和快速自由化（包括很重要的是金融自由化）。这个概括是有一定道理的。"华盛顿共识"后来经常被看作是新自由主义的经典解说，但实际上它是新自由主义理论的教条化和意识形态化，已经失去理论上的生机和活力，使"自由至上"成为一种僵化的意识形态。比如说，笔者认为，美国经济学家萨克斯（Jeffrey Sachs）等人为俄罗斯转型制定的"休克疗法"就是一种教条化的东西,实际上并不符合新自由主义理论的精神实质。新自由主义重要理论家哈耶克等人实际上主张"演进理性",主张"进化""渐进",主张改良,并不赞同过于激进的变革。从总体上看,"华盛顿共识"片面强调市场机制的功能和作用,轻视国家干预在经济和社会发展进程中的重要性与必要性。另外,"华盛顿共识"片面强调开放市场,忽视了在民族经济竞争力还不够强时保护市场的重要性。因此,在拉美和其他一些地区,不敌外来竞争的民族企业纷纷倒闭,国民经济外资化现象越来越严重。

尽管"华盛顿共识"从一开始就受到不少经济学家的批评,但国际货币基金组织、世界银行等国际金融机构还是把它作为解决拉美国家债务问题的"前提条件",要求拉美债务国实施带有浓厚的新自由主义色彩的"结构性改革"。20世纪90年代和21世纪初,拉美一些国家按照"华盛顿共识",实施新自由主义经济社会改革政策,产生了一系列消极后果:一些国家经济增长缓慢,贫富差距扩大,通货膨胀严重,失业人数增加,社会矛盾激化,社会动荡加剧。当然,新自由主义对拉美改革的影响是一个很复杂的问题。也有学者指出,对于国民经济长期封闭、国家干预缺乏效率和通货膨胀居高不下的拉美国家来说,如果能恰如其分地实施"华盛顿共识"的十条主张,也不能说就没有任何好处。关键是要分清"华盛顿共识"中的合理性和不合理性,要警惕"华盛顿共识"中的过分弱化国家功能和过度开放市场的缺陷,也要避免某些政策工具在实施过程中的偏差。智利80年代以后的改革比较谨慎,没有全盘照搬新自由主义,而是对外资进行约束,拒绝对经济命脉型的国有企业进行私有化,相对而言,改革也比较成功。墨西哥的改革成效也还算过得去。阿根廷较为机械地搬用新自由主义改革方案,受新自由主义影响最深,也最失败。苏联和东欧的一些国家在转轨过程中接受新自由主义的指导,实施"休克疗法"改革方案,经济陷入严重衰退,并引发了社会动荡。当然,苏联和东欧国家的转轨与改革非常复杂。新自由主义改革方案对它们到底产生多大影响还需要更加深入的研究。国内有一位研究拉美新自由主义改革的学者指出："虽然新自由主义源自西方，但类似拉美新自由主义试验那样的激进变革却从未在欧洲和美国发生，这是一个耐人寻味的事实"。[①] 美国把那种明知有缺陷的新自由主义改革方案向发展中国家和苏联及东欧转轨国家推销，其动机确实令人怀疑。有人提出要从美国国际战略角度来理解美国向外推广新自由主义的动机，这个观点有一定道理。

二、新自由主义是什么？

从理论学派上看，新自由主义大致包括以哈耶克等人为代表的伦敦经济学派、以弗里德曼为代表的现代货币主义、以卢卡斯（R.E.Lucas Jr.）等人为代表的理性预期学派、以拉弗（A.B Laffer）等人为代表的供给学派、以科斯（R.H.Coase）等人为代表的新制度经济学派。这些学派的影响范围也不一样。在英国，对撒切尔政府影响最大的是哈耶克、弗里德曼的新自由主义；在美国，对里根政府影响最大的是供给学派的新自由主义；对拉美经济结构调整影响最大的是以弗里德曼等人为代表的芝加哥学派；对俄罗斯和东欧一些国家影响最大的是曾任俄罗斯和东欧国家政府经济顾问的美国经济学家萨克斯和北欧经济学家伊萨克森（A.J.Isachsen）等人的新自由主义；对我们中国影响比较大的恐怕是以科斯等人为代表的新制度经济学。我国香港地区的张五常也是新制度经济学派的成员，2000 年前后曾经频繁应邀来内地演讲。这一派的产权理论在国内有不少追随者，是国内某些人鼓吹"私有化"的重要理论依据。在哲学界和政治学界，坚持新自由主义立场的人其实并不

[①]　陈平：《新自由主义的兴起与衰落：拉丁美洲经济结构改革（1973—2003）》，世界知识出版社 2008 年版，第 77 页。

多。诺齐克（Robert Nozick）的《无政府、国家与乌托邦》（1974年）一书可以说是典型代表。诺齐克可以说是一只"独狼"，没有形成学派。并且他本人在政治哲学方面也就出版过《无政府、国家与乌托邦》一书，他后来转向了纯哲学研究，几乎没有再就自由主义论题发表过意见。《无政府、国家与乌托邦》在理论上影响挺大的，但对于政治实践方面似乎没有产生多少直接影响。

新自由主义包括这么多思想流派和代表人物，这些思想流派和代表人物的理论观点并不相同，在许多问题上的看法彼此有很大分歧。所以，概述新自由主义的理论观点是很困难的事情。笔者这里打算讲两条。第一条，从自由主义思潮内部关系角度讲，新自由主义本质上是一种自由放任主义，是以凯恩斯主义为代表的改良自由主义的对手；第二条，从新自由主义与非自由主义思潮的关系角度讲，新自由主义本质上是一种极端个人主义，是社会主义的敌人。

（一）从自由主义思潮内部关系角度讲

新自由主义坚持古典自由主义"自由放任"立场，本质上是一种现代自由放任主义，它与改良自由主义（本质上是国家干预主义）相对立，是以凯恩斯为代表的国家干预主义的对手。[①] 在有些新自由主义者那里，这种自由放任的色彩强一些，在另一些新自由主义者那里，这种自由放任色彩相对淡一些，但主张国家和政府应尽量减少对经济与社会生活的干预是他们的共同立场。哈耶克的"自由放任主义"立场最极端，也最坚定。他先后长期在英国伦敦经济学院、美国芝加哥大学和德国弗莱堡大学任教，对英、美、德新自由主义思想的形成和发展均有直接影响。1931年哈耶克应罗宾斯邀请到伦敦经济学院任教。到达伦敦不久，他就发现古典自由主义的真正对手不是社会主义者，而是自由

---

① 他们之间是对手，不是敌人，因为他们之间的斗争毕竟是自由主义内部的斗争，哈耶克与凯恩斯两个人的经济学观点始终格格不入，但两人私交很好，在私人关系上是朋友关系。

主义左翼学者凯恩斯。凯恩斯本人也明确反对社会主义，但他认为要使资本主义制度更平稳地运行，有必要对市场进行明智的干预，实际上是坚持国家干预主义立场。在哈耶克看来，凯恩斯的观点比那些激进的社会主义者的观点更容易被大众接受，因而也更具有危险性。因此，在20世纪30年代，哈耶克与当时声望正如日中天的凯恩斯在学术上激烈交锋，双方通过公开发表论文以及私人通信，就广泛问题展开了激烈辩论。当然，在这场论战中，由于大萧条期间国家干预的广泛盛行，哈耶克的观点显得不合时宜，在论战中始终处于下风，伦敦学派逐渐被排挤出主流经济学界，哈耶克开始从经济理论研究转向政治哲学研究，不再停留在经济效率层面为"个人自由"辩护，而试图在基本价值观层次上为"个人自由"辩护。这也是哈耶克的新自由主义思想后来影响最为广泛深远的重要原因。

哈耶克的一般经济自由主义观点与其他新自由主义者的观点相比，并没有太独特的东西。哈耶克是新自由主义旗手，他摇旗呐喊的功劳很大，影响很大，但在理论的原创性上笔者觉得并不很突出。在经济学上他的原创性不如他的老师米塞斯，在政治哲学上，他的原创性笔者觉得不如罗尔斯和诺齐克。笔者这里想介绍一下他的货币非国家化学说，这个学说可以说是他的极端经济自由主义思想的典型体现。其他新自由主义经济学家的经济自由主义立场都没有发展到哈耶克这样极端程度。货币非国家化就是主张废掉国家的货币发行垄断权，废除国家货币制度，而用私营银行发行的竞争性货币取而代之。哈耶克认为，国家垄断货币发行权的一个很严重的后果是通货膨胀。他不赞同以弗里德曼为代表的货币主义者提出的依靠政府控制货币供应量来解决通货膨胀的主张。因为既然政府垄断了货币发行权，而政府又可以搞赤字财政，那么我们凭什么相信政府会控制货币供应量呢？因此，哈耶克认为，不能把消除通货膨胀的希望寄托在政府控制货币供应量上，只能寄希望于"货币非国家化"。一旦废除掉了政府的货币发行垄断权，容许私人银行发行竞争性货币，获得货币发行权的私营银行必定非常慎重，自行控制货币发行量，维护通货的价值和声誉。因为私人发行机制之间存在着竞争，信誉不好、无力维持通货价值的私人发行机构将会被淘汰出局，而信誉好、谨慎从事的私人发行机构就会健康发展。在哈耶克看来，只能通过发行私营银行的竞争性货币这个机制来维护币值稳定，从根本上解决现代社会的通货膨胀痼疾。哈耶克的"货币非国家化"学说从理论建构上看独树一帜，令人耳目一新。那么，他的这个理论是否能成立呢？哈耶克认为，把货币发行权由国家归还给私人银行，就能够给经济提供一个稳定的货币环境。这其实只是一种理论上的构想。在当代世界，没有任何国家试验过。但是，历史表明，即使在私营银行拥有自由发行货币权的 19 世纪，也难以避免资本主义经济的波动，也照样爆发周期性的经济危机。另外，哈耶克的理论构想也过于天真，既然我们不能寄希望于政府控制货币供应量，我们又怎么能寄希望于政府会放弃货币发行垄断权？事实上，现代国家都把货币发行垄断权看作国家主权的一部分，都不放弃这个垄断权。① 所以，哈耶克的这个学说也就不了了之。

限于篇幅，对于其他学派新自由主义理论和政策主张只能点一点核心观点。弗里德曼的现代货币主义是另一个比较典型的新自由主义理论学派。货币主义的核心思想是强调通过稳定货币供应量来控制通货膨胀和稳定经济。从政策主张看，就是实行"单一规则"的货币政策，即把货币供应量的年增长率长期固定在同预测的经济增长速度大体一致的水平上。弗里德曼认为，应当由政府公开宣布这种货币政策，告诉公众在一个长期内固定不变的货币供应的年增长率，给社会公众一个稳定的预期。弗里德曼根据他自己的估算提出，美国的货币供应的年增长率可定在4%—5%这一幅度之内。他认为这样既可以容许商品和劳务间的相对价格在一定幅度内变动，又可以杜绝价格水平的大幅度波动，从而给

---

① 参见胡希宁、郭威、杨振主编：《当代西方经济学流派》，中共中央党校出版社 2016 年版，第 124—126 页。

经济提供一个稳定的货币环境。但是，我们应该看到，货币主义在理论上是有缺陷的。货币主义以现代货币数量论为基础，货币数量论可用公式 MV＝PQ 来表示，其中 M 表示货币供应量，V 表示货币流通速度，P 表示价格，Q 表示成交的商品和劳务总量。MV＝PQ 转化为 M＝PQ/V。这个公式假定货币流通速度基本上是稳定的，因此货币供应与价格之间有稳定的数量关系，货币供应多了，价格就上去了，货币供应少了价格就下来了。但是货币流通速度稳定仅仅是一个假定，并不是现实，因而货币供应与价格指数之间存在很大的不确定性。所以控制货币供应量能否控制通货膨胀就很成问题。从撒切尔政府和里根政府对货币主义政策主张的实践运用来看，效果并不很理想。

理性预期学派（20 世纪 80 年代后发展为新古典宏观经济学，与凯恩斯主义宏观经济学相对）的核心观点是理性的经济人会把握到政府出台政策措施的规律性，因而他们往往会预计到政府将会采取什么样的财政和金融措施，并相应地提前作出反应，从而抵消了这些政策预定的作用，使政府干预经济政策终究归于无效，通俗地说就是我们常说的"上有政策、下有对策"会使政府的政策作用被经济主体超前的理性预期及其相应的对策抵消掉，终究会使政策归于无效。所以，政府与其采取不真正起作用的政策干预经济造成经济运行的短期扰动，不如放弃这类带有规律性的政策措施，让市场机制充分发挥它的自发调节作用，反而更能使经济处于稳定状态。但是，我们应该看到，理性预期学派依据"理性预期假说"提出的"政策无效论"观点并不符合实际。实际上，尽管经济人的理性预期及其对策确实会使政府的政策效果打折扣，但不会使政策无效。从实际情况看，无论是金融政策还是财政政策，都会产生明显的效果。理性预期学派要求政府放弃任何干预，实行完全的自由放任主义政策，是根本行不通的。现代市场经济本质上是有国家调节的经济，任何现代国家都不可能完全放弃干预经济的政策。

供给（supply-side）学派是对现实经济政策有较大影响的新自由主

义经济学派，被看作是里根政府的"官方经济学"。供给学派有两个理论支柱：一个是萨伊定律，另一个是"拉弗曲线"。萨伊定律强调供给会自动创造需求，这个定律能否成立，争议很大，凯恩斯就曾经对萨伊定律进行过严厉的批评。"拉弗曲线"是供给学派的"减税主张"的主要理论依据。它的一个基本论点是高税率会削弱人们投资和消费的积极性，从而削弱税基，降低税率则会对人们的投资和劳动的积极性起到鼓励的作用，从而增强整个社会的税基，最终会使税收增加。这个论点从理论上看似乎挺有道理的，但里根政府减税的效果不尽如人意。实施减税政策一段时间后，人们发现美国的劳动生产率和投资率并没有明显的提高，而财政赤字反而越来越庞大。随着政府人事更迭，供给经济学的理论和政策主张逐步退出了官方经济学的宝座，被新凯恩斯主义经济学取代。[①]

新制度经济学也是新自由主义经济学中的重要派别。新制度经济学包括布坎南（J.M.Buchanan）的公共选择理论、科斯的交易成本理论、企业理论、产权理论和诺斯（D.C.North）的制度变迁与经济发展理论以及斯蒂格勒（G.J.Stigler）的产业组织与政府管制理论等。公共选择理论用经济学的方法研究政治行为，实际上把政府和公民都看作是追求自身利益最大化的经济人。尽管这种研究在分析官僚主义、"寻租"等政府失败问题时有一定的启发意义，但其前提是成问题的。人们通常把政府看作是公共利益的代表，而不是追求自身利益的经济人。在新制度经济学中，科斯的交易成本理论影响很大。交易成本实际上可以说是"经济制度的运行成本"，比如，市场制度有"获取准确信息的成本、谈判的成本和鉴定经常性契约的成本等"，企业制度也有其组织运行成本（或叫行政成本）。科斯首先运用交易成本这个理论工具探讨企业的起源以及企业规模的决定性因素。企业和市场都被科斯看作是资源配置

---

① 参见胡希宁、郭威、杨振主编：《当代西方经济学流派》，中共中央党校出版社 2016 年版，第 186—189 页。

的方式，二者具有替代性。用企业内部的行政手段配置经济资源的成本要低于用市场手段配置资源的成本，这是企业存在的根本依据。如果不存在企业组织，生产者直接运用市场手段来协调整个生产，成本可能会相当高。当然，企业既不能完全取代市场，其规模也不能无限扩大，因为企业本身也有组织成本或行政成本，这对企业的规模构成约束。如果我们想象一下，把整个国家搞成一个大企业，那么它的运行成本可能相当高昂。指令性计划经济就有点类似于把全国的经济都当作一个大企业，所谓企业实际上成为生产车间。结果显示，指令性计划经济效率低下。科斯认为企业规模的约束条件是：边际组织成本＝边际交易成本。一旦边际组织成本开始高于市场交易成本，企业就不宜再扩张。科斯还运用交易成本研究外部性和产权界定等问题，特别是他提出的私有产权交易成本比公有产权交易成本低、私有化有助于提高经济效率的观点为新自由主义的私有化政策提供了理论依据，产生了较大影响。当然，尽管科斯的交易成本概念为经济分析提供了新的有效分析工具，也提出了一些有启发意义的理论观点。但他的理论是有局限性的。一是交易成本概念和理论还处于哲学思辨状态，似乎不容易量化。尽管交易成本理论本身有广泛的理论解释力，但难以量化是其重大缺陷。二是理论推演的结论与历史的真实状况并不完全契合。从历史上看，企业的成因是非常复杂的，绝非仅仅为了节约交易成本。企业的独特生产功能才是企业产生的最重要的原因，提高生产效率是企业的根本目的。

　　总之，新自由主义者像古典自由主义者一样，把政府看作是"必要的恶"，认为这种恶的力量越小越好，他们确实都对政府特别是强势的政府充满恐惧和厌恶，深恐强大的政府会危及个人自由，想尽量避开政府。以凯恩斯等人为代表的改良自由主义则对国家和政府持较为乐观的偏爱态度，把国家和政府看作是公共利益的捍卫者与促进者，认为只要国家权力掌握在一群开明的治国专家或政治精英手中，国家就能为民众谋福利。这两种态度都有偏颇。其实，政府和市场一样，是调节经济和社会发展的必要的手段与工具，它是中性的东西，不见得是好东西，但也不见得是坏东西。新自由主义担心国家干预主义最终有可能走上极权政治之路，但后来的历史事实证明这种担忧是不必要的。

（二）从新自由主义与非自由主义思潮的关系角度讲

新自由主义坚持个人自由至上，本质上是一种极端个人主义，是社会主义（集体主义）的敌人。有些新自由主义者明确地把社会主义作为自己的敌人加以攻击，另外一些新自由主义者并没有直接攻击社会主义制度，态度模糊暧昧一些，但把社会主义作为对手也是他们隐含的立场。

哈耶克是新自由主义者中最极端、最顽固的反社会主义者。他早年因受奥地利派经济学家维塞尔（Friedrich Freiherr von Wieser）的费边社会主义倾向的影响，曾一度对社会主义抱同情态度。但另一位奥地利派经济学家米塞斯（L. V. Mises）彻底改变了哈耶克的政治立场和思想立场。1920 年，米塞斯发表了《社会主义国家的经济计算》一文，挑起了 20 世纪 20—30 年代关于社会主义经济计算问题的大论战。该文实际上通过否认社会主义计划经济有实行经济计算和合理配置资源的可能性，进而否定传统社会主义的可行性。这篇文章促使哈耶克从费边社会主义的同情者转变为自由主义者，成为资本主义和自由主义制度的坚定捍卫者。此后哈耶克的这个思想立场从未改变。

在 20 世纪 30 年代，大多数英国知识分子实际上是同情社会主义的，哈耶克不仅与来自自由主义阵营左翼的凯恩斯论战，还与社会主义者展开激烈论战。哈耶克与社会主义者的论战始于 1935 年他编的《集体主义经济计划》一书的出版，后来又通过书评和一系列论文与旅美波兰学者兰格（Oskar Lange）的市场社会主义观点进行论辩。在这场关于社会主义计划经济的大争论中，哈耶克支持米塞斯的基本立场，认为社会主义计划经济没有价格机制和自由竞争，无法实现资源的合理配置。同时，哈耶克指出计划经济容易导致独裁政治，使人们失去自由。在《通向奴役之路》（1944年）一书中哈耶克继续反对社会主义，鼓吹自由放任主义。这本书一方面使哈耶克爆得大名，被右派人士看作是古典自由主义的"当代杰出的捍卫者"；另一方面哈耶克又因这本书而得罪了左派，成为左派眼中的头号敌人，被左派看作是"最反动的思想家"和极端保守主义者。据说，丘吉尔在1946年竞选首相时因引用了哈耶克的话而引火烧身，弄坏了名声，竞选失败，丢了首相职位。哈耶克在《通向奴役之路》一书中主要从政治和伦理层面批评社会主义，认为社会主义总是与极权政治连在一起，走社会主义道路必然带来政治上、道德上和经济上的奴役，是一条通向奴役之路。哈耶克在"二战"结束前写作此书目的是希望对抗当时流行的民主社会主义思潮，阻止英国战后走向民主社会主义道路。但是，这本书没有改变英国社会公众的选择，没有改变历史方向。战后，领导英国取得"二战"胜利的保守党领袖丘吉尔竞选失败，坚持民主社会主义道路的英国工党上台执政。工党政府按照民主社会主义大刀阔斧地进行改革，较大规模地进行私营企业国有化，全面建设福利国家。所以，战后凯恩斯主义和民主社会主义处于全盛时期，哈耶克的思想逐渐退居边缘。他于1950年黯然离开英国，加盟芝加哥大学。

　　哈耶克后来的主要工作领域是政治哲学、社会哲学、法哲学，继续致力于维护个人自由。这些著作比较抽象，但反社会主义和共产主义是哈耶克一贯的政治立场与思想立场。他最后一本书《致命的自负》的副标题就是"社会主义的谬误"，认为社会主义对社会进行"全盘设计"是一种"致命的自负"。哈耶克后来越来越从知识论角度论证社会主义计划经济不可行。在他看来，信息不完全、知识分散化是知识存在的常态，而市场社会提供的竞争环境是自发整合知识的最佳方式。计划经济的最根本的缺陷在于它的"全知全能的计划者"假定乃是不着边际的"幻想"。经济体系运行所需要的知识的数量极其庞大而且分散，根本不可能由一个人或一群人的头脑收集起来并进行计划。社会的进步不会使人为控制经济更容易，而是使之更困难，从而使个人或中央计划指挥整个社会的可能性不断减小，而不是不断增大。① 哈耶克的这种知识论的结论是：既然没有任何人的头脑也没有任何精英集团或政党具有理性的重建美好社会的全部知识，那么，一个全能政府的全知全能的中央计划就是不可行的。最好的政府不是垄断一切的中央政府，而是建立和保障有利于市场竞争、有利于每一个人的知识和能力充分发挥的法治政府。

与哈耶克的思想历程类似，另一位新自由主义政治哲学家诺齐克的思想也有一个从"左"到右转变的过程。在美国，诺齐克通常被看作是自由意志论者或自由至上主义者。在 20 世纪 70 年代后，他是与罗尔斯齐名的著名政治哲学家。诺齐克是俄罗斯移民的后裔，青年时代曾经是激进的左翼学生，曾经参加过"社会主义党"青年支部。他在普林斯顿攻读博士学位期间开始接触那些为资本主义辩护的思想观点，并陷入了"剧烈的内心冲突"。他坦率地说，在理论上，"我探索得越多，那些理论就越显得令人信服"，但在情感上，他又对那些理论十分抵触，"那些观点是不错，但是说资本主义是最好的体制，只有坏人才这么想"。② 然而，他最终使自己的情感服从理智，完成了从一名激进的左翼青年到一位自由主义思想家的转变。诺齐克的学术兴趣广泛，在政治哲学、决策论和知识论等诸多领域都作出了重要贡献，但他最知名的著作还是他 1974 年出版的第一本书《无政府、国家与乌托邦》。这是他与改良自由主义代表人物罗尔斯的《正义论》进行论战的著作。这本书和罗尔斯的《正义论》被看作 20 世纪下半叶最为杰出的两部政治哲学著作。其核心观点是：资本主义国家的政府应当是自由市场经济的

① 有人认为随着信息技术的发展，我们已经越来越有条件搞计划经济，在哈耶克看来，这种观点是一种新的"理性狂妄"。
② 周穗明：《当代西方政治哲学》，江苏人民出版社 2016 年版，第 127 页。

"守夜人"，只有充分地限制了政府权力，避免对市场交换和分配加以过多干涉的"最小国家"，才能充分地保障和尊重个人的财产、权利与选择的自由和道德自决，从而可能是道义上最为可取和最符合正义原则的政治制度基础。这样一种国家观念肯定与社会主义的维护社会平等的国家观念相距甚远，就是与作为自由主义左翼的改良自由主义的维护社会公平正义的国家观念也有很大的距离。

三、我们该如何看待新自由主义？

我们前面只是对新自由主义的某些具体理论观点作了一些点评。现在笔者想从总体上对新自由主义思潮作一些评价。笔者的总体看法是，新自由主义强调经济自由对于纠正凯恩斯主义的弊端有一定作用，但它本身在理论上有重大缺陷，在实践上有重大弊端，因此不足以完全取代凯恩斯主义。

（一）新自由主义主张的经济和社会发展上的"自由放任"有悖于历史发展趋势，是在开历史的倒车，会带来严重的经济和社会问题

尽管新自由主义经济学对市场机制的有效运行条件和环境做了比较精细的研究，有助于我们认识市场经济的特点和运行规律，不少新自由主义经济学家也因此而获得诺贝尔经济学奖，但新自由主义的基本立场是保守的和反动的，有悖于历史发展潮流。新自由主义以复兴古典自由主义为己任，实质上是一种当代版的自由放任主义。资本主义发展史已经一再证明，自由放任资本主义的"野蛮发展模式"必然会导致贫富两极分化并引发经济危机，而新自由主义却一再为自由资本主义辩护，力图复辟自由资本主义，这种基本立场和态度无疑是对人类社会逐渐走

向文明与和谐的发展这个大趋势的反动，是在开历史的倒车。从现代经济发展的现实看，新自由主义反对国家干预、主张自由放任的这一基本观点，无论是在理论上还是在实践上都是片面的。从理论上看，自由放任的市场机制能自动地实现经济均衡发展的理论已经被证明是一种妄想。市场机制本身存在缺陷已经被现代经济学看作是一个基本事实。社会经济活动中的各种问题不可能完全由市场来解决，市场机制也无力解决经济发展过程中所有的问题。比如，社会公平问题就不是市场机制所能解决的。从实践上看，传统的自由放任市场经济带来的经济危机，已经给资本主义经济的发展造成了巨大的冲击，光靠市场机制的调节无法保证资本主义市场经济的正常运行。1929 年资本主义世界的大危机已经表明传统的自由资本主义已经走到穷途末路，再不改弦易辙，资本主义只能自取灭亡。凯恩斯的国家干预主义的出现是历史的必然，说"凯恩斯主义挽救了资本主义"确实并不过分。资本主义正是因为凯恩斯主义而实现了"凤凰涅槃"式的重生，走向了成熟，资本主义市场经济也由传统市场经济走向了现代市场经济。实际上，在 20 世纪 30 年代以后世界各国的经济发展现实中，已经找不到完全由市场机制调节来实现经济均衡发展的国家了。历史发展到今天，理论和现实都充分说明了国家干预的必要性，离开国家对经济活动和社会生活的干预，不可能实现经济的均衡发展，也不可能实现经济与社会的协调发展。新自由主义者不顾已经发展的现实，对国家干预持基本否定态度，这无论从理论上看还是从实践上看，都反映出他们的极端片面性。一些新自由主义者在理论上很固执。固执一方面当然表明有理想有信仰，另一方面也是顽冥不化的表现。由于某些新自由主义者顽固地坚持"绝对个人自由"，反对一切形式的社会改良，抨击政府调节经济和社会福利制度，甚至反对政府禁毒，在美国和西欧曾经普遍地被看作是"反动分子"。美国学术界就流传着这样一个笑话，芝加哥学派学者往往固执己见，视"个人自由为神圣不可侵犯"，与之辩论则常遭"被扎汽车轮胎的不幸"。

不管这个笑话说的是不是真的，都表明新自由主义经济学家的极端保守、固执而有时又言行不一的这样一个公众形象。

新自由主义政治哲学的代言人诺齐克的理论也是过分极端和片面。在他那里，个人权利或个人自由就像"带刺的玫瑰"一样，谁都碰不得。即使在西方国家，也被看作是"政治上不正确"的典型代表。从马克思主义观点看，个人权利是一个表达社会关系的范畴，是个人与社会之间的权利义务配置的产物，它作为特定的历史现象，是不能脱离具体的社会时空而存在的。诺齐克无视个人权利与社会、个人权利与义务之间的辩证关系，把个人权利绝对化、抽象化，其观点是片面的。如果我们过度伸张个人权利，过度收缩国家职能，有可能导致贫富差距过大、生态环境破坏、公共秩序混乱、社会安全失却，从而在根本上有损于个人权利。因此，在通常情况下，作为维系社会发展和社会稳定所必须支付的代价，要求个人承担某种必要的牺牲是合理的、也是不可避免的。个人权利不是完全碰不得的。另外，诺齐克在伸张个人权利时，把个人生命权利和财产权利等量齐观，认为二者都是神圣不可侵犯的，这也是不恰当的。实际上这二者还是有差别的，尽管财产是维持人的生命和尊严的必要条件，但这个条件在数量上有很大的活动余地。毕竟，财产是身外之物。为实现一定的社会目标，让人们在财产权上作出一定的让步是可以接受的，但生命是唯一的，生命权确实不容剥夺。诺齐克把二者混为一谈，从而得出极端的自由主义结论。相反，笔者觉得罗尔斯在基本的自由权与经济和社会权利之间进行合理区分，从而把政治自由主义和有限的经济自由主义结合起来，更符合社会发展的客观趋势。

（二）新自由主义政治上的反社会主义立场过于狭隘和僵化，在理论上已经遭到"反驳"，在实践上已经被中国特色社会主义实践"否证"

哈耶克等新自由主义者用形而上学的静止的眼光看待社会主义的理

论和实践，看不到社会主义制度是一种不断改革和发展的制度，有一个不断改革和完善的过程。实际上，米塞斯、哈耶克等人所批评的社会主义是苏联模式的传统社会主义，也可以说是幼年阶段的社会主义。幼年阶段的社会主义有缺陷有弊端是正常的。哈耶克等人所理解的传统社会主义在经济制度上实行生产资料完全社会化、生产完全集中计划、按劳分配。这种社会主义概念也是 20 世纪 20—30 年代人们所公认的社会主义。因此，哈耶克把社会主义和计划经济看作是一回事，把资本主义和市场经济看作是一回事。在他看来，计划经济是姓"社"的，市场经济是姓"资"的，计划经济的失败就意味着社会主义的失败。应该承认，哈耶克从资源配置效率角度对计划经济的许多批评意见是切中要害的。不能因为他反社会主义的政治态度就全盘否定他的思想。马克思主义经典作家所设想的社会主义计划经济原本是为了解决资本主义生产无政府状态所造成的资源浪费，但从计划经济的实践看，计划经济又确实存在着资源配置低效率等突出弊端。哈耶克指出，计划经济统得过多过死，忽视个人的物质利益，忽视需求的多样性和差异，从而造成消费品的匮乏，工人消极怠工，企业家缺乏创新精神，资源浪费严重，配置效率低下，这些弊端在计划经济体制下确实严重存在。哈耶克给解决计划经济弊端所开出的药方是搞市场经济，但他又认为市场经济只能姓"资"。社会主义只能搞计划经济，如果社会主义搞市场经济就等于放弃社会主义。所以，在关于社会主义与市场经济关系问题上，哈耶克没有打开思想上的"死结"，他没有转过弯来，就跟我们在改革开放前没有转过思想上的这个弯一样。哈耶克在对待社会主义问题上的历史局限性就在于他把社会主义制度和作为资源配置的手段即计划经济混为一谈，没有看到市场经济作为一种最适合现代经济的资源配置方式，并非注定与社会主义不相容。实际上，社会主义是可以采取市场经济手段来配置资源的，并且当代中国特色社会主义实践表明，市场经济实际上也是社会主义最佳资源配置方式。许多传统的社会主义者以及许多现代西方思想家都错误地把计划经济等同于社会主义，把资源配置方式与社会制度混为一谈。哈耶克也没能避开这个错误，也受到这种错误思维的束缚。所以，在这个问题上，哈耶克的思想算不上高明。

当然，确实有一些思想家比哈耶克要高明一些，看得更"深"一些。早在 20 世纪 20—30 年代关于社会主义经济计算的论战中，以波兰经济学家兰格等为代表的社会主义同情者就提出社会主义与市场机制的结合问题。此后，也一再有思想家探讨社会主义与市场经济的结合或相容问题。比较典型的是 20 世纪 70 年代后成名的美国著名政治哲学家罗尔斯。罗尔斯在其 1971 年出版的代表作《正义论》就比较详细地阐述了社会主义与市场经济的兼容问题："自由市场的使用与生产资料的私人占有之间没有本质的联系……自由市场与资产阶级的联系是历史的偶然。因为至少从理论上说，一个社会主义政权自身也能利用这种体制的优点。这些优点之一就是效率"。"在注意市场机制与社会主义制度的相容性时，关键是区分价格的配置功能和分配功能。前者关乎运用价格来提高经济效率，后者关乎运用价格来确定个人收入，个人收入是对个人贡献的回报"。在资本主义制度下，所有生产要素归私人所有，个人就按照其所占有的要素对生产的贡献而获得收入。但在社会主义制度下，自然资源和生产资料公有，来自该要素的收入不归个人，而由国家得利。"因此，必须认识到市场制度既与私有制相容也与社会主义制度相容，必须区分价格的配置功能和分配功能。由于在社会主义条件下生产资料和自然资源是公有的，（价格）的分配功能就受到很大限制"。①但是，遗憾的是，罗尔斯的这个思想没有引起过多的关注。

中国的理论界在澄清作为资源配置方式的经济体制（市场经济、计划经济）和根本经济制度的混淆方面，也作出了贡献。我国经济学家卓炯早在 2C 世纪 50 年代初就提出"计划经济的基础是商品经济和商

---

① John Rawls, *A Theory of Justice*, Cambridge, Massachusetts：Harvard University Press，1971，p.271，273.

品价值规律"。他在 1961 年的《论商品经济》一文中明确提出：社会分工决定商品生产的存亡，而所有制形式只能决定商品生产的社会性质和特点，由此得出了社会主义经济是有计划的商品经济的论点。据笔者所知，卓炯可能是我国第一个明确提出社会主义经济是有计划的商品经济这一概念的经济学家。这个观点当时被看作是修正主义观点而遭到批判。改革开放后，卓炯继续从事社会主义商品经济研究。1986 年，他在提交给一个研讨会的一篇论文中明确提出"两个不等式"，即"商品经济不等于资本主义，计划经济不等于社会主义"。这已经很接近邓小平南方谈话中提出的关于计划与市场关系的观点。当然，真正产生重大现实影响的是 1992 年邓小平同志的南方谈话。南方谈话明确了市场和计划都仅仅是资源配置的手段和方式，它们本身既不姓"资"，也不姓"社"。社会主义可以搞市场经济，资本主义也可以有计划。这是政治家的重大理论创新，从而引领了我们的实践创新。我们的初级阶段社会主义对苏联模式传统社会主义进行重大变革，大力发展社会主义市场经济，把市场机制和政府调节有机地结合起来，呈现出勃勃生机。尽管初级阶段社会主义也需要不断改革和完善，但从发展的成就看，已经表现出强大的生命力和优越性。

另外，对于哈耶克等人对社会主义公有制的恶毒攻击，我们也要保持高度警惕。从拉美的阿根廷等国的改革后果看，过度私有化会严重削弱政府直接实施宏观调控政策的经济基础。事实表明，仅靠货币政策、财政政策等间接性的宏观调控手段，没有相应的产业政策和劳工政策，在面临经济危机等关键时刻，政府往往调控起来会心有余而力不足。在某些关键时刻，政府还必须有能力对关键部门和企业进行直接调控，而要实施这种直接调控，就要求国有企业有相当程度的控制力。国有企业过度私有化，会导致国家调控手段缺乏、能力不足。

第七讲　现代性的哲学反思

郭　大　为

自从历史进入到现代纪元以来，人类社会发生了一系列前所未有、翻天覆地的变化，这些变化不但从根本上塑造了我们今天生活其中的这个世界，而且还将深刻地影响着人类社会的发展方向。两次世界大战所带来的人间浩劫让越来越多的人开始反省甚至质疑近代以来人类文明方式出现的种种新变化。特别是近三十多年来，在全球范围内，"现代性"已经成为人文、社会科学领域乃至日常生活中绕不过去的一个共同主题或问题域。围绕"现代性"与"后现代"展开的争论不但旷日持久，至今尚无定论，而且覆盖广泛，几乎涉猎到所有的知识领域。导致这一现象的根本原因在于，"现代性"所涉及的问题无时无刻不发生在我们生活的当下，相关讨论的实质就是对处在当前世界历史阶段的人类生活、社会存在、精神状况乃至知识体系的特征、本质和合理性的总体性考察与评价。这种考察与评价不但关乎对于人类自身及其历史的认识与总结，更关乎人类的命运与未来。

一、现代性的三重维度

尽管人们还没有形成一个普遍认同的定义，但是我们大体可以在三个层面上来讨论现代性这一概念：（1）作为一个具有世界历史分期意义的概念，"现代"指称一个特定的人类历史发展阶段，这一历史阶段展现出与以往迥然不同的形态与特点；（2）社会学对于现代社会的物质基础、制度构成及其运行机制的系统研究是对现代性的实体性描述；（3）现代性最内在、因而最具普遍性的含义是指精神或观念形态的现代性，它是对现代的时代精神、基本价值和核心信念的抽象与概括。

（一）"新时代"及其历史意识

从词源上来看，"现代性"（modernity）是从表示时间的"现代的"（modern）一词演化而来的，后者的基本含义是对处身于其中的当下历史阶段的自我指涉，从而区别于时间序列中的其他（尤其是此前的）历史时期。西方文献中的"现代的"（modernus）一词虽然最早出现在公元 5 世纪，它当时是指皈依了基督教的欧洲国家开始告别野蛮或异教而进入新的历史时期，然而直到 19 世纪，它才开始作为编年史概念而被广泛使用，其意义是指区别于"古代的"和"中世纪的"第三个历史分期。① 具体说就是指中世纪或封建社会之后，即文艺复兴以来的历史时期，在这个历史时期，西方社会实现了从农业文明向工业文明的转变，资本主义的自由契约关系日益取代了农奴制的身份依附关系，家族血缘、特权等级、神权崇拜等传统秩序与观念也逐渐让位给个人自由、民主平等、理性进步的新的时代精神。"现代性"的字面意思就是与这个历史时期的本质、样态和特征相关的。表面上看，公元 1500 年前后发轫于意大利，以后又扩展到整个欧洲的文艺复兴运动，"复兴"的是古希腊罗马时期的文学艺术；而从精神实质上来看，由于古代文艺的风格是与中世纪基督教教会的精神统治相对立的，它展现的是与"上帝之城"不同的世俗文化。"人文主义者"们热情讴歌、大力模仿重新发

① 参见［德］尤尔根·哈贝马斯：《现代性的概念》，载《后民族结构》，曹卫东译，上海人民出版社 2002 年版，第 178—179 页。

现的古代文化，不过是要通过恢复一个不受传统重压的往昔来冲破现行传统的桎梏，用古希腊罗马的权威来对抗中世纪罗马教会的权威，从而最终摆脱一切形式的权威，迎接一个"新时代"（Neuzeit）的到来。这样一种历史意识不但在随后出现的"朴素的诗"与"伤感的诗"的争论、培根的'伟大的复兴"、维柯（Giambattista Vico，1668—1744）的"新科学"等一系列文化事件中不断得到强化，而且还越来越强烈地表现出告别过去、拥抱未来的愿景。可见，"现代"不但是古今断裂的时间意识，同时也是一种理性的批判意识，一种发展、进化的历史意识，它在涤荡整个欧洲的启蒙运动中达到了思想的自觉。正如康德所总结的那样，启蒙思想家们号召人们勇敢地运用自己的理智力量，摆脱由于习惯依赖于传统的权威而加于自身的不成熟状态，挣脱襁褓，走出混沌与无知，走向理智、成熟与自立，从而否定生而有罪的罪感意识和今不如昔的历史观念，树立乐观、进步的人生观与历史观。

　　世界现代历史的发展表明，现代性是变动的时间意识，它始终在面向未来开放的不确定性中调整自身。尽管告别了传统的权威或上帝的庇护，现代人难免留念和畏葸，但留给他们的只有脚下的道路，他们必须依靠自己的力量在徘徊中摸索前行。总结西方所走过几百年的现代发展史，我们可以粗略地将其划分为三个发展阶段：（1）从文艺复兴直到18世纪末是早期现代性阶段，这是从人文主义思潮兴起、资本主义生产方式萌芽到资产阶级革命、建立资本主义制度的历史时期，也就是从器物、制度到文化全面建构现代性阶段；（2）18世纪末直至整个19世纪则是典型的"摩登时代"，这是现代性或启蒙方案全面展开的时期，"自由放任"在这一时期达于鼎盛，启蒙方案中未曾料想的一系列负面问题也渐次出现；（3）进入20世纪，西方社会的发展又表现出新的特点和趋向，尤其是"二战"以后，随着后工业社会的到来，现代性进入到其晚期或发达阶段，有人甚至宣布了"后现代"社会的来临。

（二）现代化与现代社会形态

面向未来的愿景以现代社会的实体形态日益清晰地展现出来，人类文明从此以几何级增速的方式发展变化。按照英国当代著名社会学家吉登斯（Anthony Giddens）的说法，**现代性**"首先是指在后封建的欧洲所建立而在 20 世纪日益成为具有历史性影响的行为制度与模式"①，简言之，就是指现代社会或工业文明。吉登斯认为，工业化世界作为生产过程中物质力和机械的广泛应用所体现出来的社会关系，是现代性的第一个制度层面；资本主义作为竞争性的产品市场和劳动力商品化过程中的商品生产体系是现代性的第二个制度层面；现代性的第三个制度层面则是以民族国家为主体的组织化权力超越时空的限制而对社会关系进行规则化的控制。现代社会是从传统或前现代社会中生长出来的。一个社会从传统或前现代社会演化为现代社会的过程就是我们通常所说的**现代化**（modernization）。显然，不论是物质层面、制度层面还是文化层面，现代社会都迥异于传统社会，现代化过程的突出特点就在于对传统的反叛、背离与改造，它与近代欧洲民族国家的兴起、工业化、城市化、政治与教育的平民化以及科学技术的广泛应用、公共领域的崛起和大众传媒的增生与扩散紧密联系在一起。实际上，现代社会是经济、政治、社会与文化现代化之间复杂互动的结果。**在经济上**，西方现代社会以工业化为物质前提，以资本主义生产方式为基础，建立起完善的市场经济体制；**在政治上**，现代社会以民族国家为单位，实行宪政民主和科层化的管理；**在社会关系上**，以血亲关系为纽带的宗法或家国一体式模式开始式微，以社会化大生产为基础的分工与合作确立了"社会"作为独立于个人与国家的第三极，这个"公共领域"在利益机制的作用下通过"理性"的计算将无数"原子"集合成高效运行的庞大机器；**在文化**

---

① ［英］安东尼·吉登斯：《现代性与自我认同》，赵旭东、方文译，三联书店 1998 年版，第 16 页。

上，伴随着传统社会秩序的失效和宗教世界图景的瓦解，经验科学、通行的法律、自律的道德与大众文化支撑起一个世俗化的现代性。

（三）现代主义文艺与观念形态的现代性

现代化的进程不但改变了人们的生活世界和行为方式，而且将外在的改变最终内化为个体的心理结构与情感—认知模式，由此形成的观念形态、价值诉求又反作用于经济、政治与社会各领域，反映在社会生活的方方面面，它既表现为规范日常行为的道德观念，也表现为好恶爱憎的情感体验；既决定着人们待人接物的心理定势和自我设定的人生态度，也影响着追求时尚的喜好或趣味。当然，现代人的精神世界通过文学艺术的形式得到最集中、最突出的表现，这也是为什么现代性及后现代的主题最初是在文学艺术领域得到最热烈的讨论。从文艺复兴至今，西方的文学艺术大体经历了从古典现实主义和浪漫主义向现代主义及后现代主义转变的过程。**现代主义**一词最初本是对兴起于 19 世纪晚期各种文学艺术流派的总称，这种现代主义文艺在 20 世纪 30 年代达到繁盛，其影响遍及世界。初看起来，现代主义文艺更多表现出对于古典文艺的反叛和对于现代社会的批判，但是，应当注意到，这种反叛与批判恰恰是以古今断裂的历史意识和现代社会的结构变革为背景的：一方面，像康定斯基（Wassily Kandinsky，1866—1944）这样一些先锋艺术家不断探索艺术形式结构的抽象可能性，相信"审美想象力能够表达一种任何其他经验形式都无法触及的精神现实"；另一方面，"现代主义把自主的世界和碎片的世界并列而置"，"现代社会把对内在自主性的寻求转向了主体性，主体性能够用经验的碎片重构出一种新的统一原则。"[①] 也正因为如此，"朝着深奥微妙和独特风格发展的倾向，朝着内向性、技巧表现、内心自我怀疑的倾向，往往被看作是给现代主义下定

---

① ［英］杰拉德·德兰蒂：《现代性与后现代性》，李瑞华译，商务印书馆 2012 年版，第 25、27 页。

义的共同基础"①。

生活世界的日新月异乃至文学艺术的千变万化带来了思想观念的深刻变革，**精神或观念形态的现代性**就是在这一变革中逐渐形成的新型的认知与信念体系，它支持和决定了现代人对待自然、社会与个人自身的立场、态度以及思维与行为方式，其核心内容可以概括为三个方面，即主体性原则、理性化手段与世俗化后果。

1. 主体性原则

最先在哲学上揭示出现代性精神内涵的是笛卡尔。笛卡尔的"我思故我在"确立了现代性的原则——主体性的原则、自由的原则。正是由于自我意识的觉醒，人本身所具有的认识事物、判断是非的理智力量得到了肯定，一切外在的权威只有经过理性的反思和批判才能得到普遍的承认，人从此也不必祈求上天的启示或神圣的意志。也是由于自我意识，人按照自身确定的合理的理由和目标来行动，他的主体地位才得以确立，自己决定自己的自由意志才得到证明，传统的、神学的道德最终被以人的自由为原则的现世伦理所取代。个人的自由不但是一种意愿和思想，而且是一种要将自己实现出来、外化出来的意志，它不但表现为感性或审美的自我表达，而且还要求财产、身份、言论、权利等一系列的外在条件，由此引发了社会政治制度的变革。简言之，以人的自我意识、自我意志、自我实现为内容的主体性原则成为现代生活的突出特征，主体性从而也就成为现代性规范的唯一根据："在现代，宗教生活、国家和社会，以及科学、道德和艺术等都体现了主体性原则。它们在哲学中表现为这样一种结构，即笛卡尔'我思故我在'中的抽象主体性和康德哲学中的绝对的自我意识。这里涉及认知主体的自我关联的

---

① ［英］马·布雷德伯里、詹·麦克法兰编：《现代主义》，胡家峦等译，上海外语教育出版社1992年版，第10页。

结构；为了像在一幅镜像中一样，即'通过思辨'把握自身，主体反躬自问，并且把自己当作客体。康德的三大《批判》奠定了这种反思哲学的基础。他把理性作为最高法律机关，在理性面前，一切提出有效性要求的东西都必须为自己辩解。"① 黑格尔曾将宗教改革、启蒙运动和法国大革命看作体现主体性精神的历史事件，认为"现代世界是以主体性的自由为其原则的，这就是说，存在于精神整体中的一切本质的方面，都在发展过程中达到它们的权利的"②。换言之，现代世界无处不烙上了主体性的印迹。

2. 理性化手段

自主立法的现代人凭借自身的自然理智能力认识、组建和重新安排生活世界秩序的过程，也就是所谓的**理性化**的过程。现代社会所取得的那些前人无法想象的伟大成就无不是现代人运用自身理智力量进行探索和创新的成果。从自我意识哲学发展出来的理性首先是批判的理性，它必须符合逻辑的无矛盾性和普遍有效的客观性，因而允许在任何条件下的公开检验。这样一种批判理性将古代的求真意志发扬光大，最终成就了现代科学的知识体系，并在此基础上完成了理性化的社会制度与规范程序设计。作为一种解放的力量，现代实验科学以其普遍的有效性占据了高于一切的权威地位，科学技术由此不但因其在生产、生活领域的成功推广而占据主流的社会意识形态，而且还成为资本主义经济制度席卷全球的必要条件，并为整体化的社会控制提供了智力上的保障条件。

现代主义文艺即使表面上看起来离奇、怪诞，与理性精神大相径庭，但它依然贯穿着先锋形态的求真意志、批判精神。一方面，现代主

---

① ［德］于尔根·哈贝马斯：《现代性的哲学话语》，曹卫东等译，译林出版社 2004 年版，第 22—23 页。

② ［德］黑格尔：《法哲学原理》，范扬、张企泰译，商务印书馆 1961 年版，第 291 页。译文略有改动。

义文艺对虚伪、平庸大加鞭挞，不断要求挑战和超越现实；另一方面，它积极探求人的思维、经验、感受能力的极致，从而以否定的方式展现由理智、情感和意志构成的完整的人的心灵，在自我批判中追求完美。

3. 世俗化后果

按照马克斯·韦伯（Max Weber，1864—1920）的说法，理性化的过程即祛魅化的过程，也就是神圣的传统与神秘的权威日趋衰亡的过程。经过文艺复兴和启蒙运动，彼岸的空间隐退了，教会及各种传统的权威不再具有往日的威风，一切都恢复了事情本来的自然面貌，日常性、此岸性、世俗性重新回到人们真实欲望的视野之中。作为宇宙的精华、万物的灵长，每个个体人的幸福与能力重新得到了肯定和鼓励。宗教图景的瓦解也促使政治与宗教、政治与经济、经济与道德相互独立，由此产生的结果是政治、文化与教育挣脱了教会的控制，市场原则成为生活的准则，收入、财富与物质的繁荣占据了生活的中心。昔日来自出身的高贵消失了，等级和身份已经失去了原来的意义，传统的德性本身不再是道德判断的标准，成功乃至金钱上升为衡量人生的尺度，人们之间的关系是在利益杠杆的操纵下通过权利与义务来加以平衡的。在政治上，每个社会成员从臣民成为与他人拥有同样权利的公民，民主制成为无法逆转的潮流。政治上的善不再是柏拉图式的等级制的正义，而是作为公平的正义。文学艺术也不再是教会或贵族的特权与奢侈品，而成为普罗大众日常的消费。从流行音乐到名牌时装，从大众传媒到好莱坞大片，所有的人都在同一文化时空中享受商品，消费艺术。

二、现代性的危机与后现代主义思潮

不论是作为一种历史意识，还是作为一种社会存在或观念体系，现代性自诞生之日起就不断受到怀疑和诟病。**在政治经济层面**，马克思对于资本主义的批判被视为最深刻的一种现代性批判，它向人们证明：资本主义一方面创造出前所未有的生产力，彻底改变了世界的面貌和人们对于世界与自身的想象；另一方面，物质财富的增殖不但没有带来人的解放，而是造成人性的贬值、人的本质的异化。**在社会制度层面**，马克斯·韦伯认为，现代世界通过理性化手段逐渐形成并制度化的社会结构、管理体制日益成为束缚理性存在者的牢笼。**在文学艺术层面**，浪漫派作为历史上与启蒙相伴而生的对应力量，对于现代人依靠自身力量建造人间天堂的信念忧心忡忡。尽管它表达出"重新开始"的历史意识，但最终不得不把向往的目光投向神性永恒的空间和田园牧歌的梦想。**在哲学思想层面**，德国古典哲学集近代理性、自由理念之大成，而它在为社会现实的变革作出理论论证的同时，也培养出晚期谢林（Friedrich Wilhelm Joseph Schelling，1775—1854）、叔本华这样一些非理性主义思想的先驱。弗洛伊德的精神分析则揭示出人由以傲视一切的理性不过是人的心理结构显露出来的冰山的一角，"理性"恰恰可能是由"非理性"主宰着的。20世纪的社会批判理论正是继承了这些思想资源，多方面揭露了资本主义社会的"物化"现象，指出这样一个"被宰制的社会"因剥夺了丰富的人性而成为一个"单向度的"社会，从而使自由独立性变成了依赖，使理性变成了非理性，使解放变成了奴役。所有这些都引发了人们对现代性本身的疑惑，从而成为后现代理论的前导。

　　"后现代主义"（post-modernism）一词虽最早出现在建筑和文学艺术领域，但作为一种广泛的社会思潮却是在20世纪60年代以后兴起的，其影响几乎遍及所有的人文、社会科学领域。后现代主义思潮的流行是与发达国家在经济、政治、社会与科学文化等方面的新变化、新进展密切相关的。第二次世界大战以后，科学技术的飞速发展及其广泛应用促使西方发达国家率先进入"后工业社会"，在这样一个以知识至上为主要特征的社会里，生产方式乃至生活方式发生了明显的改变，整个世界的图景都在日新月异地改变着面貌。尽管知识在后工业社会占据着核心的地位，但人类知识体系本身日益显露出不确定性和不可把握性。丹尼尔·贝尔（Daniel Bell，1919—2011）在《后工业社会的来临》一书中援引《大英百科全书》编者的话指出，知识的统一性已经分散了：18世纪的《大英百科全书》只需一两名知识界的权威就能编纂出来，而到了20世纪60年代，一部百科全书至少要集合上万名著名专家的智慧。不但如此，爱因斯坦的相对论、海森堡（Werner Karl Heisenberg，1901—1976）的不确定性原理、玻尔（Niels Henrik David Bohr，1885—1962）的互补性原理、哥德尔（Kurt Gödel，1906—1978）的不完全定理，所有这些现代科学理论都证明，人类的知识永远不可能达到绝对的正确与完善。与此同时，劳动者生产、生活条件的改善以及资本主义内部的一系列制度改革也促使原有的各种矛盾得以缓和，社会批判与激进政治运动把矛头更多地指向日常生活和意识形态领域。可以说，后现代主义思潮是20世纪60年代激进政治运动在失败后的一种转移，"新社会运动已经预先提出了非中心化、差异等后现代原则，并且提出了实现社会和文化关系政治化的新的重要途径"①。正是在这样一个"信息爆炸""去中心""求差异""测不准""不完全"的社会、文化时空里，后现代主义思潮应运而生。

后现代主义思潮兴起于法国，随后在美国得到强烈的反响，20世纪80年代风靡全球，其主要代表人物有：利奥塔（Jean-François Lyotard）、福科（Michel Foucault）、德里达（Jacques Derrida）、德勒兹（Gilles Deleuze）、加塔利（Félix Guattari）、博德里拉（Jean Baudrillard）、詹明信（Fredric Jameson）、罗蒂（Richard Rorty）、鲍曼（Zygmunt Bauman）等。后现代主义思潮并不是统一的思想运动，除了人们耳熟能详的以"解构主义"为代表的激进的后现代流派外，近来

---

① ［美］道格拉斯·凯尔纳、斯蒂文·贝斯特：《后现代理论》，张志斌译，中央编译出版社1999年版，第31页。

也出现了以柽里芬（David Ray Griffin）为代表的"建设性的"后现代主义理论。各种后现代思潮的共同之处在于对于现代性的本质主义、基础主义、理性主义、逻各斯中心主义的批判。这些批判可以简要地概括为以下几个方面。

（一）主体之死

"如果现代性是以一种自我立法的主体性（万物之首）的名义而对客体进行的批判，那么后现代性就可以看作是这种主体性的消解。"[①]在后现代主义看来，现代性的主体性原则已经破产了。由于主体性原则突出人的能动性、先验性，将人置于世界中心的地位，从而导致人将自身视为自然的主宰，造成了对于自然的掠夺和生态的破坏。在福科、利奥塔等人的笔下，"主体"意义上的人只是现代性的一种虚构，是写在沙滩上的形象。这是因为，自我并不是一座孤岛，而是处在复杂的社会网络之中的，受政治体制与文化、教育、环境等多方因素的影响。所以，人并不是现代性所认为的那样，是主体，是能动的创造者，相反，他是被构造起来的。

（二）启蒙的辩证法

启蒙运动高扬人的理性，但当理性将自身视为现代性的得力工具高歌猛进之时，它压制了非普遍性质的个体性的情感、欲望和意志。实际上，现代性所运用的理性只是形式的合理性，即工具理性，也就是说，为了人自身的解放与发展，人们通过理性"计算"（ratio）的方式设计出一个看似合理的社会秩序与组织制度（比如市场经济）；而当人们将这种作为手段的理性设计（比如将获取金钱）看作是最高目的的时候，这一设计就违背了它的初衷，而成为对于价值理性，即对于实现人的自

---

① ［英］杰拉德·德兰蒂：《现代性与后现代性》，李瑞华译，商务印书馆 2012 年版，第7 页。

由解放这一目标的压迫或障碍。韦伯就曾由此指出了现代性的悖论困境：工具理性渗透到现代生活的每一个角落，精心设计的制度和规训网络最终将整个社会构筑成剥夺价值与自由的牢笼。这样一来，以理性化为基础的现代社会恰恰是非理性的！阿多尔诺（Theoder Wiesengrund Adorno，1903—1969）和霍克海默（Max Horkheimer，1895—1973）则进一步将此困境概括为启蒙的辩证法：启蒙通过对客观化的外在自然和遭到压抑的内在自然的统治而走向自身的毁灭。从历史上来看，理性与非理性的差别也是随现代制度的建立和发展而不断形成的，在西方历史上最著名的例子就是"愚人船"，"理性的"现代人将"无理性的"疯人不分青红皂白地监禁起来。工具理性及其表现形态——科学就这样将解放与进步的"力量"转变成一种压迫的暴力。可见，后现代思想家的"解构"策略是通过对文本或现代文明档案的考古学或谱系学分析，向着作为前提条件的社会、政治的结构，向已经变成新权威的僵化制度提出挑战。

（三）消解中心

主体性、理性以解放和进步为目的，通过自身设计了一整套真理话语或"宏大叙事"（grand-narrative）抑或"元叙事"（meta-narrative），目的是为现代性的思想、制度和行为赋予合法性。但在后现代主义者看来，科学的进步并没有真正给人类带来多少自由、正义与和平，相反，贫富的两极分化、核冬天的威胁及不断发生的血腥的种族清洗宣告了现代神话的破灭。与主张普遍性的本质、中心、同一性、基础不同，后现代主义者张扬差异、边缘、他者，他们强调要在非强制性的多元竞争与合作中作出选择和行动。

在对抗现代主义的过程中，后现代主义文艺以革命的姿态消解了现代主义原型政治的使命感，也消解了所有现代主义推崇的东西，如深度、恐惧、永恒的情感，取而代之的是一种游戏的态度。这样一来，后现代主义也将自己置于两难境地，成为一种阻碍变革的文化。作为一种文化风格，后现代主义"以一种无深度、无中心、无根据的、自我反思的、游戏的、模拟的、折中主义的、多元的艺术反映这个时代性变化的某些方面，这种艺术模糊了高雅和大众文化之间以及艺术和日常经验之间的界限"①。在取消了原则、主题、距离、深度感与历史感之后，后现代主义只能进行重复的复制与拼贴，在倡导差别、多元、异质、共生的同时，制造着文化的雷同与标准化，制造着一种文化的帝国主义。后现代主义文艺实际上是感受后现代主义思潮的风向标，它的创造冲动本来就源自于对现代性的矛盾心理："一方面是对理性带来自由这一承诺的巨大信心，另一方面是对有机整体无可挽回地消失的怀旧与悲伤"②。探究这一矛盾心理的成因从而就成为把握现代性与后现代性本质的关键。

三、现代性的反思与反思的现代性

随着对现代性问题讨论的深入，"反思性"（reflexivity）已经成为"最重要的共同的关键主题之一"③。在西文中，"reflexivity"一词与"reflexion""reflection"同根，均派生于拉丁语动词"reflectare"（本义为回转、返回）。"reflexivity"表示的就是反射、反映、反思等事态或行为所具有的返回自身、相互映现、自我观照的性质与特点，这种性质

---

① ［英］特里·伊格尔顿：《后现代主义的幻象》，华明译，商务印书馆 2014 年版，第 1 页。
② ［英］杰拉德·德兰蒂：《现代性与后现代性》，李瑞华译，商务印书馆 2012 年版，第 23 页。
③ ［德］乌尔里希·贝克、［英］安东尼·吉登斯、［英］斯科特·拉什：《自反性现代化》，赵文书译，商务印书馆 2001 年版，第 1 页。国内学界在现代性讨论中，对"reflexivity"一词的翻译主要有三种："自反性""反射性"和"反思性"。我们在此将"reflexivity"译为"反思性"，旨在强调"思"（主体、理性、知识或精神性活动及其成果）对于现代性的构成意义。

与特点在人类活动的成果，特别是精神活动的成果与此种活动及其相关物的相互作用方面表现得最为突出，并在现代社会达到极致。所谓反思性就是指"主体性（自我）和客体性（他者，世界）之间的一种关系，它们被彼此连接起来"①。不论是自我、他人还是世界，都是经过反思性这个中介而成为人类的经验的。尽管当代学者们的理解不尽相同，他们也一再提醒人们区别开"反思性"（reflexivity）与"反思"（reflection），但是，值得注意的是，在现代性的分析中，二者的相关性总是居于问题的核心位置。实际上，反思性是人类生存的基本条件或状态，是认知与实践活动的普遍结构，也是现代性的最独特、最突出、也是最难把握的特征。它不但让社会科学家认识到了一种基本的研究立场，更让人们在它所带来的辩证性、复杂性面前茫然失措，以前所未有的紧张和忧虑关注现代社会所潜藏的风险。更为深入和内在的问题还在于，反思性这一现代性的动力机制是由近代西方以"我思"为起点的反思哲学催生和哺育壮大的。因此，对于现代性的反思性的深入思考，必然涉及对于现代性的起源、内在结构、基本特征与精神本质的探讨，从而直接关系到我们对于当代人的存在处境和人类未来命运的思考，也关系到我们摆脱危机、走出困境的可能性。

（一）古今断裂与自主立法（反思性的起源）

对于现代性的意识本身就是反思性的意识，是对自身所处位置的历史性反思。如前所述，作为指示当下的时间性概念，"现代"只有在将自身与过往的时代相区别的前提下才具有历史学意义，它表达的是对于古今断裂历史的自觉。古今断裂的历史意识既是批判的历史意识，也是向未来开放的意识，因为所谓"新时代"是从未来着眼的，它指示着即将来临的历史阶段。这就要求打破持续至今的传统，力图超越现有的

---

① ［英］杰拉德·德兰蒂：《现代性与后现代性》，李瑞华译，商务印书馆 2012 年版，第 232 页。

一切。"'现代'世界与'古代'世界的对立，就在于它是彻底面向未来的。"①

现代精神的特质在于自由与反思，现代性的起源也正受惠于反思能力的觉醒、凸显与独立。按照吉登斯所作的社会学的分析，所有的人类活动都具有反思性的特征，也就是说，人的所有认知与实践总是不断地受到自身的监控，这种监控反过来又对正在进行的活动发生影响。所谓传统就是这种行为的反思性监控把生活世界的时间与空间组织融为一体的特殊模式，它把任何一种特殊的行为和经验都置于由反复的社会实践所编织起来的时间的连续性中，成为包含世代经验、可供万世师法的规范与权威。由于传统具有稳定性、持久性、集体性、控制性、程式性乃至神秘性等性质，日常生活呈现出像自然秩序一样的周期化与均质性，传统与自然之间在前现代社会中便建立了非常重要的直接平行关系，以至于人们可以在相当程度上说："传统就是自然，自然便是传统。"② 虽然"行为的反思性监控"始终是人类活动的特征，"然而，在前现代文明中，反思在很大程度上仍然被限制为重新解释和阐明传统，以至于在时间领域中，'过去'的方面比'未来'更为重要。"相比之下，"随着现代性的出现，反思具有了不同的特征。它被引入系统的再生产的每一基础之内，致使思想和行动总是处在连续不断地彼此相互反映的过程中"③。可见，古今断裂的根源在于它们分别面对两个不同的时间维度：传统面向过去，现代面向未来；传统专注于自然，现代执着于反思。虽然，传统所确定的规范是经过反思的"自然"，但它还停留在自在的、消极的、他律的和有限性的反思阶段，而现代的反思是自为的、积极

---

① ［德］尤尔根·哈贝马斯：《现代性的概念》，载《后民族结构》，曹卫东译，上海人民出版社 2002 年版，第 179 页。
② ［德］乌尔里希·贝克、［英］安东尼·吉登斯、［英］斯科特·拉什：《自反性现代化》，赵文书译，商务印书馆 2001 年版，第 97 页。
③ ［英］安东尼·吉登斯：《现代性的后果》，田禾译，译林出版社 2000 年版，第 33 页。

的、自主的和整体性的反思。现代性一旦通过反思获得了自我确证，它便拒绝彻底返回到被美化为理想的过去中。

告别传统就意味着旧的生活图景与世界秩序发生了改观，而新的图景和秩序将始终处在建构状态之中。如果说前现代的世界秩序是通过与自然的比附来论证其本然的正当性（natural right）与神圣性的，那么这种立法论证至多只以朴素的反思为条件，它并不要求自主的、彻底的反思，因为不论是在西方还是东方，直观经验本身才是赋予自然之"道""逻各斯"或上帝以最高立法权的直接证据。上帝死后，现代世界秩序的立法权只能交由处在不断生成和映射状态中的反思本身，也就是说，现代性的立法是自主立法。这是因为，现代将自己与传统区别开来，现代人必须自己找到自身的立足点、出发点。"那些自认为是现代的人，始终都在寻找一个理想的过去作为自己的模仿对象，即便如此，现在一种已经具有反思性的现代性，也必须根据自己的标准来对这一模式的选择加以论证，并自己为自己建立起完备的规范。"① 自主立法因而成为古今断裂意识的根源与标志。

然而，自主立法通过反思建构起来的现代性是变动的和不确定的。将现代性问题视为学术研究核心问题的列奥·施特劳斯（Leo Strauss）正是看到世界秩序立法根据日益乖违自然的正当性，而对现代性抱有深沉的忧虑。在他看来，一切自然存在都指向一个完善的终极目的，自然的本性是善的，按照自然本性生活就是善的生活；而当马基雅维利（Niccol Machiavelli，1469—1527）从作为目的的、完善的自然退回到不完善的、人之实际的自然之时，当卢梭用历史来克服实际存在与应当的鸿沟之时，当康德用形式上普遍有效的理性法则取代自然法则之时，当尼采以其强力意志的自然宣告主人的道德之时，"彼岸的圣经信仰已经

---

① ［德］尤尔根·哈贝马斯：《现代性的概念》，载《后民族结构》，曹卫东译，上海人民出版社 2002 年版，第 179—180 页。

彻底此岸化了"①。而现代人面对的困惑正在于：单纯凭借人类的手段，能否建立一个人间天堂？

（二）理性化与现时代的根本特点（反思性之为现代社会的动力机制）

现代化过程是理性化的过程，因而也就是反思运用的制度化与实体化过程。启蒙的辩证法让我们更加清晰地认识到现代性的镜像式存在的性质：现代世界秩序发自反思的自主建构，这一建构又作用乃至危及其自身的存在。按照"反思"对"反思性"产生作用的主动或被动状态的不同，我们可以将二者的相关性区分为正、负两种情况。在正相关的情况下，如吉登斯所言，"现代性，是在人们反思性地运用知识的过程中（并通过这一过程）被建构起来的"；"对现代社会生活的反思存在于这样的事实之中，即：社会实践总是不断地受到关于这些实践本身的新认识的检验和改造，从而在结构上不断改变着自己的特征"。② 另一方面，乌尔里希·贝克（Ulrich Beck）在"意料之外的，也是看不见的，因此是没有反思"的意义上所说的"工业现代化的自我应用、自我消解和自我危害"，则从负相关的角度揭示了现代性的"自我对抗"③，即强大的反思运用能力同时存在着危害现代社会自身的风险。

如果说在作为"简单现代化"的工业社会早期，现代与传统还保持着必要的协同关系，那么，随着现代性进入盛年，反思性就成为后工业社会、信息社会的根本特征和基本的动力机制。吉登斯认为，推动现

---

① ［美］列奥·施特劳斯：《现代性的三次浪潮》，丁耘译，载贺照田主编：《西方现代性的曲折与展开》，吉林人民出版社2002年版，第87页。

② ［英］安东尼·吉登斯：《现代性的后果》，田禾译，译林出版社2000年版，第34页。

③ ［德］乌尔里希·贝克、［英］安东尼·吉登斯、［英］斯科特·拉什：《自反性现代化》，赵文书译，商务印书馆2001年版，第9、223—224页。

代性前进的动力有三种来源，它们是：（1）时空的分离，即随着机械钟的发明和普遍运用，时间与空间被抽象化和标准化，从而为现代社会生活及其合理化组织提供了无限伸展（直到全球体系）的可能性，为行动与经验提供了世界—历史框架。（2）由象征符号（如货币）和专家系统所组成的脱域化或称抽离化机制。所谓脱域（disembeding），是指社会关系从彼此互动的地域性关联及其时间性建构中脱离出来而重新加以组合，从而使社会生活脱离固有的规则和实践的控制，带来变化与发展。（3）知识的反思性运用。所谓知识的反思性运用，就是指"关于社会生活的系统性知识的生产，本身成为社会系统之再生产的内在组成部分，从而使社会生活从传统的恒定性束缚中游离出来"①。也就是说，现代社会不断将知识应用到社会生活之中，并把它当作制度组织和转型中的建构要素。在这三种动力机制中，知识的反思性运用实质上是最后的整合环节，它最为根本和最富活力，又变幻不定，跨越了巨大的时—空连接与重组。同时，反思性的加剧又进一步激发了解放的力量。简言之，反思运用能力越强，人类认识与改造世界的能力也就越强，社会发展的速度也就越快。

从负相关的方面来看，当代德国著名社会学家贝克承认，一方面，现代化程度越高，主体对其生存状况的反思能力越强，改变社会状态的能力也就越大；另一方面，他又指出，现代性已经发展到了这样一个阶段，它利用现代化自主的力量来挖自身的墙角（如生态危机）。也就是说，现代化程度越高，工业社会的基础越受到更大的威胁。

在反思性的当代社会中，社会本身成为其自身的主题和问题。反思及其反思性的后果让人们认识到："现代性的特征并不是为新事物而接受新事物，而是对整个反思性的认定，这当然包括对反思性本身的反思。"②

---

① ［英］安东尼·吉登斯：《现代性的后果》，田禾译，译林出版社 2000 年版，第 47 页。
② ［英］安东尼·吉登斯：《现代性的后果》，田禾译，译林出版社 2000 年版，第 34 页。

这也决定了社会科学必须坚持反思性的形式。①

（三）我思与现代性的命运（反思性的本质）

建构现代世界秩序及其反思性动力、赢得现代社会成就的"反思"，奠基于近代西方哲学，它发端于笛卡尔的"我思"，并植根于西方形而上学传统。在苏格拉底"认识你自己"的箴言中，我们不难发现作为自我意识的反思；柏拉图也把智慧看作是"关于自身的学问"；亚里士多德甚至将对自身的思想奉为最高的思想，并将如此这般的思想活动视为至高无上的快乐。② 当传统的权威与立法的神明隐退之时，在排除掉所有可疑之物之后，跨上现代门槛的欧洲人所能找到的唯一可靠的支点和出发点就是"我思"这一具有自明性的自我意识。笛卡尔的"我思故我在"由此才确立了现代性的原则——主体性的原则，自由的原则，它成为现代性规范的唯一来源，也成为现代时间意识的源头。

不过，"我思"哲学所要求的自我意识、自我决定与自我实现并不就是确定不移的客观存在，后现代主义思想正是对于这种不确定经验的自觉。由于近代哲学对主体性的一系列的自我确证都是建立在自我意识，即认知主体的自我关涉的内在性中的，而现代性的基本机制恰恰是始终处在建构中的反思性，也就是说，所有的确定性都必须经过主体与客体、内在与外在相互映射的中介而得到暂时的确认。同时，当主体将自身作为认识对象时，主体就成为客体，在整体化与客观化的过程中自由与解放就有被扼杀的危险。工具理性的铁笼、启蒙的辩证法、发达现

---

① 参见［英］安东尼·吉登斯：《现代性的后果》，田禾译，译林出版社 2000 年版，第 35页；［德］乌尔里希·贝克、［英］安东尼·吉登斯、［英］斯科特·拉什：《自反性现代化》，赵文书译，商务印书馆 2001 年版，第 13、223—226 页；［法］皮埃尔·布尔迪厄、［美］华康德：《实践与反思——反思社会学导引》，李猛、李康译，中央编译出版社 1998年版，第 38—49 页。

② 参见［古希腊］柏拉图：《卡尔米德篇》，166c，《柏拉图全集》第 1 卷，王晓朝译，人民出版社 2002 年版，第 152 页；［古希腊］亚里士多德：《形而上学》，1072b，苗力田主编：《亚里士多德全集》第 7 卷，中国人民大学出版社 1993 年版，第 278—279 页。

代性自我消解、自我危害的风险，都能在以"我思"为原点的形而上学中、在柏拉图的镜像隐喻①中找到"原罪"。

现代性规划并不意味着"历史的终结"，现代社会本身也经历了不同的发展阶段。后现代主义思潮既是对启蒙理性或早期现代性理想的检讨与反省，是后工业社会、信息社会或消费社会的意识形态，即"晚期资本主义的文化逻辑"，又是对资本主义矛盾和弊端的揭露与批判，同时它也是现代性自身发展的必然结果。现代性虽然面临巨大的挑战，但这并不意味着现代性已经死亡。哈贝马斯就坚持将现代性看作是一项尚未完成的规划，它虽然出了毛病，但并不是无药可救，关键是找出病根来。在哈贝马斯看来，现代性的弊端源自于它从意识哲学出发进行自我辩护，个体性主体的膨胀最终造成了启蒙的悖论。走出困境的道路在于回到生活世界，建立交往理性，通过有效的程序确立理性的规范，从而使现代性走上康庄大道。这样的现代性原则依然是主体性的，不过不再是意识哲学的单称的主体，而是复数构成的主体间性或交互主体性。像吉登斯、贝克等社会学家也认为，我们依然生活在现代的历史纪元中，所谓后现代只不过是现代性的激进化过程，是区别于早期简单现代化的现代化的晚期阶段，即反思性现代化阶段。联系到反思哲学的品质和现代性的反思性特点，我们不难发现，主体理性的反思从来不是僵固的，它总是在变动中建构自身，在不断的映射中认识自身，它始终代表着一种自我批判和自我超越的努力。就此说来，作为一种态度或精神气质（ethos），现代性与后现代既有区别又有联系，二者在本质上是统一的。这是因为：现代性自我反思、自我规定、自我超越的本质决定了它必然向更高的阶段发展，后现代性就隐含在现代性的这种自我超越的必然性中。"后现代性不是一个新的时代，而是对现代性自称拥有的一些

---

① 参见［古希腊］柏拉图：《国家篇》，510a，载《柏拉图全集》第 2 卷，王晓朝译，人民出版社 2002 年版，第 507 页。

特征的重写。"① 近年来，更多的学者倾向于认为，后现代扎根于现代性中，"后现代性话语可以看作一种现代求索的深化"，而摆脱现代性困局的方案就是"在一种自我局限的主体性之内找到超越之道"。这里的关键依然是以反思性为中介，因为"反思性本质上是一种学习机制，并因此而贯穿知识、权力和自我的领域"②，也就是说，它关系到知识的进步、权力的改造与文化的创新，关系到整个生活世界的进化与建构。

（四）风险社会与思的任务（反思性的后果）

一个发达的现代社会或反思性现代社会，就是一个风险社会。在全球化时代，现代社会潜伏着越来越巨大的风险性。正如吉登斯所说："在全球范围内，现代性已带有实验性质。我们全都不由分说地卷进了一场宏大的实验；这场实验由我们来进行，同时又在极大程度上超越了我们的控制。这不是那种实验室中的实验，因为我们不能把实验结果固定在一定的参数范围内——它更像是一次冒险，我们无论是否乐意都得参加。"③ 随着科学技术的迅猛发展，人类不断占据更加广阔和深邃的空间，人类活动的后果在诸如环境污染、全球变暖、金融危机、恐怖主义等领域成为风险与不确定性的新的来源，这些因素同时也在放大作出决策的风险。风险社会的一个核心悖论在于：这些风险是由试图去控制它们的现代化进程产生的。风险可以分为两种：外在的风险源于经常发生以致能够得到广泛预测的事件，我们在源于传统或自然的恒定性中经验过类似的原因，如庄稼收成不好、洪水泛滥或瘟疫流行。另外，人类

---

① 包亚明主编：《后现代性与公正游戏——利奥塔访谈、书信录》，谈瀛洲译，上海人民出版社 1997 年版，第 165 页。
② ［英］杰拉德·德兰蒂：《现代性与后现代性》，李瑞华译，商务印书馆 2012 年版，第 3、244 页。
③ ［德］乌尔里希·贝克、［英］安东尼·吉登斯、［英］斯科特·拉什：《自反性现代化》，赵文书译，商务印书馆 2001 年版，第 76 页。

发展的每一进程，特别是科学和技术，也都创造着人造的风险。这种风险的规模还是未知的，因为还没有对其作出判断的历史参数，这也为应付风险带来了困难。没有人能指望来自科学本身的答案，因为对于此种风险的不同定义正是专家们作出的。这一进程随着风险社会和全球化的出现而得到强化。风险社会的不可预料的和未知的效果无法顺从制度化的标准，也不能由现存社会现代性的专家系统加以解说。

虽然风险不同于危险，工业现代化并不必然导致对其自身的自我消解和自我危害，而且反思机制本身蕴含着规避风险的可能性，但是，人类的前途与命运问题在当代正以前所未有的规模和紧迫性向人类的理智提出了挑战。反思如何在深藏了无限复杂性的镜像映射中找出我们自己理想的影像，这早已成为现代思想家面对的最为棘手的难题。被列奥·施特劳斯称为"我们时代唯一伟大的思想家"的海德格尔，据说是唯一对于现代世界的问题"略有所知"的人，① 这是我们不能不察的。

海德格尔通过对形而上学的解构，以更加醒目的方式指出了现代性的危险性。在海德格尔看来，人成为主体与世界成为图像是对于现代性本质具有决定性意义的进程，其突出现象就是现代技术，技术的统治就意味着形而上学的完成和哲学的终结，因为形而上学的本质就是技术。海德格尔将科学与技术视为同样重要的现代的本质现象②，但是，他告诫人们不应将现代技术看作是自然科学在实践上的简单应用，相反，现代科学的本质是技术。海德格尔将现代技术的本质规定为一种"宰制"（Ge-stell），它向自然提出蛮横无理的要求，逼迫人将周遭万物放入（stellen）订制好了的需求框架之中。这样的框架无疑是暂时性的，因此在现代技术统治及其对于社会的相应控制之下，人会看错，会误解了

① 参见〔美〕施特劳斯：《海德格尔式生存主义导言》，丁耘译，载贺照田主编：《西方现代性的曲折与展开》，吉林人民出版社 2002 年版，第 131、115 页。
② 参见〔德〕马丁·海德格尔：《林中路》，孙周兴译，上海译文出版社 1997 年版，第 72、89 页。

"真理",危险也由此而生了。不过,海德格尔并不是要反对现代技术,在他看来"危险的东西并不是技术"①,"神秘的"是技术的本质,因为技术也是一种解蔽。要思技术的本质,也就是思人与存在的关系、人与真理的关系。在此意义上,海德格尔引用了荷尔德林(Johann Christian Friedrich Hölderlin,1770—1843)的诗:"哪里有危险,哪里也就有拯救的力量生长"。这也不外是说,拯救的力量又有赖于思想"通过普遍概念不断进行深入的自我解释"②。海德格尔对于现代技术的态度是一种既说"是"又说"否"的"泰然处之"的态度,也就是说,既要拯救万物出离黑暗,又让存在湛然澄明。

尽管海德格尔也是"略有所知",但他还是通过《存在与时间》这一书名所指示的方向,"把现代性话语引入真正的哲学思想运动当中"③。他让我们领悟到,对于问题的刨根问底,要通过时间的视域追问存在的意义。也就是说,对于现代性命运的把握要从现代性的视域出发,现代性是"镜像"中的"存在",现代人的"基本存在论"也就是由反思及其组建的反思性构成的。如此一来,思的任务又回到了苏格拉底:"认识你自己"!显然,无论面对怎样的风险与危机,现代人都无法通过祈求天神或返回过去来拯救自己。相反,正是运用自己的理智和自由,人类才一次次战胜各种风险和挑战,创造出愈加辉煌灿烂的文明,并从中日益认清自己的模样。贝克下面的文字游戏也许是这个时代最简明的哲学概括:"我冒险,所以我存在"(»Risiko« ergo sum)④。

---

① [德]马丁·海德格尔:《演讲与论文集》,孙周兴译,生活·读书·新知三联书店 2005 年版,第 28 页。
② [德]哈贝马斯:《后形而上学思想》,曹卫东等译,译林出版社 2001 年版,第 35 页。
③ [德]哈贝马斯:《现代性的哲学话语》,曹卫东等译,译林出版社 2004 年版,第 61 页。
④ U.Beck, *Weltrisikogesellschaft*, Frankfurt a.M.: Suhrkamp Verlag, 2007, S.22.

第八讲　现代虚无主义及其克服

郭　大　为

一个幽灵，虚无主义的幽灵，在现代世界中徘徊。近代以来的一切哲学最终都不得不面对这个幽灵的挑战，或者选择放弃，或者选择抗争。

一、虚无主义的谱系

在西方语言中，"虚无主义"（nihilism，Nihilismus，nihilisme）一词的词根来源于拉丁语"nihil"，意为：无物，空无，没有任何东西，什么都不是，什么都没有。因而，正如在日常语言中所显示的那样，虚无主义总体上表现出一种不相信任何东西并倾向于否定既有观念乃至摧毁现行秩序的思维态度与立场。尽管虚无主义越来越成为学术讨论中高频率出现的词汇，但人们在哲学、文学、政治、文化与社会历史等不同领域使用时，其具体含义不尽相同（比如历史虚无主义、政治虚无主义、文化虚无主义等），甚至难以形成统一而准确的定义。

实际上，虚无主义的词义变化是与其出现的社会历史背景相关的，因而随着时代的变更表现出在不同领域的凸显和不同含义的侧重。① 在西方，最早面对虚无主义指责的是无神论和泛神论，它们因不信上帝或间接否认上帝而被认为将人类生活引向虚妄乃至罪恶。在 12 世纪的欧洲，基督教内部那些不赞同"三位一体"学说即耶稣具有人格性的异端思想也被称为虚无主义。

虚无主义作为影响深远的文化思潮因 19 世纪俄罗斯文学创作和文学批评的异军突起而格外引人瞩目。屠格涅夫（Иван Сергеевич Тургенев，1818—1883）在 1861 年发表的小说《父与子》中塑造了第一个现代虚无主义的文学形象：与绝圣弃智、清静无为、遁入空门的古代的或东方式的虚无主义者不同，《父与子》中自称是"虚无主义者"的主人公巴扎罗夫行事强势，但他的所作所为只出于自认为在当下于己有利的判断，除此以外他否定任何东西，无视任何权威和通行的规则。屠格涅夫通过这一文学人物虽然直接描写的是接受科学主义、实证主义的年轻一代叛逆的形象，但它同时更深刻地反映出，面对社会历史剧变与文化信仰冲突，在俄罗斯知识分子中出现了一股强大的拒斥传统、质疑宗教信仰与否定现行政治制度的思想潜流。这种虚无主义思潮给俄罗斯知识分子所带来的心灵冲击在陀思妥耶夫斯基随后发表的《群魔》等一系列小说中得到了极端尖锐的揭示和震撼人心的描述，从而也获得了广泛而强烈的反响。这种文化思潮甚至为其后的政治运动作出了社会心理的铺垫。

虚无主义所带来的惊恐虽因特殊的历史、文化乃至地缘因素在 19 世纪的俄罗斯文学中表现得最为突出和紧张，但它其实早已蔓延和笼罩了整个欧洲。在哲学上，虚无主义通常与怀疑主义、悲观主义、唯我论

---

① 以下关于虚无主义词义的历史演变，参见 J. Ritter u. a.（Hg.），*Historisches Wörterbuch der Philosophie*，Bd. 6，Basel/Stuttgart：Schwabe Verlag，2007，SS. 846 – 854；H. J. Sandkühler（Hg.），*Enzyklopädie Philosophie*，Bd. 1，Hamburg：Felix Meiner Verlag，1999，SS. 947 – 951；E. Craig（ed.），*The Routledge Encyclopedia of Philosophy*，Vol. 7，New York/London：Routledge，1998，pp. 1 – 5。

和相对主义的基本立场与观点相联系。在近代哲学中，关于虚无主义具有本质意义的讨论是围绕德国唯心论开始的。在 1799 年致费希特（Johann Gottlieb Fichte，1762—1814）的信中，雅柯比（Friedrich Heinrich Jacobi，1743—1819）将费希特及其所依据的康德哲学斥责为虚无主义，认为德国唯心论不过是凭空捏造出来的"喀迈拉主义"①，它将万事万物通过反思归结为绝对自我的思想建构，后者不过是经验自我的抽象物。这样一来，人在将自身神圣化的同时，也将一切消解为自身的虚无。围绕德国唯心论关于虚无主义的论战不但牵动了包括德国浪漫派在内的几乎整个德国知识界，而且其影响一直持续到青年黑格尔派，其中施蒂纳（Max Stirner，1806—1856）在《唯一者及其所有物》（1844年）中已经开宗明义地"把无当作自己事业的基础"，并宣称："一切其他事物对我皆无，我的一切就是我，我就是唯一者。"②

第一个明确将虚无主义视为自己思想主题并以此开始全面清算西方文明传统的哲学家是尼采（Friedrich Wilhelm Nietzsche，1844—1900），德国哲学从黑格尔到尼采的发展也被视为从欧洲人文主义向现代虚无主义的转化过程③。从历史影响来看，尼采关于虚无主义的论述不但深刻影响了从存在主义到后现代主义的欧陆哲学的发展，而且经过海德格尔的阐释与转换已经成为当代最严肃、最深沉和最艰巨的哲学问题。尼采在写于 19 世纪 80 年代的手稿中宣告："虚无主义站在门口了"。在尼采看来，现代虚无主义是伴随着"西方的没落"到来的，西方文明由以奠基的思想传统、基督教信仰及其道德观念日渐式微，而如果所有这些都跌落了神坛，那么整个人类生活似乎也就被剥夺神圣而崇高的光环。

---

① 喀迈拉主义：Chimärismus，喀迈拉为希腊神话中狮首、羊身、蛇尾、口能喷火的女妖怪。参见［德］海德格尔：《尼采》下卷，孙周兴译，商务印书馆 2002 年版，第 669 页。
② ［德］麦克斯·施蒂纳：《唯一者及其所有物》，金海民译，商务印书馆 1997 年版，第5 页。
③ 参见［德］卡尔·洛维特：《从黑格尔到尼采》，李秋零译，三联书店 2006 年版，第 37—38 页；施特劳斯的书评，见中译本"前言"第 3 页。

由于传统的真理观念、上帝信仰是建立在超感性世界之上的，如果想要超越不幸与煎熬只能追求彼岸的乐园，那么人类的尘世生活也就丧失了任何内在的价值与意义。正因为如此，"站在门口"的这种虚无主义才被称为"所有客人中最阴森可怕的客人"①。

如果说 19 世纪的虚无主义主要表现为对西方文明，尤其是基督教传统的质疑，那么 20 世纪的虚无主义则侧重探寻如何直面荒谬的世界与人生而形成积极肯定的生活态度。20 世纪爆发的两次世界大战不但暴露了现代文明残暴、黑暗的一面，更让人强烈感受到了命运的无常、生命的脆弱和无意义。在此背景下，存在主义的虚无主义成为 20 世纪虚无主义的主要内容。萨特（Jean Paul Sartre，1905—1980）、加缪（Albert Camus，1913—1960）等人通过他们的文学作品则使相关内容得到广泛传播和讨论。战后，虚无主义逐渐呈现出新的特点，后现代主义思潮通过其解构主义、反基础主义而与虚无主义结盟，"它们用虚无主义这个语词表达了西方形而上学传统在更普遍的意义上的终结"，并认为"虚无主义隐含在这样的事实中，即人类是一种历史性的产物，他们必须解释他们的周围的环境。结果，虚无主义不再是我们必须逃避的东西，它失去了潜在的转换和救赎的力量，反而变成了人类境遇的一种相当平庸的特征"②。

根据上述虚无主义主题的历史变化及其在当代一般的用法，我们大体上可以把哲学上的虚无主义划分为五个类型，即宇宙论的虚无主义、道德或伦理的虚无主义、认识论的虚无主义、存在主义或生存论—价值论的虚无主义以及形而上学或本体论的虚无主义。当然，这种划分并不

---

① ［德］尼采：《1885—1887 年遗稿》，载《尼采著作全集》第 12 卷，孙周兴译，商务印书馆 2010 年版，第 147 页。

② ［美］凯伦·L.卡尔：《虚无主义的平庸化：20 世纪对无意义感的回应》，张红军、原学梅译，社会科学文献出版社 2016 年版，第 11、13 页。

具有严格的界限，它们之间可能彼此隐含，甚至互为依据。① 不过，在不同历史时期虚无主义主要呈现为不同的类型还是比较明显的。

宇宙论的虚无主义可能是人类最早具有的虚无主义体验，它常常被打上古代悲观主义的烙印。天地不仁，以万物为刍狗。人生天地间，宇宙本身对于人无所谓善恶亲疏，它只是按照亘古不变的规律运行，甚至会给人类带来诸如地震、洪水等毁灭性的灾难。面对沧海桑田、斗转星移，个体生命的渺小无助犹如风中的沙粒；与宇宙漫长的演化相比，人类的文明史也不过如白驹过隙；即使是人类当下引以为傲的自然科学也根本无法提出哪怕是最微弱的揭示，表明人在茫茫宇宙中被赋予了特殊的使命。基于这样一些体悟和认识，宇宙论的虚无主义否认宇宙本身可能为人生提供任何可理解的意义和明确的目标，或如施蒂纳所认为的那样，世界本身不过是混沌一片，并不是一个具有客观意义的结构，人在其中不过是被抛在这个混沌中的孤立的个体。

由宇宙论的虚无主义不难推演出认识论的虚无主义，后者通常与怀疑主义相关，而对于认识论的研究无疑是近代哲学的显著特点。认识论的虚无主义否认人达到真理性认识的可能性，除非将真理理解为被信仰的东西或"被一个话语共同体视为合理的"东西②，而后一种情况作为

---

① 参见［美］凯伦·L.卡尔：《虚无主义的平庸化：20世纪对无意义感的回应》，张红军、原学梅译，社会科学文献出版社2016年版，第26—30页；Donald Crosby, *The Specter of the Absurd: Sources and Criticisms of Modern Nihilism*, N.Y.: State University of New York Press, 1988, pp.8-36.Donald Crosby 把虚无主义区分为政治的、道德的、认识论的、宇宙论的与生存论的五种类型，除因现实的重要性而单列出政治的虚无主义这一类型外，他认为从纯粹的哲学意义来说，哲学领域的虚无主义可以合并且最终指向生存论的虚无主义类型。卡尔则划分为认识论的虚无主义、真理论（alethiological）的虚无主义、形而上学或本体论的虚无主义、伦理或道德的虚无主义以及存在论或价值论的虚无主义。她认为，存在主义虽然是虚无主义最显著的形式，但它实际上源于真理论、认识论与伦理虚无主义。
② 参见［美］凯伦·L.卡尔：《虚无主义的平庸化：20世纪对无意义感的回应》，张红军、原学梅译，社会科学文献出版社2016年版，第28页。尽管卡尔强调认识论的与真理论的虚无主义之间存在的差别可以导致诸如卡尔·巴特与理查德·罗蒂两种完全不同的对待虚无主义的态度，但我们依然可以把真理论看作是认识论中的一个特殊形式而将两者合并在一起。

极端特例，不是缺少实证知识的支撑，就是缺少逻辑证明的绝对有效性。

正如尼采在"价值重估"中所表现的那样，受到质疑的不只是认识上的真理，更有伦理—道德的法则。道德上的虚无主义认为，一切道德原则不过是基于人的主观选择或利益偏好的表达，因而根本不存在普遍的道德权威或根据。由此衍生出的政治上的虚无主义则主张摧毁现有的一切政治制度乃至社会结构与安排，无政府主义就是其中一个典型。

前三种类型的虚无主义无疑揭示了人类存在的困境，20世纪的存在主义或生存论—价值论的虚无主义就是要直面人类生存的困境或荒谬来追问人生的意义与价值。

尽管上述不同类型的虚无主义之间并没有达成一个共有的定义，而只是表现出一种相似的，与拒绝、否定相关的思维态度或哲学立场，但所有这些反思的基础又都与西方形而上学的传统密切相关，这就涉及对于形而上学或本体论的虚无主义的理解。进一步的反思将表明，对于现代虚无主义的思考不但关系到我们对待迄今为止人类文明成就的评价，而且影响到我们每个人的生活态度，从而关系到我们对未来的选择，这也将决定整个人类历史发展的命运。

二、现代性的危机与虚无主义的凸显

总体而言，"虚无主义的危险是一种永存的人类的可能性"[1]，人类文明就是在克服这一危险的努力中产生、发展和兴盛起来的。雅斯贝尔斯（Karl Theodor Jaspers，1883—1969）在分析轴心文明起源时指出："他们感受到了世界的恐怖以及自身的无能为力。他们提出了最为根本

---

[1]　Stanley Rosen, *Nihilism: A Philosophical Essay*, New Haven/London: Yale University Press, 1969, p.xiv.

的问题。在无底深渊面前，他们寻求着解脱和救赎。在意识到自身能力的限度后，他们为自己确立了最为崇高的目标。他们在自我存在的深处以及超越之明晰中，体验到了无限制性。"① 人类初民在追求超越存在、感受绝对光辉的过程中克服了面对虚无的恐惧与绝望，他们或从亘古不变的自然天道、或从难以言喻的上帝启示中找到了人生的指南，创造出色彩纷呈、蕴含丰富的生活世界。尽管几乎所有的古代宗教都将苦难和罪恶视为现世生活的"真谛"，从而教导信徒修行赎罪，从而摆脱生灭的轮回或地狱的惩罚，奔赴彼岸的天国乐园，但是，在诸如基督教徒这样的有神论信徒看来，只有在上帝许诺的天国中，人才能获得真正极乐的永生，因为只有神或上帝才是唯一至高至善的存在，它是万事万物的创造者，是一切实在性与确定性的来源。即使是宣讲缘起性空的佛教，也不过是把舍色向空看作是超越生死、摆脱烦恼、达到永恒真如的解脱之道。

虚无主义体验是与自我意识的觉醒相伴而生的，也随着人类理性的成熟而发展。如果说在克服虚无主义斗争的第一回合中，人类是出于生存的本能或文明进化的必然逻辑而选择了肯定性的答案，并取得了辉煌的成就，那么与古代的虚无主义相比，近代以后越来越强烈的虚无主义体验则表现为对人类文明最初成果的质疑和否定。虚无主义关系到人之为人从一开始就不得不面对的问题，即我是谁或人是什么的问题，又关系到人自己给自己提出的或自我反思的问题，即人生的意义与价值及人类文明的目标和命运的问题。如此说来，不论是虚无体验的意识自觉还是虚无主义思想的充分展开及其完整评价，都有赖于自我意识的觉醒、人类理智力量的成熟，即主体性原则的确立与发展。也就是说，虚无主义本质上是与现代性共生的现象，只有在现代，虚无主义才变成了一个充分自觉而又紧迫现实的问题，只有现代虚无主义才构成了人对于自身

---

① ［德］卡尔·雅斯贝尔斯：《论历史的起源与目标》，李雪涛译，华东师范大学出版社 2018年版，第 8—9 页。

的威胁。这是因为，虚无主义作为威胁首先来自人自身，来自于人对自身及整个人类文明的存在及其意义的怀疑和否定。显然，消除这一威胁的可能性也首先取决于我们的选择和态度。

现代虚无主义开始于基督教权威的没落。文艺复兴以来，与地理大发现同时发生的是"人的发现"：以笛卡尔"我思故我在"为标志的主体性原则确立了区别于古代（包括中世纪）世界的现代人的精神诉求，世界历史以理性与自由为口号进入了现代历史的理性化的进程。这一进程首先表现为祛魅化（Entzauberung）的进程、离神而去的进程。随着神学的世界图景的消退和教会权威的丧失，赢得主体地位的现代人凭借自身的力量，颁布（或约定）了保证每个人的权利与自由的人间秩序和道德。或如海德格尔所言："与中世纪、基督教时代相比，现代这个新时代的新特征在于：人自发地靠自身的能力设法使自己对他在存在者整体中间的人之存在感到确信和可靠"①。也就是说，西方现代性的兴起与发展不再依靠来自自然赐予或上帝启示的外在立法，而是把理性当作思维与行动的根据和准则。从这种人类自主立法的角度来看，现代文明的进步是人类理性与自由发挥和创造的结果。

虽然现代文明的伟大成就是以人的理性和自由为原则的，然而，由于人的历史性和有限性，人类的进步又总是处在未完成的状态中。这样一来，"人类思想本质……的局限性随着历史情景的变化而变化，而在某一特定时代的思想所固有的局限性乃是任何人类的努力都无法克服的"②。列奥·施特劳斯由此非常尖锐而深刻地指出：近代哲学放弃了以本然正当性为前提的古典哲学路线，确立了我思的主体性原则，在此基础上突出人所禀赋的理智力量，主张个人的权利和自由。哲学因而主要关注的不再是永恒的和普遍的东西，而是"变易的和独特的东西"，

---

① ［德］海德格尔：《尼采》下卷，孙周兴译，商务印书馆 2002 年版，第 765 页。
② ［美］列奥·施特劳斯：《自然权利与历史》，彭刚译，生活·读书·新知三联书店 2003 年版，第 22 页。参见该书第一章："自然权利论与历史方法"。

它赋予人的历史经验以特殊的优先地位，将自身看作是属于某种"历史世界""文化""文明"或"世界观"的产物，从而沦为一种"历史主义"。历史主义力图在人类的历史经验中把握客观的东西。但是，由于历史主义将人类思想看作是属于特定的历史情形的，是随着历史而衰落和更新的，思想的进步不过是随着历史情形的转换从一种局限转移到另一种局限中。甚至被称为具有"伟大历史感"的黑格尔，当他把全部人类历史作为辩证法的发展环节或证据时，他也不得不求助于某一"绝对的时刻""历史的终点"来超越历史，从而达到绝对真理。因此，历史主义所确立的客观性标准是从"历史过程"这一"由人们的所作所为和所思所想织成的""毫无意义的网"抛出的，是以历史中的个人选择为依据的，是纯然主观的。历史主义从而成为相对主义、虚无主义的代名词。在相对主义的视野中，"一切都是被允许的"，当此之时，主体性的自由似乎达到了它完全的满足状态，然而人实际上已经站在了悬崖的边缘，脚下是无底的深渊。这是因为，"当任何事都被允许时，那么我们做什么都没有任何分别了，也就没有什么东西是值得的。当然，我们可以通过一个任意的决断行为来确定价值的归属，但这样一个行为是在无中生有（ex nihilo）中进行的，或者它通过一个自发的断言来认定其意义，不过这样的断言可以被同样的辩护理由所否定。更确切地说，在这种情况下，不论是选择最初设定的价值，还是选择其否定，都没有辩护的理由，'辩护'之辞无法与沉默相区别。对于那些并非神明的人来说，求助于'无中生有'的创造，不论是在自明方法的复杂性伪装之下，还是在存在—诗学（onto-poetic）的整合性伪装之下，都因这些言辞的意义或重要性等同于沉默，而将理性归于无意义"①。就

---

① Stanley Rosen, *Nihilism：A Philosophical Essay*, New Haven/London：Yale University Press, 1969, p.xiii.

此说来，相对主义、"历史主义的顶峰就是虚无主义"①。由于历史处境不同，人们对于幸福和权利的看法必然存在巨大的差异，如此一来，以追求正确的、有意义的、有价值的生活为目的的现代主体性最终可能得出否定普遍永恒的真理，从而否定自身存在的结论。列奥·施特劳斯甚至认为，"虚无主义是一种特殊的德国现象"，它源于康德所开创的德国哲学传统及其所设定的现代理想，其可怕的后果就是第二次世界大战的疯狂和毁灭。②

现代人拥有立法者一样的自信主要得益于现代科学技术的成就，因为现代自然科学的知识体系已经成为现代人基本的世界观，现代技术世界则构成了现代人的基本生活方式。现代人也因此有理由相信，人可以仅仅依靠自身的力量，通过合理的方式实现各自不同但却具有同样价值的自由与幸福，这样的社会无疑是一个世俗化、大众化的社会。然而，现代历史图景所构想和论证的现代世界并不是尽善尽美的，毋宁说，它日益强烈地意识到自身的分裂与矛盾。在社会学家（韦伯）看来，现代社会的理性化只是工具层面的理性化，在实质层面却是非理性的。哲学家们（霍克海默、阿多尔诺）将此困境概括为启蒙的辩证法，它揭示出，启蒙规划通过对客观化的外在自然和遭到压抑的内在自然的统治而正在走向自身的毁灭！当现代社会在赢得空前成就的同时也在产生前所未有的苦难与危险，因为这些苦难与危险是与现代的成就一道而来的。20世纪发生的两次遍及全球的人间浩劫强烈地冲击着现代西方文明的合法性，无处不在的监禁、极度的贫富分化、核毁灭的威胁与种族清洗的血腥已经宣告了自由、平等、进步、解放等启蒙理想的远未实现。当代高度发达的技术社会更让有识之士（如乌尔里希·贝克、吉

① ［美］列奥·施特劳斯：《自然权利与历史》，彭刚译，生活·读书·新知三联书店2003年版，第19页。
② 参见［美］列奥·施特劳斯：《德国虚无主义》，丁耘译，载刘小枫主编：《施特劳斯与古典政治哲学》，上海三联书店2002年版，第737、764页。

登斯）警醒到风险社会的来临，他们警告世人：人类全体已经不由分说地被卷入一场宏大的实验之中，现代人引以为豪的成就面临着自我消解、自我危害的风险。

可见，虚无主义所带来的惊惧与战栗不但本质上是与现代性共生的，并因主体性原则的张扬而加剧，而且随着现代性危机的多方呈现而变得日益突出、强烈和严峻。"当现代世界的虚无主义被严肃认知的时候，后现代主义开始了。"① 正是基于上述喜忧参半的历史经验和现实体验，后现代主义思潮对于现代性的清算也就应运而生。后现代对于现代性的"重写"首先意味着对于启蒙理性的反动，虚无主义也由此成为高扬理性的现代哲学的一个难以避免的后果。

三、现代虚无主义与形而上学的命运

海德格尔把对尼采哲学的思考看作是"一种对现代人的处境和位置的沉思"②。在他对尼采哲学的解释中、同时也是对他所谓"唯一问题"的追问中，海德格尔不但把"具有最多样和最隐蔽形态的虚无主义"视为人类生存的"常态"③，而且把虚无主义看作是决定世界历史发展的基本运动，它受制于西方形而上学的命运。归根结底，西方形而上学就是虚无主义！形而上学恰恰是虚无主义这个最可怕的客人未曾明言的可怕性之所在。

在海德格尔看来，对于虚无主义最为鲜明的概括也许莫过于尼采的那句隐喻："上帝死了！"它意味着超感性世界的坍塌，最高价值的自

---

① D.M.Levin, *The Opening of Vision*: *Nihilism and the Postmodern Situation*, New York/London: Routledge, 1988, p.26.
② ［德］海德格尔：《林中路》，孙周兴译，上海译文出版社 1997 年版，第 217 页。
③ ［德］海德格尔：《路标》，孙周兴译，商务印书馆 2000 年版，第 461 页。

行废黜。去神化、技术化、世俗化和大众化正是虚无主义的具体表现，而启蒙理性的局限和可能具有的负面效应也是与之相伴而生的。按照海德格尔的说法，虚无主义不但意味着宗教权威的失落，而且意味着西方形而上学的终结，因为哲学与神学本是异体而同源的，"形而上学本身就是神学"，"形而上学是存在—神—逻辑学（Onto-Theo-Logie）"①。"形而上学是这样一个历史空间，在其中命定要发生的事情是：超感性世界，即理念、上帝、道德法则、理性权威、进步、最大多数人的幸福、文化、文明将丧失其构造力量并且成为虚无的。"② 形而上学追问万事万物之所以为存在着的东西的存在本身，但两千多年的西方哲学却只把最高的存在者、存在者全体或某个特殊的存在者当作存在本身，从而遗忘了存在。与其说虚无主义的问题在于人们没有认真对待虚无问题，根本不思考虚无的本质，不如说虚无主义的实质就在于没有思存在，形而上学在执着于存在者的同时错失了存在意义问题。"从存在之命运来思考，'虚无主义'的虚无（nihil）意味着：根本就没有存在。存在没有达到其本己的本质的光亮里。在存在者之为存在者的显现中，存在本身是缺席的，存在之真理失落了，它被遗忘了。"③ 存在成为虚无。存在就是虚无。

从巴门尼德（Parmenides，盛年约公元前 504—前 501）将存在作为思想的主题以来，西方形而上学就陷入了与"存在"的角力中。聪明如智者的高尔吉亚（Gorgias，约公元前 483—前 375）干脆断言：无物存在；即使存在，也不可认识；即使能够认识，也无法言说。为了脱离诡辩、拯救现象，柏拉图把超感性的理念确立为万物的原型、根据与

---

① ［德］海德格尔：《尼采》下卷，孙周兴译，商务印书馆 2002 年版，第 978 页；海德格尔：《形而上学的存在—神—逻辑学机制》，载孙周兴选编：《海德格尔选集》下卷，上海三联书店 1996 年版，第 829 页。

② ［德］海德格尔：《林中路》，孙周兴译，上海译文出版社 1997 年版，第 227 页。译文略有改动。

③ ［德］海德格尔：《林中路》，孙周兴译，上海译文出版社 1997 年版，第 269 页。

来源。柏拉图主义由此也为希腊哲学与基督教的合流铺平了道路，因为作为造物主的上帝正如理念一样，是最高的存在者。

从笛卡尔开始，具有自我意识的人这一特殊的存在者被视为追问存在、探寻万有的主体或基质，表象式、数学化的思维模式将世界和人自身的对立与分裂固定下来，并在笛卡尔的"我思"和牛顿的物理学定律中被设为前提。① 尽管笛卡尔力图通过普遍怀疑的方法来为人类的知识寻找一个确定的、不可怀疑的基点，但是，由于诉诸意识的自明性，甚至最后不得不求助于上帝存在的直观性知识，"他所运用的研究与推理的科学方法因而可以被视为虚无主义的一个根源，这不仅是对于他本人，而且对于所有那些现代人，他们把知识等同于精确科学方法与证明的确定性或结果，默认笛卡尔关于自然的独一无二的数学的或'客观主义的'观念，或者同意用他的激进的'主观主义的'方式去探究认识论、价值论和形而上学问题。"② 主体与客体、真与善、实然与应然的分裂与对立从此贯穿了近代哲学。

将理性和自由的原则高扬到极致的德国古典哲学被雅柯比斥责为虚无主义，后者甚至进一步被列奥·施特劳斯看作是一种特殊的德国现象，这些并不是空穴来风。康德力图通过哥白尼式的倒转来完成理性的自主立法：头上的星空与心中的道德律，二者各司其职、相安无间；但由于理论理性和实践理性之间始终有一条不可跨越的鸿沟，人不得不从反思的观点把这两大领域看作"好像"（als ob）是统一的，从而也不得不把理论理性所抛弃的上帝与灵魂不朽的理念重新设定出来。

费希特正是不满于康德哲学的这种非体系性来着手创建他的知识学。由于知识学是从作为主观的主客统一体——自我（das Ich）出发

---

① 参见［德］海德格尔：《物的追问》，载孙周兴选编：《海德格尔选集》下卷，上海三联书店1996年版，第858、881—882页。

② Donald Crosby, *The Specter of the Absurd: Sources and Criticisms of Modern Nihilism*, N.Y.: State University of New York Press, 1988, pp.219-220.

来"设定"人类全部知识的基础的，为了避免陷入"梦幻的梦幻"之中，费希特最终不得不承认："知识的真实生命，就其根本而言，是绝对者本身的内在存在与本质，而不是任何其他东西；在绝对者或上帝与知识之间，就它最深邃的生命根基而言，根本没有任何分离，而是两者完全融合在一起的。"① 尽管与费希特的旨趣相反，谢林最初力图从客观的主客统一体出发来阐发先验唯心论体系，但二者殊途同归。②

黑格尔力图调和知识与信仰，并通过辩证法的中介来明确确立历史理性的实在性，即绝对精神无不在现象世界中得到确证。但是，摇摆于上帝与虚无之间的苦恼意识是自我意识的基本结构，"在人类生活的所有时代里，它都以一种或另一种形式重新展现自己"③。由此，历史理性对于自身的确证不得不求助于一个特殊的历史时刻或历史的终结点，将所有存在者囊括其中的大全体系拱卫着的是作为最高存在者的绝对精神。从这个大全体系中诞生出了施蒂纳的所谓一无所是的"唯一者"也就不足为怪了。

海德格尔把尼采对虚无主义的清算视为西方形而上学的终结，同时又把尼采克服虚无主义的努力视为向虚无主义的最后一次卷入。尼采因而成为第一位力图克服虚无主义而又明确自命为虚无主义者的哲学家。④ 一方面，尼采通过锤子来思想，重估一切价值，推翻了所有虚假的偶像，从而宣告了上帝之死。"尼采的整个哲学都根植于并且回荡于

---

① ［德］费希特：《人的使命》，载梁存秀主编：《费希特著作选集》第 5 卷，商务印书馆 2006 年版，第 52 页。

② 参见 ［德］谢林：《论人类自由的本质》，载海德格尔：《谢林论人类自由本质》附录，薛华译，辽宁教育出版社 1999 年版，第 277 页。

③ Jean Wahl, *Le malheur de la conscience dans la philosophie de Hegel*, in: Dennis King Keenan (ed.), *Hegel and Contemporary Continental Philosophy*, New York: State University of New York Press, 2004, p.4.

④ 参见 ［德］卡尔·洛维特：《从黑格尔到尼采》，李秋零译，三联书店 2006 年版，第 262 页；［美］斯坦利·罗森：《启蒙的面具》，吴松江等译，辽宁教育出版社 2003 年版，第 6 页。

他对虚无主义事实的经验；而同时，尼采哲学的目的也是为了首先揭示对虚无主义的经验，并且使这种经验的作用范围变得更显而易见。"①另一方面，如海德格尔解说的那样，尼采颠倒了传统的形而上学，但他依然在传统形而上学的框架下处理他的五位一体的哲学主题——"价值重估""同一者的永恒轮回""超人""强力意志"与"虚无主义"。由于尼采的形而上学还是一种价值之思，"而且这种价值之思植根于作为一切价值设定的强力意志。尼采的形而上学因而就成为本真的虚无主义的完成，因为它是强力意志的形而上学"；其基础"唯一地是形而上学本身"②。

尼采揭示和强化了我们的虚无主义经验，但并没有终结这一经验。相反，在当代世界中，虚无主义的经验因技术的进步而成为更为急迫的问题。这是因为，现代技术恰恰是形而上学的完成与极端形式，其本质在于"宰制"（Ge-stell），也就是将周遭万物或存在者全体按照主体这个特殊存在者的要求"放入"（stellen）订制好了的需求框架之中。这样的框架无疑是暂时性的、非终极性的，因此在现代技术统治及其对于社会的相应控制之下，危险不但在所难免，而且还会危及整个人类自身的生存。更为危险的是，当代人生活在危险中却熟视无睹。

尽管海德格尔上述对于西方形而上学历史的"解析"（Destruktion）充其量不过是"使思想改变活法"，甚至他紧抓存在不放的努力依然被指责为一种形而上学，他本人面向未来所作的"决断"不但会误入歧途，更因"纳粹事件"而让整个哲学蒙羞；但不可否认的是，他揭示出虚无主义更为深层的基础与历史，提示出人类未来面对的困厄与危险，从而警示了虚无主义的急迫压力，宣示了思想的任务。

---

① ［德］海德格尔：《尼采》上卷，孙周兴译，商务印书馆 2002 年版，第 424 页。
② ［德］海德格尔：《尼采》下卷，孙周兴译，商务印书馆 2002 年版，第 971—972、973 页。

四、现代虚无主义的克服

一方面，在海德格尔看来，要克服虚无主义，首先就要经受（Verwindung）虚无主义，经受形而上学对于存在的遗忘，甚至经历最极端的虚无主义所带来的威胁与破坏。也就是说，在对虚无主义的克服中，"最无可回避、也最艰难的东西，却是关于虚无主义的知识"。[①] 另一方面，对于虚无主义的知不能脱离开人对于自身存在的领会，作为哲学思考起点的无知之知就是对于生存的有限性的知，时间性、历史性便成为追问存在意义问题的必然视域，对于自然（正当）还是历史（进步）、理性还是虚无的论证最终必然超出经验论、认识论，而成为生存论、存在论。尽管海德格尔的追问还无法摆脱形而上学的阴影，但他以诗和思的方式揭示存在真理的努力召唤着存在遮蔽着的现身，准备着另一个思想开端的到来。

海德格尔最初通过时间视域揭示存在意义问题的努力（《存在与时间》）无疑让人们清醒地认识到虚无主义的生存论困境：即人的有限性决定了人（个体与类）的生存绝非永恒的、超出时间与历史之外的，因而人无法把握住绝对的、终极的、最高的实在与确定性。但这也绝不意味着一切皆无：人不但终有一死，终归于无；人还是无的无化力量，是无中生有、化无为有的力量，他创造了自己的历史，并赋予历史与万物从而赋予自身以意义。尽管那不是最终的，甚至是无终的，而这无休止的斗争恰恰成就了人，证明了人生乃至人类文明的意义与价值。人诚然是历史性的、有限的，但只要对此有了清醒而诚实的自识（理性），人就能够认清虚无的本质，找到摆脱虚无的正确门径，从而产生战胜虚

[①] ［德］海德格尔：《哲学论稿》，孙周兴译，商务印书馆 2012 年版，第 149 页；参见［德］海德格尔：《路标》，孙周兴译，商务印书馆 2000 年版，第 487、489 页。

无的勇气。这一勇气不仅仅是一种把痛苦当作欢乐来享受的英雄主义，更重要的是，人恰恰是在自身的有限性中、在历史性中追求并确证本真性的存在。

尼采对以基督教为代表的西方文明传统进行了毫不留情的揭露和不遗余力的批判，目的是为了找到摆脱虚无主义魔咒的路径。他把以叔本华为代表的、面对危机绝望逃避的悲观主义者斥责为"消极的虚无主义"，同时又致力于阐发一种"积极的虚无主义"，从而把直面生存真相的虚无主义转换成重新肯定人生意义的铺路石。正是出于这种积极的虚无主义态度，加缪描绘了一幅直面虚无并战胜虚无的英雄画面：西绪福每日不停地把巨石推上山顶，石头在重力的作用下又滚落下来。日复一日推石上山的苦役确实荒谬而无意义，但是在西绪福不屈服、不放弃的行动中，诸神的愿望落空了，命运的苦刑遭到蔑视，英雄证明了自己独立的意志和力量。一句话：他在虚无中创造了价值，赋予荒谬以意义。

当后现代主义对基础主义、本质主义、逻各斯中心主义、西方中心主义、解放的宏大叙事等进行解构之时，形而上学的虚无主义不但受到颠覆，生存论的虚无主义实际上已经作为事实被接受下来，差异、边缘、他者、宽容、多元的视角主义几乎变成了陈词滥调。换言之，虚无主义已经平庸化了。然而，"平庸化的虚无主义的最终结果绝不是平庸的"：一方面，"虚无主义已经从一种解放的手段转变为解放本身"，即"承认虚无主义，我们会失去的唯一的东西就是对我们的强迫，强迫我们达到某种我们难以企及的标准"。也就是说，我们失去了形而上学的绝对真理、绝对命令承诺和要求我们的一切。另一方面，"在后现代世界中，我们即使没有真理也可以拥有意义，因为我们虽然没有真理，但可以拥有知识……在一个没有真理的世界（它被真理所支持），知识和意义仍然无处不在"①。也就是说，上帝死了，我们依然可以拥有色彩

① ［美］凯伦·L.卡尔：《虚无主义的平庸化：20世纪对无意义感的回应》，张红军、原学梅译，社会科学文献出版社2016年版，第185、201—202页。

斑斓的世界和美好幸福的人生。

当然，后现代主义、哪怕是建设性的后现代主义，无意于、也不能给出一个最终的解脱之道，危机和风险一直存在着。正如海德格尔所说："存在是绝对冒险。存在冒我们人类之险。存在冒生物之险。存在者存在，因为它始终是所冒险者。但是存在者总是被冒险而入于存在，也即入于一种大胆冒险。"① 也正因为如此，承认虚无、克服虚无，人们就必须投入到思想与行动中，并将思想与行动"始终维系于最高的规律。这个最高的规律就是自由，即一种释放到永不止息的变化所具有的到处游戏着的构造中去的自由"②。面对虚无主义的危险，我们恪守的箴言也许只是：敢于运用自己的勇气去担当命运！面对黑暗的深渊，历史学家告诉我们："正如我们现在看到的，总体上历史是否表明进步的问题可以通过问另一个问题而回答。你有确信的勇气吗？如果你认为你正在做的事情是值得做的，那么导致做这些事的历史进程就被它的结果正当化了，它的运动就是一场向前的运动。"③

总之，我们既不能通过顺应以致沉沦于生灭变化的轮回，也不能通过再造新神（价值或世界）或回到旧神的庇护下来摆脱虚无主义，而只能在思考和行动中，通过经受虚无主义来克服虚无主义。这是一场命中注定的理性冒险，但它并不是主观任意的放纵，也不是对于未知力量的臣服，而只能是出于对自身存在状态的深切洞察，是对于自身命运和使命的忠诚。因而克服始终是一场理性的冒险！

---

①　［德］海德格尔：《林中路》，孙周兴译，上海译文出版社 1997 年版，第 284 页。

②　［德］海德格尔：《路标》，孙周兴译，商务印书馆 2000 年版，第 498 页。译文有改动。

③　［英］R.G.柯林武德：《进步哲学》，贾鹤鹏译，载陈恒等主编：《新史学》第三辑，大象出版社 2004 年版，第 72 页。

第九讲　施特劳斯哲学的全球化意蕴

成 官 泯

一、生　平

列奥·施特劳斯（Leo Strauss，本讲所说的施特劳斯均为列奥·施特劳斯），20 世纪最重要的哲学家之一。1899 年 9 月 20 日，他出生在德国黑森州基希海因（Kirchhain）镇上的一个犹太家庭。关于他幼时的经历，他这么说：

> 我在德国乡间一个保守的甚至可以说是正统的犹太家庭里长大，相当严格地遵守各种"礼仪上的"律法，对犹太教的认识却非常有限。念人文中学时，我受到德国人文主义（German humanism）的启迪，偷偷阅读叔本华和尼采的作品。到了 16 岁，我在学校念到《拉克斯》篇，就萌生了一个念头，或者说许下愿望，要终生研读柏拉图，一边养养兔子，一边当个乡村邮政所长维持生计。不知不觉之间，我就疏远了自己的犹太家庭，用不着造反。17 岁那年，我皈依了锡安主义（Zionism），单纯、简单、政治上的锡安主义。

> 升大学时，我倾向于念哲学，我就近选择了马堡大学；该大学曾经是新康德主义马堡学派的大本营，学派的创始人是柯亨（Her-

mann Cohen）。柯亨之所以引起我的兴趣，乃因为他既是一位满怀激情的哲学家，又是一个满怀激情献身于犹太教的犹太人。①

施特劳斯先后在四所大学注册学习哲学、数学、自然科学，1921年在汉堡大学以"雅可比的认识论"为题获得哲学博士学位。1924年，一直关切犹太政治复国主义运动的施特劳斯发表了论文《柯亨对斯宾诺莎圣经学的分析》②，开始了自己独辟蹊径的政治哲学探索。他对斯宾诺莎《神学政治论》的批判研究，展现为他独有的"神学—政治困境"：他认定，现代理性主义实际上并未动摇启示宗教的基础，既然它依据于对理性自主力量的信仰，看来与其敌手对上帝的信仰正相匹配，同时，他又发现自己不能全盘拒绝理性而回归信仰，在晚年回溯自己的思想历程时，他写道：

> 其他的观察和经验确认了这个疑虑：告别理性恐怕是不明智的。因此，我开始惊问，理性的自我毁灭是否现代理性主义不可避免的结果，现代理性主义区别于前现代理性主义，特别是中世纪犹太理性主义及其古典（亚里士多德的与柏拉图的）根基。③

在1931年的演讲《柯亨与迈蒙尼德》④中，施特劳斯表明，他已经开始发现一条恢复前现代理性主义的道路。他以自己的方式认同柯亨的洞见，犹太哲人迈蒙尼德（Maimonides）乃柏拉图式的哲人，他的终极

---

① ［美］施特劳斯、克莱因：《剖白——施特劳斯与克莱因的谈话》，载刘小枫编：《苏格拉底问题与现代性——施特劳斯讲演与论文集》卷二（增订本），刘振、彭磊等译，华夏出版社2016年版，第492页。
② ［美］施特劳斯：《斯宾诺莎的宗教批判》，李永晶译，华夏出版社2013年版，第394—438页。
③ ［美］施特劳斯：《斯宾诺莎的宗教批判》，李永晶译，华夏出版社2013年版，第57页。
④ ［美］施特劳斯：《柯亨与迈蒙尼德》，载刘小枫编：《犹太哲人与启蒙——施特劳斯讲演与论文集》卷一，张缨等译，华夏出版社2010年版，第116—163页。

问题根源于苏格拉底：我应如何生活？一边是犹太教的要求，一边是世俗的现代性的要求，作为一个年轻的犹太人，施特劳斯经受着这两者的撕扯，他现在看到，苏格拉底问题为他提供了挣脱这神学—政治困境的地基。

早在 20 世纪 20 年代初，施特劳斯与他终生的挚友克莱因（Jacob Klein，1899—1978）一起，深受海德格尔的影响。在晚年的一次演讲中，施特劳斯曾打算这样说：

> 唯有克莱因看到，为什么海德格尔真正重要：通过连根拔起而不是简单拒斥哲学传统，在若干世纪（不想说好多个世纪）之后，他第一次使这一点成为可能，即如其所是地观看传统的根，从而可能知道（这么多人只是相信）那些根是唯一自然、健康的根。换个肤浅的或社会学的说法，海德格尔乃第一个在出身和训练上作为一个天主教徒的德国哲学大家，因而他一开始就前现代式地熟悉亚里士多德，从而保护自己免于试图把亚里士多德现代化的危险。但是，作为一个哲学家的海德格尔又不是一个基督徒：他因而没有被诱惑去根据托马斯·阿奎那来理解亚里士多德。总之，他的意图是连根拔起亚里士多德：他于是被迫去挖出那些根，把它们带到光下，带着惊赞打量它们。克莱因第一个理解了海德格尔本来没有打算但是已经开启的可能性：一个真正回归古典哲学、回归亚里士多德与柏拉图哲学的可能性，这一回归带着开放的眼光，全然明了它随之带来的无尽困难。①

回归古典哲学，首先意味着要揭示希腊哲学的根源，揭示希腊哲学本来的样子，而非希腊哲学在传统和现代哲学视野下所呈现出来的那个样子。施特劳斯说，克莱因使他确信两件事：

---

① Leo Strauss, "An Unspoken Prologue", in Kenneth Hart Green (ed.), *Jewish Philosophy and the Crisis of Modernity*, Albany：SUNY, 1997, p.450.

第一，哲学上必要的一件事，首先是返回古典哲学，复苏古典哲学；第二，解读柏拉图的方式，是完全不适当的，因为这种方式没有考虑到柏拉图诸多对话的戏剧特征，尤其没有考虑到那些看样子好像是哲学专著的部分的戏剧特征。①

回归古典哲学，不是施特劳斯的首创，而是尼采—海德格尔诊断西方现代性问题或文明危机后的应对。施特劳斯曾说："在我 22 至 30 岁间，尼采如此支配着我、使我着迷，以致我相信我所读懂的他的每一句话"②。在晚年的一次讲演中，他又如此谈到尼采：

> 他以无与伦比的明晰透彻，洞见 20 世纪问题，因为他比（至少在两次世界大战前的）任何人，都更为清楚地诊断了现代性的危机。同时，他意识到克服这一危机或为了人类未来的必要（尽管不是最充分的）理由，是对起源的回归。③

希腊古典的悲剧精神，是尼采最初找到的应对现代性的药方。尼采在他的第一部书《悲剧的诞生》中就猛烈抨击苏格拉底，认为苏格拉底对知识和美德的赞美和信念，苏格拉底的快乐主义，导致了古典悲剧的死亡，苏格拉底不仅是古代最成问题的现象，也是"所谓世界历史的唯一转折点与旋涡"，这就是尼采所说的"苏格拉底问题"。尼采"宣告苏格拉底为理性主义（或对理性的信仰）的创始人，并且宣告自

---

① ［美］施特劳斯、克莱因：《剖白——施特劳斯与克莱因的谈话》，载刘小枫编：《苏格拉底问题与现代性——施特劳斯讲演与论文集》卷二（增订本），华夏出版社 2016 年版，第 495 页。

② 施特劳斯 1935 年 6 月 23 日致洛维特的信，载施特劳斯等著、刘小枫主编：《回归古典政治哲学——施特劳斯通信集》，朱雁冰、何鸿藻译，华夏出版社 2006 年版，第 244 页。

③ ［美］施特劳斯：《苏格拉底与政治科学的起源》，载刘小枫选编：《西方民主与文明危机：施特劳斯读本》，华夏出版社 2018 年版，第 185 页。

己在理性主义中看到人类历史上最为致命的困境"①。施特劳斯看到，尼采对苏格拉底的看法，终其一生，并无改变②。

在对西方现代性的危机以及对苏格拉底的指控上，海德格尔应该与尼采站在同一战线上，海德格尔最终诉诸苏格拉底之前的自然哲人。

施特劳斯跟随又反对尼采—海德格尔对现代性危机的诊断与应对，他最终认定，尼采—海德格尔以反现代的方式推进了现代性，他称之为"现代性的三次浪潮"的第三拨，现代性的三次浪头，恰恰是西方哲人不再能理解苏格拉底问题的结果，换言之，要弄清现代性问题的根源，恰恰要回到原初的苏格拉底问题。

施特劳斯20世纪30年代对现代性起源的研究，也已经在通向他自己的苏格拉底问题。施特劳斯回顾说，对斯宾诺莎《神学政治论》的继续研究，一方面将他引向霍布斯的作品，另一方面将他引向迈蒙尼德的论著。施特劳斯30年代关于霍布斯的研究著作，赢得了学界广泛的赞许（甚至至今仍然是他最广为施特劳斯派之外学界接受的著作）。我们在其中看到，它已经深入到施特劳斯后来思想的重要主题：它把霍布斯看作古今之间的至关重要的断裂，认为霍布斯把古代和中世纪的自然法学说改造成现代的自然权利理论，认为霍布斯给哲学引入了新的主观性或自由的维度，而且，霍布斯的革命并非新的科学观的结果，而是来自于对"人文主义"资源的构造，特别是基于他对修昔底德的历史学与亚里士多德《修辞学》的批判，因此霍布斯是自由主义现代性的真正奠基者。

我们可以说，在施特劳斯30年代的探索中，一方面是更为切身的神学—政治问题，另一方面是属于时代的现代性危机，这两方面的线索

① ［美］施特劳斯：《苏格拉底与政治科学的起源》，载刘小枫编：《西方民主与文明危机：施特劳斯读本》，华夏出版社2018年版，第187页。
② 参见［美］施特劳斯：《苏格拉底与阿里斯托芬》，李小均译，华夏出版社2011年版，第5页。

最终合到一起，都指向苏格拉底问题以及由苏格拉底所开启的古典政治哲学。在施特劳斯临终前，他还在努力补全他最后的讲演与论文集，题目为《柏拉图式的政治哲学研究》，这就是施特劳斯思考自身生存以及时代经验后最终找到的路径。

1932 年 10 月，施特劳斯离开德国去了巴黎，在巴黎他与孀妇米丽亚姆［Marie（Miriam）Bernsohn］结婚，收养了她的儿子托马斯。1934年初，施特劳斯前往英伦研究霍布斯。1937 年，施特劳斯移居美国。1938—1948 年，施特劳斯任教于纽约社会研究新学院。1944 年，施特劳斯加入了美国国籍。1946 年，施特劳斯收养了妹妹和妹夫遗留下的 4岁孤女珍妮（Jenny Strauss Clay，弗吉尼亚大学古典系教授)①。施特劳斯夫妇俩没有生养。1949 年起，施特劳斯任教于芝加哥大学政治学系，直到他 1968 年退休。1970 年，他去了位于马里兰州安纳波利斯的圣约翰学院。1973 年 10 月 18 日，施特劳斯逝世。这个曾经想要读柏拉图、养兔子，在德国的乡间小镇当个邮政所长度日，除此别无所愿的人，一生走了很远的路，而他心灵的历程则伸展得更远②。

二、著　述

施特劳斯一生著述非常丰富③，身前出版的主要著作有：

《斯宾诺莎的宗教批判作为其圣经学基础：斯宾诺莎〈神学政治

---

① 参见 Joel Kraemer, "The Death of an Orientalist: Paul Kraus from Prague to Cairo", in Martin Kramer（ed.）, *The Jewish Discovery of Islam: Studies in Honor of Bernard Lewis*, Tel Aviv: The Moshe Dayan Centre for Middle Eastern and African Studies, Tel Aviv University, 1999, pp. 181–223。

② 施特劳斯的简略而完整的生平介绍，见 https://leostrausscenter.uchicago.edu/biography。

③ 详见叶然编：《施特劳斯文献分类编年》，载［美］施特劳斯著、［美］潘戈编：《古典政治理性主义的重生——施特劳斯思想入门》（重订本），郭振华等译，华夏出版社 2017 年版，第 343—375 页。

论〉研究》（1930，英译本 1965，题名为《斯宾诺莎的宗教批判》）。

《哲学与律法：论迈蒙尼德及其先驱》（1935，英译本 1995）。

《霍布斯的政治科学》（1936 年出版了英译本，题名为《霍布斯的政治哲学》，德文本 1965）。

《论僭政：色诺芬的〈希耶罗〉释义》（1948，增订本 1963、1991、2000、2013）。

《迫害与写作技艺》（1952）。

《自然权利与历史》（1953）。

《思索马基雅维利》（1958）。

《什么是政治哲学？及其他研究》（1959）。

《城邦与人》（1964）。

《苏格拉底与阿里斯托芬》（1966）。

《古今自由主义》（1968）。

《色诺芬的苏格拉底言辞：〈齐家〉释义》（1970）。

《色诺芬的苏格拉底》（1972）。

一共 13 部。另有：

《柏拉图〈法义〉的论辩与情节》（1975），身前（1971）已完成，身后出版。

《柏拉图式政治哲学研究》（1983），身前接近完成，身后整理出版。

此外还有：

《霍布斯的宗教批判：论理解启蒙》，写于 1933—1934 年，身前未打算发表，2008 年整理出版于迈尔（Heinrich Meier）编辑的德文版全集第三卷。

施特劳斯一生还有大量的文章、讲座、讲课稿、通信以及编述，都是他留给后世的精神遗产。目前，施特劳斯的主要著作（除了《城邦与人》）、重要的讲演与论文集，乃至已公之于世的通信集，都已经出版了中文译本。施特劳斯的讲学录整理稿已在"施特劳斯中心"网站①陆续发布，免费供人们下载研读！汉译"施特劳斯讲学录"也在稳步推进（目前已出版七种）。

施特劳斯对于当代世界的重要意义，在于他对西方现代性问题的洞见，他把现代性的问题或者现代西方文明的危机诊断为政治哲学危机的后果之一，而他应对的方式是回归古典政治哲学，即他所谓柏拉图式的政治哲学。从了解西方民主和文明的所谓危机入手，是进入施特劳斯问题意识的方便途径，国内学者编有《西方民主与文明危机：施特劳斯读本》，是服务于本科教学用的读本。文明或文化的危机从来都不仅仅是时代的问题，其根基是人的灵魂特别是智识人灵魂的堕落与德行的败坏，所以该读本最后一编题为"现代教育的危机"，落脚点为自由教育（liberal education，或译为"人文教育"或"通识教育"）的问题。

施特劳斯解读柏拉图的方式，可参看施特劳斯在其主编的《政治哲学史》教材中亲自捉刀的"柏拉图"章②，文字清晰明了，用意却不浅显，并非通常条理主张、观点、原则、结论的教科书写法，并不容易理解、把握。

不愿意接受或跟从施特劳斯立场的读者，可以从阅读他的《自然权利与历史》入手，它非常学术性地展示了从自然正当到自然权利观念的转变，可以说清晰呈现了政治哲学观念史上的古今之变。

施特劳斯后学编辑的《古典政治理性主义的重生——施特劳斯思想入门》，是其讲演与论文选集，展现了施特劳斯思想的中心议题："古今之争""耶路撒冷与雅典之争""哲学与诗歌之争"。三个争论的关键点是：现代理性主义的危机重新开启了神圣启示对理性和科学的挑

---

① 网站网址为：https：//leostrausscenter.uchicago.edu/courses。
② 这一章新的中译文，载刘小枫选编：《苏格拉底问题与现代性——施特劳斯讲演与论文集》卷二（增订本），华夏出版社 2016 年版，第 378—431 页。

战、信仰对哲学的挑战。"一种相信自身能驳倒启示可能性的哲学——和一种不信仰自身能驳倒启示可能性的哲学：这是古人与今人之争的真正意义"①。

翻一下施特劳斯的著作，可以得到一个深刻印象：施特劳斯的著述方式与绝大多数德国哲学家明显不同，他的绝大多数著述，都是在阅读、解释古今大哲学家的著作，根本没有德国哲学家通常的概念构造体系。他用的概念是熟悉一点哲学史、具有中等文化水平以上的读者都能理解的概念，他无意赋予其独门含义。他似乎也没有用这些概念构造一个哲学体系的愿望。当然，这并不意味着他的哲学思想不成系统。

在他看来，从事哲学思想，在很大程度上和阅读古典大哲人相关，阅读古典大哲人（特别是柏拉图和亚里士多德），就是在经验原初的哲学思想。当然，从逻辑上说，我们完全可以不借助比如柏拉图或亚里士多德，而就像柏拉图或亚里士多德一样，直接面对原初的经验进行哲学思考，经历他们曾经历过的从前科学经验到科学、从洞穴中上升到洞穴外的过程。但是，作为现代人的我们已经处身于各种现代的意见洞穴中，这洞穴可能是亚里士多德科学的文化演变的结果，但这意味着，相对于柏拉图或亚里士多德所由以出发的前科学意见洞穴，我们竟然处在洞穴之下的又一层洞穴，为了经历柏拉图或亚里士多德的从洞穴中上升的历程，我们竟然首先需要冲决这又下一层的洞穴②。这么说来，"比柏拉图自己更好地理解柏拉图"，不过是现代人在现代意见洞穴中坐井观天的自负诳语，真正的、更艰巨的任务则是，如柏拉图理解柏拉图自己一样地理解柏拉图。在这一点上迈出开创性第一步的是海德格尔，海德格尔将现象学"走向事情本身"的座右铭表述为："让那显现者，正

---

① ［美］施特劳斯：《理性与启示》，载刘小枫编：《苏格拉底问题与现代性——施特劳斯讲演与论文集》卷二（增订本），华夏出版社 2016 年版，第 242 页。

② 参见［美］施特劳斯：《哲学与律法》，黄瑞成译，华夏出版社 2012 年版，第 8 页。

如其从其自身所显现的那样，从其自身得到观看"①。在海德格尔看来，哲学最重要的"存在问题"，即理解"存在"的任务，其事情本身，就是对存在的原初经验。在这里，亚里士多德是个至关重要的枢纽：亚里士多德是对存在的前科学原初经验的第一次科学化（理论化、概念化），也是对这前科学原初经验的第一次科学地歪曲化。所以，原初的哲学工作，本原地搞哲学，赢回对原初经验的哲学思想，是一体两面的工作：一方面，是对人之基本存在的现象学描述；另一方面，就是阅读、拷问亚里士多德，呈现出亚里士多德对原初存在经验的把握以及歪曲，进而展现由他开启的对存在的遗忘。这个工作，就是"解构"。所以我们看到，海德格尔曾经计划的雄心勃勃的《存在与时间》第二部，就是对整个形而上学史（亚里士多德、中世纪、笛卡尔、康德）按逆向顺序进行解构，解构的线索，其出发点和目的，都是海德格尔先知式的对存在的原初体验——存在的历史—时间之维！在施特劳斯看来，这恰恰是对古代存在经验的彻底背叛，在披着回归古典的外衣下从古人那里赢回的，恰恰是现代性的顶峰：最彻底的历史主义。"现代思想在最彻底的历史主义，也即，在明确谴责永恒观念直至遗忘中，达到其巅峰和最高的自我意识"②。第二重洞穴，是一个形象化的说法，它提醒我们真正回归古典哲学，与古典大哲人一起爱智（philosophize），有多么困难！施特劳斯的著述向我们展示了，他如何在阅读那些经典的大书。阅读那些经典的大书，不是出于任何好古的癖好，而是应对现代性的方式，为此，他刻意避免了现代德国哲人的体系癖，规避了现代"理性的建构"。

　　施特劳斯以这种方式著述，不仅仅是回应时代的问题，还有更切近学人生存（ontisch-existenziell）的考量，是典型的"为己之学"。施特

---

① Martin Heidegger, *Sein und Zeit*, Tübingen：Max Niemeyer, 2001, S.34. 中译第一版《存在与时间》，陈嘉映等译，三联书店 1987 年版，第 43 页。

② ［美］施特劳斯：《什么是政治哲学?》，李世祥等译，华夏出版社 2011 年版，第 46 页。

劳斯显然会同意这样的说法："'西方的没落'并非指政治—经济实力衰退或昌盛景象不再，而是西方文明的灵魂沦落：有德性的智识丧失了声誉，人们不再用智识去区分明智与愚蠢、正确与错误、美好与丑恶、高贵与低贱，反倒纷呈其才智，以混淆甚至抹杀德性差异为尚"①。对此，施特劳斯抗争终生，以复原苏格拉底式的哲学生活为己任！复原苏格拉底式哲学生活，这便在某种程度上超过了哲学研究，超过了"柏拉图式的政治哲学研究"之题的应有之义，而是指向了历史与经学，追寻史上曾经确实生活过的苏格拉底。《苏格拉底与阿里斯托芬》（1966）是施特劳斯生前出版的倒数第三部专著（1968年的《古今自由主义》是文集），在引言中，他似乎在说追寻真实的苏格拉底的必要性，似乎意指，在这一点，色诺芬高于柏拉图，他谈到了柏拉图与色诺芬的区别：

> 柏拉图的对话录将苏格拉底"理想化"了。柏拉图从来没有保证，他笔下的苏格拉底谈话是真实的。柏拉图不是一位史家。苏格拉底同代人中唯一的史家是色诺芬，我们要了解苏格拉底，就必须依赖色诺芬的作品……他至少保证其笔下的苏格拉底谈话的部分真实……我们要了解苏格拉底，第一手资料就是色诺芬的苏格拉底作品。②

于是，施特劳斯身前出版的最后两本专著，就是细读色诺芬的苏格拉底作品（《色诺芬的苏格拉底言辞：〈齐家〉释义》，1970年；《色诺芬的苏格拉底》，1972年）。

---

① 刘小枫选编：《西方民主与文明危机：施特劳斯读本》，华夏出版社2018年版，"编者说明"第2页。
② ［美］施特劳斯：《苏格拉底与阿里斯托芬》，李小均译，华夏出版社2011年版，第2页。

三、立　场

　　施特劳斯的哲学立场，很难按照教科书的标准归类。但是可以肯定地说，他的立场在 20 世纪主流的哲学立场之外，甚至可以断定，他反对、批判 20 世纪哲学主流。

　　学过一点现代西方哲学的人大概都能说得出，20 世纪西方哲学主要有两大思潮，就是流行于英美的科学主义思潮与流行欧陆的人文主义思潮①。这一说法如此流行，以致我们无从查考这一说法的最初起源。英美影响最大的哲学流派，主要是逻辑实证主义以及分析哲学各派，欧陆影响最大的哲学流派，则非现象学—存在主义莫属。一般说来，英美主流的分析哲学反对传统的形而上学问题，强调经验的重要性，致力于逻辑分析、语言分析，它反对像传统形而上学那样给人们提供一套世界观，认为首先要清除传统哲学中的概念模糊和推理混乱，以便为科学命题提供清楚的意义。英美主流的哲学是非常学院派的，没有受过专业训练的人很难知道它在讨论什么，它有意屏蔽世界观与人生观问题，而普通人的普通生活却总是离不开世界观与人生观的，其实哲学家们自己也是如此，在离开学院办公室之后，他们自己也成了普通人，于是，学问和人生，常常方便地倾向于流行的政治正确：科学与民主！比较起来，欧陆的人文主义哲学似乎要深刻得多，它常常是保守的，质疑科学和进步的信念，甚至很多时候是反民主的，人文主义的深刻性在于它有深刻的"历史意识"，它的代表海德格尔，经常被看作 20 世纪最伟大的哲

---

① 参见刘放桐：《新编现代西方哲学》，人民出版社 2000 年版；赵敦华：《现代西方哲学新编》（第二版），北京大学出版社 2014 年版；［美］D.J.奥康诺：《批评的西方哲学史》，洪汉鼎译，东方出版社 2005 年版；［美］T.洛克摩尔：《在康德的唤醒下：20 世纪西方哲学》，徐向东译，北京大学出版社 2010 年版。

学家，没有之一。

施特劳斯很少在总体上指点当代的哲学思潮，他的视角是他从事的专业：政治哲学，只有一个场合例外，那就是他受命谈论现代性，谈论"我们时代的危机"时。然而，我们时代的危机或者说现代性的危机，在施特劳斯看来，就是"政治哲学危机的后果之一"，它"溯源于""原本是现代政治哲学的危机"①。由斯宾格勒《西方的没落》（1919）所指证的西方现代性的危机，在施特劳斯看来，大约有两层含义：一、"现代方案"的颠覆，二、人的价值的颠覆。

现代政治哲学设计的现代方案，已经在相当程度上取得了成功，它创造了一种史无前例的新型社会。我们时代的危机在于，我们不再相信它：

> 西方的危机在于，西方事实上已经不能确信自己的目标。西方的目标曾经是一个普遍的社会：一种由诸平等民族构成的社会，各民族又由自由平等的男人和女人组成，所有这些民族都可以借助科学提高自己的生产力，从而得到充分的发展。人们认为，科学在本质上有助于增强人的力量，并改善人的境况（relief of man's estate）。科学会带来普遍的富裕。在那种状态下，没有谁会再觊觎其他人或其他民族。普遍的富裕会带来普遍的且完全正义的社会，就像一个完全幸福的社会。②

在第一次世界大战之前，人们普遍相信这套现代方案，然而，"一战"的爆发打破了人们的这种乐观主义信念，打击随之而来："二战"、

---

① 刘小枫选编：《西方民主与文明危机：施特劳斯读本》，华夏出版社 2018 年版，第 3、21、39 页。

② 刘小枫选编：《西方民主与文明危机：施特劳斯读本》，华夏出版社 2018 年版，第 4—5 页。

冷战。20世纪末冷战的结束，曾经使西方有些知识人一时间似乎预感到自由民主制在世界范围内的胜利，重振了对普遍社会的信心①，然而，21世纪里的新趋势，恐怖主义的兴盛以及中国的崛起，等等，让西方有识之士坚信，比意识形态冲突更根本、更持久的，是宗教、文化的冲突②。正像施特劳斯早就断言的："在可预见的将来，政治社会仍然会像过去一样，仍然是一种个别的或特殊的社会，其最紧迫的首要使命是自我保存，其最高的使命是自我发展"③。"西方出于同一种经验既怀疑世界社会的有效性，也怀疑这种信念——相信富裕是幸福和正义的充分甚至必要条件之一。富裕治愈不了那些根深蒂固的恶。"④ 现代方案的设想，来源于人们对哲学或科学本质的重新设想：科学本质上有助于增强人的力量，改善人的境况，也就是服务于人类力量，自从第一颗原子弹爆炸以来，这一信念越来越被当作一个错觉⑤。

"西方的危机在于西方渐渐不再确信自己的目标"⑥，现代方案逐渐失信。现代方案起源于现代政治哲学，即16、17世纪出现的那种政治

---

① 参见 ［美］弗朗西斯·福山：《历史的终结及最后之人》，黄胜强等译，中国社会科学出版社2008年版。

② 参见 ［美］塞缪尔·亨廷顿：《文明的冲突与世界秩序的重建》，周琪等译，新华出版社1998年版、2018年修订版。

③ 特朗普主义自觉地认可这一现实，并把它当作一种信念来践行，这无疑是反对现代方案的普遍社会信念的、对于那些仍然坚信现代性理念、仍然试图坚持美国价值普世性的自由民主派人士来说，这当然让人绝望。

④ 刘小枫选编：《西方民主与文明危机：施特劳斯读本》，华夏出版社2018年版，第10—11页。

⑤ 现代对哲学或科学本质的重新设想，使其远离沉思而定向于行动，科学越来越技术化。科技仿佛有魔力，越来越倾向于发展出自主的目的，超出对人类福祉的服务。近来人工智能飞速发展，不同于自动化（它只是实现人类设定的目标），它能发展出以前认为只是人类才具有的能力，能够为自己确定目的，可怕的是，这却是基于数据和算法，这个全新的机器的世界有自己的目的，它却不能也不会对自己的目的给出任何解释。参见亨利·基辛格："从哲学和理性上说，人类社会对人工智能的兴起毫无准备"，［Online］Available：http：//36kr.com/p/5134815.html？ktm_ source＝feed（December 10, 2019）。

⑥ 刘小枫选编：《西方民主与文明危机：施特劳斯读本》，华夏出版社2018年版，第7页。

哲学，现代政治哲学的最终结果就是政治哲学概念自身的解体①。现代性的这个历程，施特劳斯有个判断："现代性的三次浪潮"。

西方现代性的危机或没落，"在某种意义上说是人的最后没落"②，它表现或者说存在于这样一宗事实中：

> 现代西方人再也不知道想要什么——他再也不相信自己能够知道什么是好的，什么是坏的，什么是对的，什么是错的。寥寥几代之前，人们还普遍确信，人能知道什么是对的，什么是错的，能够知道什么是正义（just）或者好的（good）或者最好的（best）社会秩序——一言以蔽之，人们普遍确信，政治哲学是可能的，也是必要的。在我们的时代，这个信念已经回天乏力了。按照占支配地位的观点，政治哲学是不可能的：它只是一个梦想。③

现代性不仅仅是西方的事，它越来越成为中国的目标与现实。施特劳斯并不了解东方或中国，不过他的判断是："可中国正屈服于西方理性主义"④。而现代性的危机恰是现代理性主义的危机，相信理性权力的现代文化不再相信理性能够确证其最高目的⑤。在日趋后现代和飞速网络化的今天，施特劳斯关于危机和人的没落的论断，与我们的现实完美贴切。今天，鉴于人们理智的诚实，使用"真理"一词甚至常常激起的是良知上的反感，"好人"常常不是一个夸赞之词而只意味着嘲笑

---

① 参见刘小枫选编：《西方民主与文明危机：施特劳斯读本》，华夏出版社 2018 年版，第 3—4 页。

② 刘小枫选编：《西方民主与文明危机：施特劳斯读本》，华夏出版社 2018 年版，第 4 页。

③ 刘小枫选编：《西方民主与文明危机：施特劳斯读本》，华夏出版社 2018 年版，第 38—39 页。

④ ［美］施特劳斯著、［美］潘戈编：《古典政治理性主义的重生——施特劳斯思想入门》（重订本），郭振华等译，华夏出版社 2017 年版，第 88 页。

⑤ 参见刘小枫选编：《西方民主与文明危机：施特劳斯读本》，华夏出版社 2018 年版，第 39 页。

与挖苦，我们早已对优美与崇高说拜拜，代替"美"的是"酷"和"爽"，代替"幸福"的是"成功"。对美国制度的崇拜激情已然消退，原因却是因为"老子阔了"而滋长起来的自负感。我们以实际行动践行着施特劳斯对西方的论断：我们不需要政治哲学，政治哲学是不可能的①。

　　总之，施特劳斯认为，现代性的危机就是政治哲学的危机，政治哲学的危机在于：政治哲学本身已不再可能。以政治哲学的危机为焦点，施特劳斯放眼当代哲学思潮：

　　　　科学和历史，现代世界的两大力量，最终成功地毁灭了政治哲学存在的可能性本身。
　　　　今天的西方世界……有两股公认为权威的力量，人们可以称之为实证主义和历史主义。②

　　可见，关于政治哲学的自我瓦解，施特劳斯将矛头直指当今西方的

---

①　人们或许要针锋相对地指出伯林和罗尔斯在中国大受欢迎的例证。关于伯林的自由主义，施特劳斯已专文论断为"相对主义"。关于罗尔斯，虽然他成功地使"政治哲学"一词大兴于世，并被很多人誉为当今时代重要性堪比霍布斯、洛克的政治哲学大家，不过，通过论证为道德与政治领域寻求诸原则的共识，这并不是施特劳斯所说的政治哲学，它与其说复兴了政治哲学，不如说见证、确证了政治哲学的消亡，关于这一点，笔者将另有专文论述。

②　施特劳斯曾说："除了新托马斯主义与或精致或粗糙的马克思主义，现在已经不再有什么哲学立场存在了。所有理性的自由哲学立场全都丧失了其重要性与力量"（《古典政治理性主义的重生——施特劳斯思想入门》（重订本），郭振华等译，华夏出版社2017年版，第72页）。关于新托马斯主义，施特劳斯指出，虽然"政治哲学只有在托马斯主义那里还香火未断"，但是它未必就是理性的哲学立场，"因为它让人怀疑，支撑这种政治哲学的可能是基督教天主教派的信仰，而不是人类的理性"（刘小枫选编：《西方民主与文明危机：施特劳斯读本》，华夏出版社2018年版，第16、22页）。施特劳斯认可马克思主义所坚持的理性立场，但对它的自由王国提出强烈质疑，施特劳斯所评述的是西方马克思主义以及苏联的马克思主义（《古典政治理性主义的重生——施特劳斯思想入门》，郭振华等译，华夏出版社2017年版，第60—63页；刘小枫选编：《西方民主与文明危机：施特劳斯读本》，华夏出版社2018年版，第25、53页）。

两大哲学主流。科学主义的哲学思潮，是当今世界表面上最为强大的西方学派，施特劳斯用的词汇是实证主义①。

四、现 代 性

施特劳斯概括道："根据实证主义的观点，只有现代自然科学所定义的科学知识才是真正的知识"②。"科学的"政治科学指的是什么呢？它自视为获得政治事务真正知识的唯一方式，"它指明对政治事务的这类探究要受自然科学模式的引导，它指明此类工作要由政治科学系的成员进行。""正如只有当人们从徒劳的思辨转向经验性和实验性的研究时才开始形成关于自然事物的真正知识，关于政治事务的真正知识也只有当政治哲学完全让路于政治的科学研究时才开始形成。"施特劳斯断言：

> "科学的"政治科学实际上与政治哲学水火不容。③

但是，在原初的意义上，政治科学与政治哲学其实完全相同，正如科学并不分离于哲学。政治哲学试图理解政治事务的本性，这意味着必须掌握政治的知识，实际上，"至少每个心智健全的成年人都掌握一定程度的政治知识"。"普通人的政治知识当然比不上有着长期丰富政治阅历且极富才智的人。在阶梯的顶端，我们发现伟大的政治家掌握着最

---

① 〔美〕施特劳斯：《什么是政治哲学?》，李世祥等译，华夏出版社 2011 年版，第 9 页；刘小枫选编：《西方民主与文明危机：施特劳斯读本》，华夏出版社 2018 年版，第 21 页；《古典政治理性主义的重生——施特劳斯思想入门》（重订本），郭振华等译，华夏出版社 2017 年版，第 63 页。

② 刘小枫选编：《西方民主与文明危机：施特劳斯读本》，华夏出版社 2018 年版，第 21 页。

③ 〔美〕施特劳斯：《什么是政治哲学?》，李世祥等译，华夏出版社 2011 年版，第 5—6 页。

高程度的政治知识（knowledge）、政治理解力（understanding）、政治智慧（wisdom）以及政治技巧（skill）：这是原初意义上的政治科学（politikē epistēmē）一词的含义所在"①。可见，原初意义上的政治科学，就是政治哲学。

其实，在 19 世纪之前，人们都并不熟知科学与哲学的区分，直到那时，自然哲学与自然科学，政治哲学与政治科学，道德哲学与道德科学等等都是等值的表述。现代方案最初是由哲人们设计的，当他们为现代性工程奠基时，他们理所当然地认为哲学与科学完全相同。

施特劳斯把现代性的源头追溯到马基雅维利。马基雅维利自比发现了新大陆与海洋的哥伦布，认为自己走了一条前人从未走过的道路，从而为人类发现了新的风尚与秩序。

在《君主论》中，马基雅维利这样表述了他的写作意图：

> 我的目的是写一些东西，即对那些通晓它的人是有用的东西，我觉得最好论述一下在实际上的真实情况，而不是论述事物的想象方面。许多人曾经幻想那些从来没有人见过或者知道在实际上存在过的共和国和君主国。可是人们实际上怎样生活同人们应当怎样生活，其距离是如此之大，以至一个人要是为了应该怎么办而把实际上是怎么回事放在脑后，那么他不但不能保存自己，反而会导致自我毁灭 …… 一个君主如果要保持自己的地位，就必须学会如何变得不善，并且学会视情况需要而使用或不使用善良。②

马基雅维利批判在他之前的所有古典作家的理想主义，要代之以现

---

① ［美］施特劳斯：《什么是政治哲学?》，李世祥等译，华夏出版社 2011 年版，第 6 页。原初意义上的政治科学意指政治的"知识""理解力""智慧""技巧"，这四个词汇严格对应希腊语的 epistēmē、nous、phronēsis、technē，它们属于亚里士多德《尼各马科伦理学》第 6 卷所谈论的真理的五种形式，我们持续在"西方政治哲学研究"课中研读这一文本。

② ［意］尼科洛·马基雅维里：《君主论》，潘汉典译，商务印书馆 1985 年版，第 73—74 页。

实主义。马基雅维利绝不是没有理想与抱负的，事实上他的抱负无比巨大，他立志，要保证理想一定能够实现，为此，他的结论是：理想必须出自而不能超越现实，目光不要放在人应该怎样生活，而要盯准人实际怎样生活，通过认识实际政治之道，为政治生活提供指导，为政治实践提供切实可行的理想或目标，一句话，现实的才是理想的，政治的理想就在政治本身。马基雅维利是我们现在熟知的一个信念的始作俑者："理论如果不能变成现实，毫无用处"！马基雅维利拒斥整个哲学与神学的传统，认为它们都是借助一种想象的完善状态，借助想象出来的共和国与君主国来理解政治事务，这种乌托邦根本不足以指导人们的政治生活。从人实际上如何生活开始，就是要把目光降下来，立于现实的视界。马基雅维利重新解释了道德德行（virtue）：政治生活本身并不受制于德性，国家绝非为了德性而存在；相反，在政治社会之外，德性不可能存在，德性仅仅为了国家的缘故才存在，它依赖于社会，为社会的需求所支配，不具有除了政治社会需要之外的任何其他源泉。抛却德性对政治的羁绊，政治问题的解决成为有保证的，因为：首先，目标降低了，目标要与大多数人实际所欲求的相协调；其次，目标的实现也不像传统的理想那样需要依靠机运，因为机运是可以控制、驾驭的，政治的质料或者说人是免不了邪恶的，但是在人身上没有什么邪恶是不可控制的，所需要的并非神恩，或者德性或品格的塑造，而是细密精巧的制度设计，基本的政治问题仅仅是一个"人实际能够建立的国家之良好组织"的问题。简单地说，马基雅维利的路线是：抛弃理想主义、回到现实、降低标准、控制机运、设计制度、塑造人性。这一路线体现的是：马基雅维利所开创的现代性的根本精神气质。

施特劳斯仔细思考了马基雅维利，他得出的结论是：马基雅维利所揭示并因之而闻名的带有根本重要意义的道德与政治现象，没有一个不是为古典思想家（柏拉图、亚里士多德、色诺芬）所充分知晓的，视野的令人惊叹的缩窄，对于马基雅维利及其后继者们，却显得是令人惊奇的扩大①。

　　施特劳斯呈示了古典学说与马基雅维利的不同视野。古典学说根据人的最高德行或完善，即哲人的或沉思的生活，来理解道德政治现象。对政治问题的各种解决办法，可以使社会的公民完全满意，却不足以满足甚至必定忘却人类的最高程度的完善。要理解这一点，我们需要两个关键词：一是等级秩序，一是超越性，都与人类的灵魂相关。古典学说有着根深蒂固的等级观念，德性，意味着人的灵魂的等级秩序，这是一种自然的秩序，这个秩序的最高端，是像神一样的、纯粹思想的、沉思的灵魂，人的最高的德性，就是沉思。理论高于实践。哲学生活超越城邦生活，哲学生活有自身的目的，它不是服务于城邦生活的，它揭示出城邦生活的界限。最好的政制，最好的城邦，应该是对哲学敞开大门的，而城邦本身，作为一个整体的民众（demos），必定向哲学关闭大门，它不愿意尊重哲学，也无能力尊重哲学，一个城邦，必然是柏拉图笔下的洞穴。城邦的民众或公民与哲学家之间，隔着一条不可逾越的鸿沟，因为他们各自的终极目标大相径庭。最好的政制当然是崇高的，它是容得下哲学生活甚至是由哲学来安排的，正因为如此，它就不大可能成为现实，除非有偶然的机运。

　　马基雅维利的哲学思考，停留在向哲学关闭大门的典型城邦的界限内，他全盘接受城邦民众的终极目标，他所追求的，就是有利于实现那些终极目标的最好手段。通过他的努力，哲学消除了与城邦之间的隔膜，成为一个健康有益的事业。他实现了哲学观念的一个具有决定性意义的转变：

---

① 参见［美］施特劳斯：《关于马基雅维里的思考》，申彤译，译林出版社2003年版，第472—473页；刘小枫选编：《西方民主与文明危机：施特劳斯读本》，华夏出版社2018年版，第255页；《什么是政治哲学？》，李世祥等译，华夏出版社2011年版，第34页。

> 哲学的目的，是缓解人的境况，或增进人的力量，或者把人引
> 向理性的社会，这理性社会的纽带与目的，是每个成员经过启蒙的
> 自利或者舒适的自我保存。①

这个新的哲学观，把"洞穴"变成了"实体"（substance），其定位不再是人应该怎样生活而是人实际怎样生活，它蔑视对想象中的共和国与想象中的君主国的关切，它只承认"低下然而坚固"的标准，根据下—人类（sub-human）而非超—人类（super-human）来理解人。这样，它所设计的好社会，就在任何时候任何地方都是可以通过人们的努力来实现的，而不像古典的"乌托邦"更多依赖于机运。机运是可以征服的，只要具有足够头脑的人们明智地使用必要的强力，就可以把最败坏的人民、最败坏的质料，转化成非败坏的、好的。正是在这一点上，新的哲学观仿佛打开了新的洞天，视野仿佛令人惊奇地扩大了。

要理解新哲学观开辟的新境界，必须联系到古今政治哲学所根基的更广阔的理论基础，即自然观（physiologia）。在古代，占统治地位的自然观是目的论的，它为政治哲学的思考提供了一个自然的标准，柏拉图和亚里士多德对最佳政体的追求，据说依据的是自然的目的，是人的自然的要求，即灵魂的自然的等级秩序、德性的完善。在古代，当然也有非目的论的自然观，比如伊壁鸠鲁的，但是伊壁鸠鲁并无政治哲学，他不追求最佳政体。马基雅维利固然没有专门批判古典的自然观，但是他假定古典的目的论自然观是站不住脚的，在马基雅维利的新政治科学与在其身后时代才发生的新自然科学之间，存在着一种隐秘的血缘关系，后者的精神气质，是马基雅维利奠定的②。古典的自然观总是从属

---

① ［美］施特劳斯：《关于马基雅维里的思考》，申彤译，译林出版社 2003 年版，第 474 页。
② 参见［美］施特劳斯：《什么是政治哲学？》，李世祥等译，华夏出版社 2011 年版，第 38 页；刘小枫选编：《西方民主与文明危机：施特劳斯读本》，华夏出版社 2018 年版，第 44—45 页。*Leo Strauss*, *Plato's Apology of Socrates and Crito*（1966），*The Leo Strauss Transcript*，Chicago：Estate of Leo Strauss，2016，pp.8–12.

于各种派别的哲学，它们互相矛盾，让人莫衷一是，现代科学力求崭新的自然观，它找到的榜样是数学，在哲学或形而上学上中立的数学，借助数学的模式，现代物理学成就了其非目的论的自然观。自然不再是一个有目的的体系，不再有自身的目的与秩序，自然只是一堆有待赋予"形式"的"质料"或"物质"。我们看到，早在马基雅维利这里，鉴于人类依据自然并没有注定朝向固定的目的，他因此就似乎是无限可塑的，鉴于人类依据自然并没有注定朝向善好，或者说，他只有通过强制才能变成好的，那么，文明教化，或使他成为好人的活动，就只能是人对自然所作的反叛，在人身上的人性，看来似乎是存在于自然之外的某个阿基米德支点上。这一支点，就是后来哲学所说的"自由"。确实，人们可以争辩说：自由，其实也是整个自然的一部分，是人之自然，但是毫无疑问的是，它完全挣脱了早先的自然秩序。马基雅维利奠定了对自然的新态度，就是：不存在自然的标准。如果我们毕竟需要一个标准的话，那就是后来康德明确表明的：脱离了自然之监护的"自由"或者"理性"。

与新的自然观并生的是新的科学观。强调一下，直到16、17世纪时，科学知识仍然等于哲学知识。鉴于自然失去了目的，不再是秩序和标准，知识也获得崭新的理解，最高的知识不再是沉思的、静观的，知识不再从根本上被理解为接受性的，知性的主动权在人这边，不在宇宙秩序这边了，因为不再有宇宙的秩序了。为了寻求知识，人将自然传唤到理性的法庭，用培根的话说，"审问自然"，人的知性为自然立法，人的权柄之大超出了前人的想象，人不仅能够把糟糕的人类质料改造为好的，或者掌握机运，甚至可以说，一切真理与意义都出自于人，因为它们并不存在于独立于人的宇宙秩序中。知，不再是静观，而是一种做。诗，不再是摹仿或再生，而是创造。"知识就是力量"，表达了哲学或科学的新目的：为了力量，为了缓解人的境况，为了征服自然，对人类生活的自然条件进行最大程度的系统控制。征服自然，意味着自然是敌人，是一种要被赋予秩序的混沌，一切好东西都归因于人的劳动而非自然的馈赠，因为自然只不过提供了几乎毫无价值的物质材料①。新的自然观与科学观，体现的是新精神，马基雅维利的精神气质。"那能够改造政治质料的头脑，不久就学会思考改造一切质料或者征服自然了"②。

对新的自然观与科学观的辨析，有助于我们理解近代唯物主义与唯心主义哲学的关联。对目的论自然的拒斥，是近代唯物主义哲学的基础，也是唯心主义哲学的前提，正是对自然的新理解，要求哲人诉诸自然之外的阿基米德支点。施特劳斯说，"'唯心主义'的自由哲学补充了'唯物主义'哲学并使后者变高贵，恰恰在否定后者的行动中，它以后者作为先决条件"③。

马基雅维利的新精神也照亮了在其身后发生的道德哲学与政治哲学的变革。遵照马基雅维利的方针，霍布斯找到了人最"低下然而坚固"的激情：自我保存的激情，显然，在这一基本的激情下，人并不是社会的动物，关于人自然地具有社会性的传统观点被抛弃了，然而，霍布斯和洛克都继续坚持人是理性的动物。人进入社会之前的前社会状态，被称为自然状态，自然不复具有古典的意义。在这一状态下，人的理性算计只足以维持人之间的野兽状态，并不能有效地进行自我保存，在这一状态下的人并不是真正人的状态，毋宁说是动物状态，因此，这所谓自然并不能为人的生活提供标准。标准在自然之外，理性或自由，这是在自然之外、区别于自然的阿基米德支点。脱离了目的论自然的理性，这是我们理解现代自然状态理论的关键，它马上就会带领人走出自然状态。自然不再有目的，不再是对人的自然的规定或限定，或者说，根本谈不上有人的自然，于是，人取代了自然。进一步，那规定人的法也不

---

① 参见刘小枫选编：《西方民主与文明危机：施特劳斯读本》，华夏出版社 2018 年版，第44—45 页。
② ［美］施特劳斯：《关于马基雅维里的思考》，申彤译，译林出版社 2003 年版，第476 页。
③ ［美］施特劳斯：《关于马基雅维里的思考》，申彤译，译林出版社 2003 年版，第 475 页。

再存在，权利取代了法，这是理性对人的设定、塑造的第一步，其实，鉴于人脱离了原先固有的自然与目的，理性就可以无限制地塑造人。人具有无限的可塑性，所以，我们不可能知道进步尤其是社会进步的界限。人的无限可塑性和进步的观念，是康德对我们的明确教导，它却是马基雅维利新精神的发扬。

到康德的时代，人们仍然没有像现在这样区分哲学与科学，这在其巨著的献词中清晰地体现出来，不过，康德已经绝对清晰地看到了自然科学与哲学（形而上学）的不同境况：自然科学已经被理性"带上了一门科学的可靠道路"，形而上学却仍然"还是一个战场"。康德总结了伽利略、牛顿以来的自然科学的巨大成功，那是脱离了自然监护的理性之功：

> ［理性］走向自然，虽然是为了受教于自然，但却不是以一个学生的身份让自己背诵老师希望的一切，而是以一个受任命的法官的身份迫使证人回答自己向他们提出的问题。这样，甚至物理学也应当把它的思维方式的这场如此有益的革命归功于这样一个灵感，即依照理性自己置入自然之中的东西在自然中寻找（而不是为自然捏造）它必须从自然学习、而且它本来可能一无所知的东西。由此，自然科学才被带上了一门科学的可靠道路，而它在这之前曾历经的许多个世纪，却无非是来回摸索。①

康德的哲学志向是使哲学形而上学像自然科学那样走上一条可靠的道路，他再清晰不过地表达了我们现在所谓的科学主义原则：数学、自然科学那样的科学是真正的科学，是科学的模范。但他比当今的科学实证主义更深刻的地方在于他认识到：数学、自然科学之所以可能，以及

① 参见［德］康德：《纯粹理性批判》（《康德著作全集》第3卷），李秋零译，中国人民大学出版社2013年版，第9页。

未来形而上学之可能，都依据人类思维方式的哥白尼式革命，即，以自由的理性，一切给定之物之外的阿基米德支点为中心。康德称之为"灵感"，这是马基雅维利的灵感。

在康德之后，自然科学继续在增进人的力量方面突飞猛进，形而上学却不幸继续是"尸横遍野的战场"，理性逐渐失去了声誉，科学与哲学分离了。科学实证主义经过从孔德到韦伯的发展①，自觉抛弃了哲学传统上的"价值关切"，最终确立了事实与价值的区分原则。这一区分真正想说的其实是：任何目的都值得辩护，一切价值都是平等的。相对主义，正是西方的危机在智识上的突出体现。施特劳斯说，其实，"人们很容易证明当今社会科学的这一基本前提站不住脚"，在政治生活中的"公民并不做这种事实—价值区分"，"公民对政治事务的理解同事实与价值的区分毫无关系"，"只有当公民对政治事务的理解被具体的科学理解所取代时，事实与价值的区分方显得必不可少"。为了理解科学的理解，我们必须返回前科学的、常识的、公民的理解，这意味着我们有必要返回政治哲学的源头——亚里士多德的政治科学②。

现代性的核心，就在于祛除自然的目的（或用韦伯的话说："迷魅"），在自然之外，发现自由的理性。"在既定的一切之外发现那个阿基米德支点，发现一种根本的自由，保证了对既定的一切的征服，从而也摧毁了在哲人与非哲人之间的根本区分的自然基础"③。在抛弃了古典的超越视野后，现代哲学的视野却仿佛开出了新境界：哲人不再有在

---

① 参见施特劳斯在很多场合谈到了科学实证主义的历史，比较详细的解读见于他 1965 年的讲课"政治哲学引论"：Leo Strauss, *Leo Strauss on Political Philosophy*：*Responding to the Challenge of Positivism and Historicism*，ed.Catherine Zuckert, Chicago and London：University of Chicago Press，2018，pp.5-120。

② ［美］施特劳斯：《政治哲学的危机》，载刘小枫编：《苏格拉底问题与现代性——施特劳斯讲演与论文集》卷二（增订本），华夏出版社 2016 年版，第 351 页。施特劳斯关于亚里士多德《政治学》的讲座记录，已编辑出版，见［美］施特劳斯：《古典政治哲学引论：亚里士多德〈政治学〉讲疏（1965 年)》，娄林译，华东师范大学出版社 2018 年版。

③ ［美］施特劳斯：《关于马基雅维里的思考》，申彤译，译林出版社 2003 年版，第 476 页。

非哲人之外的目的，其目的就是人境况的缓解、力量的增进，对自然的征服和控制，政治社会或国家也成为人的技艺之作，人类社会将因自由理性的塑造而无限发展，最终消除一切必然性（或自然）的限制，而这一切的实现需要哲学在非哲人中的广泛传播、启蒙，哲学的最高意义不再是理论或静观，而就在于实践。古典的哲学观头脚颠覆了。施特劳斯说："在康德关于实践即道德理性之优先性的学说中，新观念达到了极致"，"如果我们把认为道德或道德德性至高无上的观点称作道德主义的话，我怀疑，道德主义在古代压根儿是否存在过"①。

五、历　史

在当今摧毁政治哲学的两股力量中，科学实证主义力量更大，历史主义则是更严肃的对手。历史主义在当代哲学中的最高形式是海德格尔的哲学。

倘若自然是标准，便绝不可能出现历史主义的观念。只有在自然法遭到摒弃之后，才有可能出现历史主义。"自然绝对不是标准。这是历史意识的必要条件，尽管不是充分条件"②。康德确立了对纯粹理性的信仰，确立了自由理性的标准。问题是：为什么这正确的理性标准，只有到了这时，到了18世纪后期才被认识呢？答案只能是：理性，只有在经历了长期的从自然羁绊中解放的历程、启蒙的历程，才发现了这正确的标准。正确的理性标准变得为人所知，只是一个持续的历史过程的结果。现在，比如说在1800年，正确的标准被认识了，这就是说，历

---

① ［美］施特劳斯、克莱因：《剖白——施特劳斯与克莱因的谈话》，载刘小枫编：《苏格拉底问题与现代性——施特劳斯讲演与论文集》卷二（增订本），华夏出版社2016年版，第497页。

② ［美］施特劳斯：《苏格拉底问题》，载刘小枫编：《苏格拉底问题与现代性——施特劳斯讲演与论文集》卷二（增订本），华夏出版社2016年版，第458页。

史的进程在一个决定性的方面完成了，因为，如果我们完全清晰地认识到了正确的标准，剩下的任务就只是把它们付诸实践，不管这需要多少个世纪，而至于在人类的心灵方面，我们只要愿意就一定能认清它们。我们高坐在世界的顶端。在康德之后不久，黑格尔说：个体"是其时代的儿子"，只要他是理性时代的儿子。历史意识、历史主义的兴起，与对理性主义的信仰的根据有关①。

施特劳斯晚年（1970）在圣约翰学院有一个题为《苏格拉底问题》的演讲，从根据录音和手稿整理的文本来看，其中超过 2/3 的篇幅谈论的都是尼采和海德格尔，只有最后不到 1/3 谈论色诺芬的苏格拉底。尼采所谓的苏格拉底问题，在于苏格拉底是理性主义的始作俑者，而以往的一切哲人缺乏根本的历史感。尼采终生受苏格拉底吸引，他把苏格拉底渲染成"所谓世界历史唯一的转折点与旋涡"。尼采对苏格拉底问题的关切，不仅仅是理论上的，而是事关欧洲和人类的未来。在尼采眼中，人类迄今的最高峰是在古希腊悲剧尤其是埃斯库罗斯悲剧中表达出来的生活方式，苏格拉底则拒绝并摧毁了对世界的"悲剧式"理解。尼采在苏格拉底的辩证术中看到了低贱者和颓废者的伎俩，它是对古代健康本能和高贵性情进行报复的有效手段。苏格拉底是第一个理论人，科学精神的化身，"在苏格拉底身上，第一次出现了对自然的可理解性和对知识的普遍疗救作用的信仰"②，他是理性主义的原型，因而也是乐观主义的原型，理性主义是乐观主义的，因为它不仅相信自然是可认识的，而且相信此世可以被造就成最好的世界，因为科学可以认识并利用自然之力，理性和科学本质上是有益的，其力量是无限的，它是取代神话中活生生的诸神的救场之神。理性主义的前提是相信善的原则的至

---

① 对历史主义的哲学史梳理，参见 William A.Galston, *Kant and the Problem of History*, Chicago and London：The University of Chicago Press，1975。关于历史主义的起源，参见刘小枫编：《从普遍历史到历史主义》，华夏出版社 2017 年版。

② ［美］施特劳斯：《苏格拉底问题》，载刘小枫编：《苏格拉底问题与现代性——施特劳斯讲演与论文集》卷二（增订本），华夏出版社 2016 年版，第 452 页。

上性。在尼采看来，苏格拉底带来的全部和最终结果就出现在当代西方：出现在对普遍启蒙因而对所有人在一个普遍社会中的此世幸福的信念之中，出现在功利主义、自由主义、民主、和平主义和社会主义中。这些结果（尼采视之为颓废、对高贵的背叛），以及对科学根本限度的洞见，从根本上动摇了"苏格拉底文化"，苏格拉底式的人的时代一去不复返！苏格拉底的理性，最终证明自己不过就是一个最危险的偏见：源于颓废者的偏见！理性将自身建立在非理性、建立在理智牺牲的基础上。科学自身不回答"为什么要科学"的问题，它建立在非理性的基础上。

区别于尼采，施特劳斯把这看成现代（而非古典）理性主义的后果。

拜苏格拉底之赐，迄今的一切哲学都是理论的、沉思的，哲学的爱欲依赖于先于它、在它之外的善的理念，仿佛只发借来之光的月亮；尼采展望的未来哲学则像太阳，它自身是创造性的，有意识地基于意志的行动，基于决断，它源于权力意志。未来哲学预示着人之样式的新高峰。

尼采哲学的终极之言是权力意志的永恒回归。尼采教导"永恒"，在海德格尔看来，这意味着仍然没有彻底贯彻历史意识。海德格尔与尼采信念一致，但是更加彻底。这一信念，施特劳斯说，就是"历史主义"：

> 让我们把这个观点称之为"历史主义"并且这样界定它：历史主义是这样一种观点，根据这种观点，一切思想都基于一些因时代而异、因文化而异的绝对预设，这些预设在它们所属的处境中或在由它们构成的处境中不受质疑，也不能受到质疑。[1]

---

[1] ［美］施特劳斯：《苏格拉底问题》，载刘小枫编：《苏格拉底问题与现代性——施特劳斯讲演与论文集》卷二（增订本），华夏出版社 2016 年版，第 455 页。

海德格尔否定任何永恒，因为一切思想都不可能超越时间、超越历史。产生于 19 世纪的历史主义当然不是尼采或海德格尔独有的想法，不过，在尼采之后，海德格尔的思考比任何人都更彻底。施特劳斯这样来总结"苏格拉底问题"：

> 因此，希腊人尤其是苏格拉底和柏拉图，缺少对历史的意识，缺少历史意识。关于苏格拉底和柏拉图为什么尤其对于尼采、海德格尔和这么多我们的同时代人而言变得彻底成问题，这是最通行、最温和的说法。关于苏格拉底何以成为一个问题，何以存在一个苏格拉底问题，这是最简单的解释。①

历史主义的立场是反苏格拉底的立场，施特劳斯说，促成历史主义的那些现象，不一定只是在现代才被发现，或许，历史主义只是对于诸多可以另作他解的现象的一种成问题的解释，而它们在更早的时代以不同的方式被解释，尤其是在苏格拉底及其后辈那里。反苏格拉底的、历史主义的立场并非不成问题。

所有形式的历史主义都存在一个本质的困难：它必须断言，它是一种超越从前一切洞见的洞见，因此是一个绝对的洞见，这个绝对的洞见，根据历史主义的见解，只能属于绝对的时代或历史中的绝对时刻，然而，对我们的时代或任何时代作这样的宣称，都相当于终结历史，终结有意义的时间。

黑格尔的哲学便自知自己属于一个特定的时代。黑格尔哲学是哲学的完满或完结，它必然属于时间的完满或完成。对黑格尔而言，它属于拿破仑治下统一了的欧洲：平等、自由，人的权利、尊严、公意的实现，这样构造起来的社会是终极社会。历史终结了，所以哲学的完成也

---

① ［美］施特劳斯：《苏格拉底问题》，载刘小枫编：《苏格拉底问题与现代性——施特劳斯讲演与论文集》卷二（增订本），华夏出版社 2016 年版，第 455—456 页。

成为可能。密涅瓦的猫头鹰在黄昏来临时开始起飞。哲学的完成、历史的终结，是欧洲乃至西方衰落的开始，而由于所有其他文化都已吸收到西方当中，历史的完成也是人类衰落的开始，人类不再有未来。黑格尔的结论几乎遭到了所有人的反对，最有力的反对来自马克思。马克思（和恩格斯）认为，德国的工人运动是德国古典哲学的真正继承者。全世界无产者的联合，必将带来一个全新的世界社会的前景。人类的生产力随着科学进展必将不停步地发展，在与自然界的物质变换过程中，人终将获得决定性的自主、自由，自然界的必然性终将被克服，更重要的是，个体的自由和全面发展绝不仅仅体现在与自然界的关系中，而且体现在生产关系以至一切社会关系中，私有制、社会分工，乃至家庭和国家，都将消除，总之，一切以往在人身上的被称为"自然的"必然性枷锁都将消除，共产主义是真正自由的个体的联合。人类社会的发展一直展现为一个自然的历史过程，到这时才宣告完结，人类的史前史结束了，随之而来的是真正人的、自由的阶段。马基雅维利曾把必然性看作一切德行和高贵所以可能的前提，现在，自由的王国克服了一切的自然与必然性。

尼采竭力质疑共产主义前景，将这样的世界社会的人看成末人，也即人的极端堕落状态，这绝不意味着他赞成 19 世纪与此对立的一切反动派和保守派。无论是资产阶级的国家还是无产阶级的联合，在尼采眼中，是共同的现代性。尼采预见到未来属于民主制与民族主义，但是，这两者都与他所设想的 20 世纪使命无法兼容。他看到 20 世纪将是世界大战的时代，这将导向全球统治。如果人还有未来，这一统治必将由一个统一的欧洲来实施，这使命呼唤一个强有力的新的贵族制，它只能由一个新理想所塑造的贵族阶层组成，这就是其"超人"的最明显的意义。只有超人，才堪当全球时代的重任；可能未来的不可见的统治者，将是未来的哲人。没有人能否认，尼采的未来哲人与柏拉图所设想的哲人之间的关联。对此，施特劳斯说："在尼采未来哲学与柏拉图哲学之间有个决定性差别。尼采的未来哲人是圣经的一个嗣子"①。与古典哲人不同，归因于圣经信仰，未来哲人的哲学探索将具有宗教性，他是无神论者，然而他的无神论是具有圣经之意志、信仰之特征的无神论，他带着信仰的精神忠实于大地，这位无神论者期待着一位尚未现身的神。

尼采本来希望，一个统一的欧洲将统治全球，欧洲将因此获得新生。第一次世界大战的结果证明，这不是希望，而是幻相。欧洲的根基动摇了，"西方的没落"更为可信。海德格尔看到，一个要么由华盛顿、要么由莫斯科控制的世界社会正在迫近，欧洲正不可救药地处在俄国和美国的夹击中，俄国和美国，在形而上学上是一回事："无羁技术的无望狂啸以及常人的无根组织"，这个世界社会对于他甚于噩梦，他称之为"世界的暗夜化"（die Verdüsterung der Welt）。海德格尔说，"大地的精神沦落"到了如此地步，以致各民族丧失了意识到这沦落的"最后的精神力量"，这个论断直截了当，与任何文化悲观主义或乐观主义无关，因为，"世界的暗夜化、诸神的逃遁、人的大众化、对一切创造性与自由的仇视的怀疑，在整个大地上已经到了如此地步，以致像悲观主义和乐观主义这些幼稚的范畴早已变得可笑而已"②。海德格尔说，大地的精神沦落，与所谓"存在的天命（das Schicksal）"相关。

海德格尔宣称，从前的所有哲人、所有哲学，都遗忘了"存在"，遗忘了根基之根基，这意味着，在这个关键的层面，他比从前的哲人更好地理解了他们自己，这个至关重要的洞见，是超越从前一切洞见的洞见，于是，我们又回到了所有形式的历史主义都不得不面临的困难。海德格尔以他的方式面对这一困难。我们可以把历史主义当作永恒的真理，不过，根据海德格尔，不存在任何永恒真理：永恒真理以人类的永

---

① ［美］施特劳斯：《海德格尔式存在主义导言》，载［美］施特劳斯著、［美］潘戈编：《古典政治理想主义的重生——施特劳斯思想入门》（重订本），郭振华等译，华夏出版社2017年版，第85页。

② Martin Heidegger, Einführung in die Mataphysik, Tübingen：Max Niemeyer, 1953, S.29.中译本海德格尔：《形而上学导论》，熊伟等译，商务印书馆1996年版，第38页。

恒性或恒在为前提①。海德格尔知道，人类不是永恒的或恒在的。施特劳斯说，这意味着一个宇宙论的洞见：人类有其起源，这个洞见具有根基性。根据海德格尔，一切存在者尤其人的唯一根基就是"存在"。为什么从前的哲人遗忘了"存在"？为什么海德格尔意识到了这个"遗忘"？海德格尔的答案是，这是"存在"自身的给予或派送，存在的天命（Schicksal）就是存在的给予（geben）或派送（schicken），它自身呈现为"存在史"（Seinsgeschichte）。在这里，海德格尔更像一个先知！

海德格尔从他关于存在天命或存在史的先知一般的思想出发来理解大地的沉沦，也由此来期望"拯救的力量"："最后的神"（Der letzte Gott）。我们得注意，这个神，既不是古典世界的诸神，也似乎不是中古的唯一神。

早在1956年（那时海德格尔在英语世界还几乎没有什么影响），施特劳斯在芝加哥大学有一个关于"存在主义"的演讲②，施特劳斯在如此短小的篇幅中，令人惊叹地准确甚至全面地呈现了海德格尔的最重要方面。正是在这篇演讲中，施特劳斯指出了海德格尔朝向东方思想的转向。海德格尔贯彻了历史意识，面对与存在的天命相关的大地的沦落，解决之道不可能在于回到超时间或永恒的东西，相反，它仅仅在于某种历史的东西，在于对人生和世界的最不相同的理解的相遇：东方与西方的相遇。

施特劳斯总结了海德格尔对整个现代性的论断。"技术使人的人性有毁灭之虞。技术是理性主义的结果，而理性主义则是希腊哲

---

① 在这里，施特劳斯在讲稿中标明了海德格尔的两处重要文本（《存在与时间》［引按：德文版］第227—230页，《形而上学导论》［引按：德文版］第64页）。

② 中译文《海德格尔式存在主义导言》，载［美］施特劳斯著、［美］潘戈编：《古典政治理想主义的重生——施特劳斯思想入门》（重订本），郭振华等译，华夏出版社2017年版，第70—92页。这个文本更准确的英文本，连同前面提到的1970年演讲《苏格拉底问题》的英文本，一起刊行于《解释》学刊1995年春季号（"Two Lectures by Leo Strauss", ed.David Bolotin et al., *Interpretation*, Spring 1995, vol.22, No.3, pp.301-338.）。

学的结果"①。理性主义的基础是希腊哲学对存在的特殊理解，这已经被证明为是成问题的，理性主义的本质性局限是现代性问题的根源。"一种对存在的更恰切理解为如下断言所暗示：存在意味着不可捉摸，意味着一种神秘。这是对存在的东方式理解……仅当我们变得能够向东方特别是向中国学习时，我们才能指望超越技术性世界社会，我们才能希冀一个真正的世界社会"②。我们有必要再读一遍施特劳斯对海德格尔的目光转向的呈现，目的并非是确立我们的自信：

> 我们亟需东西方的交会。西方必须对克服技术性作出它自己的贡献。西方必须首先在自身之内寻回使这种交会得以可能的东西：他本己的至深根源，这根源先于其理性主义，也在某种程度上先于东西方之分。东西方之间的真正交会不可能在当今思想的水准上发生——也就是说不可能在东西方最浅薄时期的最吵嚷、最轻率、最浅薄的代表者之间发生。东西方之间的交会只能是二者最深层根源的交会。
>
> 海德格尔是唯一对世界社会这个问题的诸维度略有所知的人。
>
> 西方思想家可以沉潜到西方的至深根源来准备那个交会。在西方内部理性主义的限度总是为圣经传统所发现……但对这一点必须正确地理解。圣经思想是东方思想的一个形式。把圣经绝对化，就堵塞了通向其他形式的东方思想的道路。然而圣经是我们西方人之内的东方。③

---

① ［美］施特劳斯：《海德格尔式存在主义导言》，载［美］施特劳斯著、［美］潘戈编：《古典政治理想主义的重生——施特劳斯思想入门》（重订本），郭振华等译，华夏出版社2017年版，第87页。

② ［美］施特劳斯：《海德格尔式存在主义导言》，载［美］施特劳斯著、［美］潘戈编：《古典政治理想主义的重生——施特劳斯思想入门》（重订本），郭振华等译，华夏出版社2017年版，第88页。

③ ［美］施特劳斯：《海德格尔式存在主义导言》，载［美］施特劳斯著、［美］潘戈编：《古典政治理想主义的重生——施特劳斯思想入门》（重订本），郭振华等译，华夏出版社2017年版，第88页。

正像施特劳斯的学生潘戈所说，虽然施特劳斯在某种前提下分享了海德格尔东方转向的一部分，但施特劳斯在总体上并未跟随海德格尔，无论关于现代性的论断还是解决之道①。施特劳斯坚称，必须作出海德格尔未曾作出的一个根本区分，即区分现代理性主义与古典（苏格拉底—柏拉图式的）理性主义。正是在苏格拉底的政治哲学中，古典理性主义证明自己敏锐意识到了理性主义的"本质性局限"，海德格尔则并未完全正确地指出这些局限，在他的思想中政治哲学完全缺席。因着苏格拉底的政治哲学，古典理性主义非但不导向现代技术，反倒为我们抵御现代技术对人性的毁灭性威胁提供了智识资源。苏格拉底政治哲学清晰呈示了耶路撒冷与雅典的对立，这是西方文明永葆青春的密钥。施特劳斯的这一洞见，也是先知式的？

根据海德格尔，沉潜到西方思想的至深根源，有赖于一种对"存在"的理解。"存在"揭示了诸根基的根基，也是任何可能的诸神的根基。"只还有一个神能够救度我们"，我们所能做的，就是思想"存在"，为这个神的可能到来或不到来作准备。这是海德格尔留给世人的终极之言。海德格尔的"存在"究竟如何理解？在1956年演讲的结尾，施特劳斯用"学者"特有的狡黠说："按海德格尔的理解，esse（存在）可以被粗鲁地、肤浅地甚至误导性地（但也并非全然误导性地）表述为柏拉图理念与圣经上帝的一种综合：它既像柏拉图的理念那样非人格，又像圣经的上帝那样难以捉摸" ②。

施特劳斯的洞见是耶路撒冷与雅典的分离，由此，他认定回到自身

---

① ［美］施特劳斯著、［美］潘戈编：《古典政治理想主义的重生——施特劳斯思想入门》（重订本），郭振华等译，华夏出版社2017年版，第2页。

② ［美］施特劳斯著、［美］潘戈编：《古典政治理想主义的重生——施特劳斯思想入门》（重订本），郭振华等译，华夏出版社2017年版，第92页。

传统的根源，仍然是寻找出路的途径①："圣经是我们西方人之内的东方"！

　　施特劳斯教会我们：严肃认真地对待自己的传统！于是我们大概能理解这一有趣的现象，在施特劳斯热潮席卷中国之后，不少西学专业的年轻学子转而投身于中国古典。当然，按照施特劳斯的典范投身中国经典，到底能否进入到中国特有的智慧中，这又是另一个有趣的问题了。

---

① 罗森（Stanley Rosen）在其晚年的一篇文章中，非常暧昧地评论了在现代性问题上施特劳斯与海德格尔的关联："Leo Strauss and the Problem of the Modern", in Steven B.Smith ed., *The Cambridge Companion to Leo Strauss*, Cambridge University Press, 2009, pp.119-136。

下篇　古典哲学新论

第十讲　柏拉图阅读中的几个问题①

成 官 泯

学习哲学的人，在初步了解哲学史之后，最有必要做的事，就是读哲学原著。在阅读哲学原著时，我们遇见的第一个大哲学家是柏拉图。人们阅读柏拉图的历史源远流长，由此形成了各种各样的门派、套路，研究柏拉图的第二手文献汗牛充栋，有志于原汁原味地领略柏拉图思想的读者，当然不能忽视这些套路和文献。自 19 世纪后半期以来，经过一百多年的积淀，柏拉图研究界逐渐形成了一种主流的阅读套路，我们在这里就探讨与这主流套路相关的几个问题，并结合我们的思考提出一点建议，这虽然算不上柏拉图研究中的"前沿"问题，却是我们读柏拉图首先要面对的重要问题。

一、真伪问题

我们的时代去圣久远，柏拉图的著作写于差不多 2400 年前，在柏拉图著作的漫长流传中，免不了出现真伪纷争。

在探讨柏拉图著作的真伪之前，我们得搞明白古代著述的一些基本

---

① 本文初刊于《古典学研究》第四辑，经主编惠允重刊于此，略有增删。

事实。

首先，古代著作的所谓"发表"，与我们熟知的印刷术出现后的情形完全不同，那不过就是手经手的转抄，所以，我们现在能看到的古代某书，比如说柏拉图《苏格拉底的申辩》，都是一些抄本，其内容绝大部分一致，而细节总有一些出入，而对于这些抄本，我们甚至不能说，它们有一个唯一的来源或母本，因为我们实在不能安全地假定，柏拉图写完《苏格拉底的申辩》之后，就拿到市场上卖了，后来流传的各个抄本就是这个母本的辗转抄录，实际情况倒有可能是：柏拉图写出著作来，首先流入其学园，门人传诵抄录，而且柏拉图未必不会自留底稿，供自己玩摩、加工、润色。

其次，古人完全没有著作权的概念，无论在抄书还是著述时，都没有著作权的概念。抄书时，他们可能就添入了自己的创作，在著述时则有抄袭、托名的事经常发生。所谓抄袭，就是自己写书时抄袭前人著作而不加说明。所谓托名，就是谎称自己的创作其实是转抄某个前贤的作品。古人为什么这样？这不是我们要在这里讨论的论题，我们只需要强调，我们现代人如此看重的"原创"二字，在古人却是完全不在意的。

这样一来，古人的著作，历经两千年，传到我们手中时，我们得到的是，相传是某某古人，比如说柏拉图的著作，但我们却不可以拿我们现在的情形来揣测古代，以为那就是柏拉图本人原创出来的样子，他将它付梓印刷，白纸黑字，流行至今；相反，极有可能的情形是，那除了是柏拉图的原创外，至少还有其学派中人的重述、增加、删削、改易、捉刀补篇等，它们都归到柏拉图的名下，要在我们中国，就会名之曰"《柏拉图》"，一共若干篇，但其作者不一定就是柏拉图一人，其定型成书时间也不一定就在柏拉图在世时，这样的情形，大概是中外古书撰述的通例吧。中国古书的撰述情形，在余嘉锡《古书通例》① 中有很好

---

① 《目录学发微 古书通例》，中华书局 2007 年版。

的说明，我们由是知道，比如读庄子，我们读的是《庄子》书，他可能是庄子一派，但绝不是庄子一手定稿的作品。西方的情况也许与中国不尽相同，或许柏拉图书中属于柏拉图个人的创作相比庄子书中庄子本人的创作更多，但同样不争的事实是，流传至今、相传是柏拉图的著作，绝不同于我们现代的著作情形，它们只是归在柏拉图名下的，古人不像现代人这样看重这是哪个思想家个人的原创，同样，古人很少像19世纪以来的学者这样疑经、疑古。所以，自古以来（19世纪之前），柏拉图著作的真伪问题，不像现在这样是什么大问题，人们对待这一问题的态度是：相传是柏拉图的作品，就是柏拉图的作品。真伪问题，在古代接近于伪问题。

流传至今，归在柏拉图名下的作品，一共有42篇对话、13封书信、1篇词语手册，还有若干条隽语短诗，汉译或作"箴言"，如今都有英译，收在库珀（John M.Cooper）主编的《柏拉图全集》①中。我们今天能有柏拉图的著作全集，得益于公元1世纪时忒拉绪洛斯（Thrasyllus）的编辑，埃及的亚历山大那时是一个讲希腊语的城邦，忒拉绪洛斯是那里的星象学家、柏拉图派哲学家，他按照古希腊悲剧的演出结构方式，将柏拉图的作品编成九组四联剧，对话35篇，13封书信合一篇，一共九卷36篇，而其余的作品，忒拉绪洛斯怀疑不是柏拉图本人所作，没有编入他的九卷集中。

忒拉绪洛斯编的柏拉图九卷集，顺序篇目如下：

卷一　游叙弗伦篇（Euthyphro）

苏格拉底的申辩（Apology of Socrates）

克力同篇（Crito）

斐多篇（Phaedo）

卷二　克拉底鲁篇（Cratylus）

---

① John M. Cooper （ed.）, *Plato. Complete Works*, Indianapolis：Hackett Publishing Company, Inc., 1997.

泰阿泰德篇（Theaetetus）

智者篇（Sophist）

治邦者篇（Statesman）

卷三　巴门尼德篇（Parmenides）

斐利布篇（Philebus）

会饮篇（Symposium）

斐德若篇（Phaedrus）

卷四　阿喀比亚篇德（Alcibiades）†

阿喀比亚德后篇（Second Alcibiades）＊

希帕库斯篇（Hipparchus）＊

情敌篇（Rival Lovers）＊

卷五　忒阿格斯篇（Theages）＊

卡米德斯篇（Charmides）

拉克斯篇（Laches）

吕西斯篇（Lysis）

卷六　游叙德谟篇（Euthydemus）

普罗塔哥拉篇（Protagoras）

高尔吉亚篇（Gorgias）

美诺篇（Meno）

卷七　大希琵阿斯篇（Greater Hippias）†

小希琵阿斯篇（Lesser Hippias）

伊翁篇（Ion）

美涅克塞努篇（Menexenus）

卷八　克利托丰篇（Clitophon）†

理想国篇（Republic）

蒂迈欧篇（Timaeus）

克里提阿篇（Critias）

卷九　米诺斯篇（Minos）　*

　　　法律篇（Laws）

　　　厄庇诺米斯篇（Epinomis）　*

　　　书简（Letters）‡

我们的观点是：忒拉绪洛斯编入九卷集中的作品，都是柏拉图的作品！忒拉绪洛斯根据什么说它们是柏拉图的作品，我们现在不探究，也无从探究。我们依从一个流传了差不多 2000 年的权威（其源头其实还要再往前追溯 300 年①），难道心里有多不踏实吗？难道不比依从现在流行的什么观、什么论、什么说去论断忒拉绪洛斯所传柏拉图著作的真伪更靠谱吗？

在忒拉绪洛斯所传九卷集之外归在柏拉图名下的作品，现在有个通称：柏拉图《杂编》，已有中译本②。关于杂编，我们赞同主流学者库珀的看法："被忒拉绪洛斯归到伪作的对话录也值得重视，即便有很强的理由否认是柏拉图所作；《定义集》则是价值极高的作品，成于柏拉图身前及他去世后几十年间的柏拉图学园。"③

在忒拉绪洛斯所传的九卷集中，目前主流学界的看法，关于 13 篇《书简》的情况比较复杂，其中第 7 和第 8 封（尤其第 7 封）书信被绝大多数学者认为是真作，布里松（Brisson）曾列举了 1485 年到 1983 年间共 32 家的柏拉图书信研究，其中只有 6 家否认第 7 封书信的真实性④。关于其余书信则聚讼纷纭，难有定论，但大多被疑为伪作。不过我们要明白这样一个基本的事实：在现代疑古运动兴起之前，即在 18

---

① ［古罗马］第欧根尼·拉尔修：《名哲言行录》（英译本：*Lives of the Eminent Philosophers*，tr.P.Mensch, ed.J.Miller, Oxford University Press, 2018），卷三：41—62。参见［英］A.E. 泰勒：《柏拉图——生平及其著作》，谢随知等译，山东人民出版社 1991 年版，第 22—23 页，英文版（*Plato, the Man and his Work*, London, 1926, 1955 年重印第 6 版）第 11 页。

② 吴光行译疏：《柏拉图杂编》，中国社会科学出版社 2017 年版。

③ John M. Cooper（ed.），*Plato. Complete Works*，Indianapolis：Hackett Publishing Company, Inc., 1997, pp.ix-x.

④ 参见 Luc Brisson, *Platon：Letter*, Paris：GF Flammarion, 1987, p.70。

世纪之前，柏拉图书简的真伪并未成为一个问题！根据古人说，早在公元2世纪的时候，人们研究柏拉图，就有的从其对话录开始，有的从其书简集开始[1]。还是遵循这流传了近2000年的传统吧！《柏拉图书简》已有中译注释本[2]。

忒拉绪洛斯所传的九卷集共有柏拉图对话录35篇。在18、19世纪的西方学界，特别是在德国，柏拉图作品的真实性普遍受到怀疑，疑古最甚之时，仅余5篇对话未被确认为伪书[3]！疑古风潮渐渐归于平静后，曾经的"伪作"纷纷得到正名，到19世纪末，大多数都恢复了真作之名[4]。20世纪主流学界对柏拉图对话真伪的看法，从广泛流行于英语世界的先后两个全集中可窥一斑。第一个是汉密尔顿（Hamilton）主编的《柏拉图对话集暨书简》[5]，初版于1961年，至1980年已印到第10版。第二个就是前面提到的库珀主编的《柏拉图全集》，于1997年出版，一举成为最方便、流行的全集本。

库珀版收齐了古来归在柏拉图名下的所有作品，凡真实性存在争议的，就在篇目后面加以标识。标"＊"的，指"学界普遍认为非柏拉图所作"，就是所谓"伪作"（一共6篇：《阿喀比亚德后篇》《希帕库斯篇》《情敌篇》《忒阿格斯篇》《米诺斯篇》《厄庇诺米斯篇》）；标"†"的，指"是否柏拉图所作未得学界普遍认可"，就是所谓"疑伪

① 参见 R.S.Bluck, *Plato's Seventh and Eighth Letters*, Cambridge University Press, 1947, p.1。

② 彭磊译注：《柏拉图书简》，华夏出版社2018年版。Luc Brisson, *Platon*: *Letter*, Paris: GF Flammarion, 1987.

③ 参见程志敏：《〈厄庇诺米斯〉的真伪》，载刘小枫、陈少明主编：《柏拉图的真伪》，华夏出版社2007年版，第3—9页。根据泰勒说："极端主义者想把对话录真作的数量限制到9篇"（［英］泰勒：《柏拉图——生平及其著作》，谢随知等译，山东人民出版社1991年版，第23页，英文版第11页）。

④ 曾经广为流行的乔伊特（Benjamin Jowett）译本（*The Dialogues of Plato*）的选目，反映了当时学界对柏拉图真作的看法。乔伊特本初版于1871年，1892年第3版，1953年修订第4版，各版篇目有个别增减，但所收对话篇目维持在28篇左右。参见 John M.Cooper, ed., *Plato.Complete Works*, Indianapolis: Hackett Publishing Company, Inc., 1997, p.xi, note 11。

⑤ Edith Hamilton & Huntington Cairns (eds.), *The Collected Dialogues of Plato including the Letters*, Princeton: Princeton University Press, 1961.

作"（一共 3 篇：《阿喀比亚德篇》《大希琵阿斯篇》《克利托丰篇》）；其余 26 篇未加标识，自然就是柏拉图的所谓"真作"了。

汉密尔顿版收柏拉图对话"真作" 26 篇，附录"疑伪作" 2 篇（《大希琵阿斯篇》《厄庇诺米斯篇》），其余 7 篇对话则当作"伪作"径直舍去不收。

经过对比，我们可以发现，这两个本子认定的柏拉图对话真作 26 篇完全相同，这说明，学界认为铁定为真的柏拉图对话，从 1961 年到 1997 年，并没有改变。两个本子认定为伪以及怀疑为伪的对话作为一个整体，也都是那 9 篇；所不同的不过是《阿喀比亚德篇》和《克利托丰篇》，库珀版归为"疑伪"，汉密尔顿版则当作"伪"；《厄庇诺米斯篇》库珀版归到"伪"，汉密尔顿版则归到"疑伪"。其余的篇目，《大希琵阿斯篇》两者皆认定"疑伪"，另外 5 篇（《阿喀比亚德后篇》《希帕库斯篇》《情敌篇》《忒阿格斯篇》《米诺斯篇》）则被两者都铁定为"伪"[①]。

国际主流学界的看法，附上国内学界的看法，列表如下：

表 10-1　主流学界的柏拉图著作真伪表

学者名 ＼ 观点	认定真	怀疑伪	认定伪
库珀 （1997）	26 篇	大希琵阿斯篇、阿喀比亚德篇、克利托丰篇	阿喀比亚德后篇、希帕库斯篇、情敌篇、忒阿格斯篇、米诺斯篇、厄庇诺米斯篇

---

① 国内学者对所谓柏拉图著作真伪问题的看法，当然都是跟随国际学者。苗力田先生主编的高等学校文科教材《古希腊哲学》（中国人民大学出版社 1989 年版）第 235—236 页中说："经过学者们大量细致的考证和研究，基本确定为真实的有以下 24 篇……有四篇真伪未定，尚待进一步研究，它们是《大希琵阿斯篇》《小希琵阿斯篇》《阿喀比亚德篇》《美涅克塞努篇》。其余作品都被认为是伪作。"这里的说法，当作真作的 24 篇与汉密尔顿和库珀无异，但是把汉密尔顿和库珀都认为铁定为真的《小希琵阿斯篇》和《美涅克塞努篇》归到了疑伪作，于是疑伪和伪作的篇目加起来就多达 11 篇。具体负责这部分内容编译的是余纪元教授，他这么讲，应该必有所据，但我们不得而知。

续表

学者名 \\ 观点	认定真	怀疑伪	认定伪
苗力田 (1989)	24 篇	大希琵阿斯篇、 阿喀比亚德篇、 小希琵阿斯篇、 美涅克塞努篇	阿喀比亚德后篇、希帕库斯篇、 情敌篇、忒阿格斯篇、米诺斯篇、 克利托丰篇、厄庇诺米斯篇
汉密尔顿 (1961)	26 篇	大希琵阿斯篇、 厄庇诺米斯篇	阿喀比亚德后篇、希帕库斯篇、 情敌篇、忒阿格斯篇、米诺斯篇、 阿喀比亚德篇、克利托丰篇

关于柏拉图著作的真伪，我们的观点是：忒拉绪洛斯所传九卷柏拉图"正典"（Canon）都是真正的柏拉图的作品！尤其当我们考虑到，实事求是地讲，这所谓"柏拉图的（Platonic）"意思，绝不是在现代学术规范、学术道德、版权意识、原创声明等意义下的"柏拉图的（of Plato）"。

二、分期问题

19 世纪末，疑伪风潮趋于平静，新时代的读柏拉图方法同时兴起，一百多年的发展成果，最终在主流学界形成了一个阅读、解释柏拉图的范式，就是将柏拉图一生的写作分成早中晚三个时期，而柏拉图一生的思想，也相应呈现为逐渐发展、变化的三个阶段，这就是所谓"编年论"（chronology）与"发展论"（developmentalism）。这样的范式，既提供了一种阅读的路径，也提供了一个解释、研究的大框架，因此对学者极具吸引力，经过几代学者的努力，20 世纪末在以弗拉斯托斯（Gregory Vlastos）为代表的一批学者这里几乎大功告成。为明晰起见，列表如下：

表 10-2　主流学界的柏拉图著作分期表

时间顺序 学者	早期	中期	晚期
弗拉斯托斯等	游叙弗伦篇 苏格拉底的申辩 克力同篇 卡米德斯篇 拉克斯篇 吕西斯篇 游叙德谟篇 普罗塔哥拉篇 高尔吉亚篇 大希琵阿斯篇 小希琵阿斯篇 伊翁篇 美涅克塞努篇 美诺篇	克拉底鲁篇 斐多篇 会饮篇 理想国篇 斐德若篇 巴门尼德篇 泰阿泰德篇	蒂迈欧篇 克里提阿篇 智者篇 治邦者篇 斐利布篇 法律篇
弗拉斯托斯 （1994）①	弗拉斯托斯把《理想国篇》卷一归到早期。认为《美诺篇》是从早期到中期的过渡。未排定早期对话录的时间顺序。中期与晚期则依据可能的写作时间排序。在其 1991 年的著作②中，把《吕西斯篇》《游叙德谟篇》《大希琵阿斯篇》《美涅克塞努篇》《美诺篇》看作从早期向中期的过渡。		
格思里 （1975）③	格思里把《游叙德谟篇》《美涅克塞努篇》《美诺篇》归入中期。		
罗斯 （1951）④	罗斯把《美诺篇》归入早期。		
泰勒 （1926）⑤	泰勒把《克拉底鲁篇》《美诺篇》归为"苏格拉底对话"（即早期）。把《普罗塔哥拉篇》归到中期。		

---

① Gregory Vlastos, *Socratic Studies*, ed. Myles Burnyeat, Cambridge University Press, 1994, p.135.

② Gregory Vlastos, *Socrates*：*Ironist and Moral Philosopher*, Cambridge University Press, 1991, pp.46-7.

③ W.K.C.Guthrie, *A History of Greek Philosophy*, Vol.Ⅳ, Cambridge University Press, 1975, p.53.在第 50 页，格思里说，康福德的分期法或可代表普遍接受的推论（Francis M.Cornford, "The Athenian Philosophical Schools", *Cambridge Ancient History*, vol.Ⅵ, 1927, 311ff）。格思里与康福德的不同只在于，后者把《巴门尼德篇》与《泰阿泰德篇》归到晚期。

④ W.D.Ross, *Plato's theory of ideas*, Oxford：Oxford University Press, 1951, p.10.鉴于其著作的主题，罗斯只列举了与理念论有关的 5 篇早期对话：《卡米德斯篇》《拉克斯篇》《游叙弗伦篇》《大希琵阿斯篇》《美诺篇》。

⑤ ［英］泰勒：《柏拉图——生平及其著作》，谢随知等译，山东人民出版社 1991 年版，第 31—38 页。

如上表，我们可以看到，百年来主流学界对柏拉图写作时间顺序的分期，基本上没有太大的变化。这样一些对话：《游叙弗伦篇》《苏格拉底的申辩》《克力同篇》《卡米德斯篇》《拉克斯篇》《吕西斯篇》《大希琵阿斯篇》《小希琵阿斯篇》《伊翁篇》，还有《普罗塔哥拉篇》和《高尔吉亚篇》，总是被绝大多数学者当作早期对话录。《斐多篇》《会饮篇》《斐德若篇》《理想国篇》，这四篇则是中期对话录的支柱。如下 6 篇则是铁定的晚期对话录：《智者篇》《治邦者篇》《蒂迈欧篇》《克里提阿篇》《斐利布篇》《法律篇》。

本来，关于柏拉图的生平，我们本无信史的依据，我们所知其实大多来自于他本人在《书简》中的陈述，尤其是他 60 岁以前的经历，几乎一片空白。对于他的生平，人们确定了年表中的几个重要点：

公元前 427 年，出生。

公元前 399 年，苏格拉底死。柏拉图 28 岁。

公元前 387 年，首次叙拉古之旅。在这前后，建立学园。40 岁。

公元前 367 年，第二次叙拉古之旅。60 岁。

公元前 361 年，第三次叙拉古之旅，次年回到雅典。66 岁。

公元前 347 年，逝世。享年 80 岁。

按照人的自然生命历程，一个享寿 80 岁之人，20 岁时成年不久，30 岁时尚年轻，40、50 岁时正当壮年，60 岁时血气既衰，步入晚年，70 岁年逾古稀，更是到了生命的最后年岁。对于哲人来说，相比于身体，思想的成熟大约要晚 10 年吧，而且思想受年岁影响而衰老的程度和速度不像体力那么明显。我们现代人见惯了大哲学家一生思想的发展变化，比如康德，比如海德格尔。轮到柏拉图这里，学者们把他的写作和思想，直到 40 岁左右都称作"早期"，到 60 岁称作"中期"，最后 20 年或更晚时期称作"晚期"。

发展论的观点，即认为柏拉图写作、思想随年岁发展变化，是一个现代现象。与此相反，古代的柏拉图阐释者则是"统一论者（unitarians）"①，他们相信在柏拉图所有对话录中有着系统、统一的学说或思想，公元前 1 世纪的哲人说："柏拉图有多种声音，但不像有人以为的那样有多种学说。"现代的"柏拉图研究"开始于 18、19 世纪之交的德国。滕内曼（W.G.Tennemann）试图把柏拉图的真作按康德的原则整理成一个哲学体系（1792—1795）②。很快，施莱尔马赫（Schleiermacher）的柏拉图翻译计划（1804）开启了新的主导研究法，他认为，理解柏拉图的对话，在方法论上必须精准重构对话的原本顺序，对话的序列本身是柏拉图从头到尾精心设计的③。不久，施莱尔马赫的方法又被赫尔曼（K.F.Hermann）彻底修正了，他认为，对话反映柏拉图思想的展开时所依据的原则是不受柏拉图自己控制的，他根据德国浪漫派和唯心论来理解这些原则④。我们可以发现，19 世纪上半期的德国学者都从体系上来理解柏拉图，体系的最终表达就是《理想国篇》，他们对其他对话录作了排序，但认为它们都是最终体系的预备。在施莱尔马赫和赫尔曼的时代，有对柏拉图对话录的排序，或可说有发展论的端倪⑤，但是并不存在当今意义上的发展论。那时划分对话录的时期，更多是从哲学学说上考虑并依靠史学研究确定的事实。在那之后，柏拉图研究图景大变。经过了 19 世纪中期的辨伪（athetizing）浪潮，到 19 世纪末期，学者们掌握了号称"科学的""文体考量学（stylometry）"，才开始有对柏拉图写作的真正编年（chronology），并将

---

① Junia Annas, *Platonic Ethics：Old and New*, Ithaca & London：Cornell University Press, 1999, pp.3-5。引文见［英］安娜斯：《解读柏拉图》（*Plato, a Very Short Introduction*），高峰枫译，外语教学与研究出版社 2013 年版，第 37、142 页。

② 参见 W.G.Tennemann, *System der Platonischen Philosophie I*, Leipzig, 1792-95。

③ 参见［德］施莱尔马赫：《论柏拉图对话》，黄瑞成译，华夏出版社 2011 年版。

④ 参见 K.F.Hermann, *Geschiche und System der Platonischen Philosophie*, Heidelberg, 1839。黑格尔的学生策勒尔（E.Zeller, Die Philosophie der Griechen, 1844—52）当然根据黑格尔哲学来重构柏拉图的体系。

⑤ 比如赫尔曼把柏拉图对话分为"苏格拉底影响的"、"麦加拉派影响的"（《克拉底鲁篇》《泰阿泰德篇》《智者篇》《治邦者篇》《巴门尼德篇》）、"执掌学园时的"。

柏拉图对话录的写作顺序和思想发展的顺序联系起来，最终形成了早中晚三期的框架①。

我们可以说，正是 19 世纪历史主义、历史意识的兴盛，为柏拉图研究中的编年论和发展论提供了大的思想背景，而文体考量的所谓科学方法，则助力历史意识在柏拉图研究领域开花结果。时至今日，绝大多数主流学者都认为，弄清（哪怕是大体上）柏拉图写作的年代顺序，对于理解柏拉图思想非常重要，不论他们在其著作编年问题的具体看法上有多大差异。由此足见历史意识之深入人心。

在柏拉图研究图景的转变过程中，英国学者坎贝尔（Lewis Campbell）厥功甚伟②，他 1867 年发表的对于《智者篇》与《治邦者篇》的研究，力证两者是柏拉图真作，不仅扭转了辨伪潮，而且开启了文体考量学。坎贝尔发现，在五篇对话（《智者篇》《治邦者篇》《斐利布篇》《蒂迈欧篇》《克里提阿篇》）与据信是柏拉图最晚著作的《法律篇》之间，存在着措辞或文体风格上的亲缘性，于是他判断它们是柏拉图晚年之作，并进而推断，柏拉图晚年在形而上学（理念论）和政治思想方面重新思考《理想国篇》中的观点，变得更加向现实世界妥协。坎贝尔的研究于同一时期在大陆并未广为人知，那里的学者们正饶有兴趣地历史地重构柏拉图与其同时代人比如伊索克拉底（Isocrates）的竞争，可巧，这也导致了对柏拉图文体手段的精细研究。在通过文体考量确定 6 篇对话为柏拉图晚年之作后，学者们很快便确定如下 4 篇（因与《理想国篇》文体风格亲近）为倒数第二组：《斐德若篇》《理想国篇》《巴门尼德篇》《泰阿泰德篇》，并推断其余的更早。文体考量学在 19 世纪末蓬勃发展，成果丰硕，以致到 1897 年时，卢托斯拉夫斯基（Wicenty Lutoslawski）自信地认为可以一劳永逸地解决对

---

① 参见 Hayden W.Ausland，"Ninetenth-Century Platonic Scholarship"，in Gerald A.Press（ed.），*The Continuum Companion to Plato*，London & New York：Continuum，2012，pp.286-288。

② 参见 Lewis Campbell，*The Sophistes and Politicus of Plato*，Oxford，1867。

话排序的所有问题①，不过，大多数学者认为文体考量并不能科学地解决归为"苏格拉底对话"的这一大组对话的排序问题②。为了确定柏拉图作品的时间顺序，除了文体与语言学研究的手段，学者们还运用了更多的手段，主要是③：（1）文学批评，（2）主题的或哲学的考虑，（3）历史事件的外证以及文本的相互参证。尽管存在着各种矛盾、困难和争议，坎贝尔开创的图景主导了主流学界，成为柏拉图研究中 19 世纪留给 20 世纪的主要遗产。把柏拉图作品分为早中晚三期，今日学者们差不多视为理所当然。

20 世纪前期，编年论研究成果丰富，三期分期格局初定。到 20 世纪中期时，柏拉图研究又有两个引人注目的新发展：一是发展论的新发展，二是学者们纷纷运用现代分析哲学的技巧研究柏拉图对话，取得了全新成果。自古以来的统一论者都认为柏拉图的理念论是其核心的、一贯的思想，这种看法从坎贝尔开始有了松动，他认为晚年柏拉图重新思考、修正了其成熟期（《理想国篇》时期）的思想，20 世纪的学者进而发现，晚年柏拉图，从《巴门尼德篇》开始，思想发生了重大改变，他批判理念论④。发展到这时，发展论才发展出了标准的发展论观点：理念论只是中期（成熟期）柏拉图的思想！把理念论限定在中期，这就要求修改早先主要基于文体考量学的分期，策略是：把谈到理念论的

---

① Wicenty Lutoslawski, *The Origin and Growth of Plato's Logic*, with an Account of Plato's Style and of the Chronology of his Writings, London, 1897.

② 参见 Gerald A. Press（ed.），*The Continuum Companion to Plato*, London & New York：Continuum, 2012, p.287, 288, 290。

③ 参见 W. K. C. Guthrie, *A History of Greek Philosophy*, Vol. IV, Cambridge University Press, 1975, pp.41-54。

④ 参见 Gilbert Ryle, "Plato's Parmenides", in：R. E. Allen（ed.），*Studies in Plato's Metaphysics*, London：Humanities Press, 1965, p.134. 赖尔文章最初发表于 *Mind*, 48（1939），pp.129-51 and 302-25. 另外参见 Richard Kraut, "Introduction to the Study of Plato", in：Richard Kraut（ed.），*The Cambridge Companion to Plato*, Cambridge, 1992, pp.14-20. 中译本：［美］理查德·克劳特编：《剑桥柏拉图研究指南》，王大庆译，北京师范大学出版社 2018 年版。

对话统一归到中期，具体来说，就是把原先归到早期的三篇移到中期：
《克拉底鲁篇》《斐多篇》《会饮篇》。至于原先归在中期的《泰阿泰德
篇》与《巴门尼德篇》，因为其中包含了对中期学说的批判，有些学者
便主张把它们归为晚期。这种发展论支配了 20 世纪中期分析学派的柏
拉图学者①。到这时，柏拉图写作的早中期三期划分，几乎臻于完工。
把柏拉图写作分成早中晚三期，不仅仅是大致确定了作品"出版"的
时间顺序，更重要的是，它也为柏拉图思想的发展顺序设定了框架，为
研究柏拉图提供了指南。早中晚三期划分，既是写作时间顺序的设定，
又是思想发展顺序的设定！人类思维的通常逻辑似乎是：我们应该依据
一个思想家写作的顺序，来推断其思想的发展历程②。但不幸在柏拉图
这里不是这样，写作时间顺序与思想发展顺序，两者都是推测和设定，
而且学者们并非总是依据前一设定来建构后一设定，而常常也依据后一
设定来建立前一设定，两者互为依据！基于柏拉图哲学思想的发展论框
架修订过的作品编年法，自然也存在不少问题。比如，《美诺篇》的核
心是回忆说，而回忆说在《斐多篇》中明显与理念论相关，有学者于
是认为它是从早期到中期的过渡。再比如，在《游叙弗伦篇》中理念
论其实就呼之欲出了，有学者于是便论证早期对话中有理念论的早期版
本③。再比如，有学者通过论证老牌的晚期对话《蒂迈欧篇》包含了理
念论，进而试图把它在写作时序上移到中期④，这就引起了激烈争论，

---

① 参见 William Prior，"Developmentalism"，in Gerald A. Press（ed.），*The Continuum Companion to Plato*，London & New York：Continuum，2012，pp.288-9。

② 根据柏拉图写作的时间顺序来推断其思想的发展变化，也并不一定完全靠得住，在主流学者中从 20 世纪开端到末尾都有反对者（Paul Shorey，*The Unity of Plato's Thought*，Chicago，1903，p.4，以及 Charles H. Kahn，*Plato and the Socratic Dialogue：The Philosophical Use of a Literary Form*，Cambridge，1996.）。

③ 参见 R.E. Allen，*The Euthyphro and Plato's Earlier Theory of Forms*，London，1970. William J. Prior，"Socrates Metaphysician"，*Oxford Studies in Ancient Philosophy*，27（2004），pp.1-14。

④ 参见 G.E.L. Owen，"The Place of the *Timaeus* in Plato's Dialogues"，*Classical Quarterly*，3（1953），pp.70-95.（repr. in：R.E. Allen（ed.），*Studies in Plato's Metaphysics*，London：Humanities Press，1965，pp.1-12）。

但不被大多数学者支持，被斥为"大胆"（bold）。除了理念论的发展指标，还有发展论者引入别的标准（比如灵魂观、辩证法概念）对柏拉图思想发展进行分期，这里不赘述。

　　弗拉斯托斯是用分析哲学手段研究柏拉图对话的代表。借助分析哲学的方法，学者们带着当今哲学中本体论、认识论、道德学的关切，突入到柏拉图对话中特别适合用来进行逻辑分析的哲学论证部分，更好地理解、评估柏拉图对相关问题的解决之道，取得了丰硕成果，然而，分析研究法的毛病也是显而易见的，因为柏拉图对话中有大量部分并不具有那种逻辑结构以致特别适合用作分析研究，况且，对单个论证的分析，无论做得多么专业，都并不足以据此确定这些论证所居于其中的整篇对话的意义①。分析研究法的最大问题是，从分析哲学的狭隘哲学观出发，完全无视柏拉图对话的戏剧特征，睁眼不见柏拉图对话中的论证乃是言语（logos）与行动（ergon）的双重论证的结合。所以，对一篇对话，若想从总体上理解其中所发生的实事，分析研究法并无推进，我们只要对比一下弗拉斯托斯以及米勒（Mitchell H. Miller）对《巴门尼德篇》的研究②，就可以看出，即便对于如此逻辑的对话，关注其戏剧特征有多么重要！通过分析法研究柏拉图的论证，学者们不仅发现柏拉图是当代哲学的知识观念、意义理论、逻辑原子主义等的先驱，更多地发现了柏拉图论证中"诚实的困境"、立场的不一致、概念的二义、问题的不相关、论争的错误和失败，如此等等。忠诚于分析方法的学者们最不能忍受的一大问题是：苏格拉底的主张，在不同的对话录中，竟然会有非常大的反差，甚至矛盾、对立。这让他们如鲠在喉、寝食难安，

---

① 参见 J. H. Lesher, "Analytical Approaches to Plato", in: Gerald A. Press（ed.）, *The Continuum Companion to Plato*, London & New York: Continuum, 2012, pp.292-4。

② Gregory Vlastos, "The Third Man Argument in the *Parmenides*", *Philosophical Review*, （63）1954, pp.319-49（repr. in: R. E. Allen（ed.）, *Studies in Plato's Metaphysics*, London: Humanities Press, 1965, pp.231-63.）.［美］米勒：《灵魂的转向：柏拉图的〈帕默尼德〉》，曹聪译，华东师范大学出版社 2015 年版。

确实，仅仅从逻辑上讲，A 若正确，Ā 就绝不可能正确，这样的难题，在逻辑内部是不可能解决的。其实，如果我们认真对待柏拉图对话的戏剧特征，在整篇对话的情景中考察单个论证的意义，在所有对话编织的戏剧整体中考察单篇对话所传达的部分的、片面的真理，那么，不同对话中呈现的矛盾和对立非但不是我们理解柏拉图的障碍，反倒成了我们进入柏拉图思想的线索。所以，不同对话录中苏格拉底反差巨大甚至互相矛盾的问题，分析派的学者是提出了只对于他们才成为问题的问题，不过，他们漂亮地解决了他们提出的问题！这里有发展论的又一个新发展，又是卓越的弗拉斯托斯！

我们可以说，20 世纪中期起，发展论的新发展和分析方法的兴盛，这两者的同时性绝非偶合，正是分析法提出的问题推动了发展论的发展。

通过聚焦理念论，发展论者成功地使中晚期的划分有了坚实的哲学基础：中期是对理念论的成熟表达，晚期是对它的批判。现在，整个大厦的框架还有一部分需要完善，就是还需要在哲学上为早期和中期的划分建立坚实基础。在早中期对话中，苏格拉底都是主要发言者。问题的解决同"苏格拉底问题"联系起来，这所谓苏格拉底问题是指，当我们在哲学史研究中说到苏格拉底时，到底指的是谁？依据什么文本来判断历史上那个苏格拉底的真实思想？分析学者发现，"苏格拉底"在柏拉图对话的不同部分中反差太大，以致可以说有两个哲人叫"苏格拉底"，弗拉斯托斯总结道："这个人一直是同一个。但是，他在不同组对话中所搞的哲学如此不同，以致绝不可能把它们描绘成是共存于同一个头脑中，除非它患了精神分裂症。它们在内容和方法上都大相径庭，以致彼此截然不同，就像不同于任何你愿意提到的自亚里士多德开始的第三者哲学"①。弗拉斯托斯列举了十组对立论题，显示早期对话中的

---

① Gregory Vlastos, *Socrates*: *Ironist and Moral Philosopher*, Cambridge University Press, 1991, p.46.

苏格拉底与中期对话的苏格拉底的不同，比如：早期完全是一个道德哲学家，中期则是一个有广泛理论兴趣的哲学家；早期否认拥有知识，未提出分离的理念，没有关于灵魂本性及不死的论说，中期则自信发现了知识，提出了理念论以及不死灵魂的三分结构；等等。经过研究，他的结论是：早期对话录展示（exhibit）了历史上那个真实的苏格拉底的方法和学说。当然，这并不必然是柏拉图有意通过再造（reproduction）给它们来一个精确的复制（copy），而是柏拉图在其哲学生涯的开始阶段追随苏格拉底，以苏格拉底的方式从事哲学，通过写作力图把苏格拉底的洞见变成自己的东西，所以，那是想象性的再创造（imaginative recreation），"真实的苏格拉底思想存在于柏拉图对它的再创造中"（《苏格拉底的申辩》则据说是真实历史记录）①。柏拉图对话记录了柏拉图心灵的发展，这是发展论的基本假定，结论是，在早期对话录中，苏格拉底所言反映了历史上苏格拉底的哲学观点，当然，也反映了在其成熟、拥有真正自己思想（中期）之前的柏拉图的哲学观点，因为，"柏拉图只会允许他的苏格拉底言说他（柏拉图）认为真的东西"②。这就是说：存在"苏格拉底的反讽"，但是不存在柏拉图的反讽！

在柏拉图文本中成功地区分出苏格拉底的和柏拉图的，这是 20 世纪柏拉图研究的一大贡献！

弗拉斯托斯代表性地总结了发展论和编年论的成果，尽管存在反对的声音③，仍然成了当今学界的主流看法：柏拉图对话录在写作时序上

---

① Gregory Vlastos, *Socrates: Ironist and Moral Philosopher*, Cambridge University Press, 1991, pp.45-53.参见 M.L.McPherran, "Vlastosian Approaches", in Gerald A.Press（ed.）, *The Continuum Companion to Plato*, Landon & New York: Continuum, 2012, pp.294-6。

② 参见大师的追随者的介绍：［英］H.H.本逊（Benson）：《苏格拉底与道德哲学的发端》，载《劳特利奇哲学史》（十卷本）第一卷，中国人民大学出版社 2003 年版，第 370—372 页及相关注释。

③ 主流学界的反对大都无意撼动三期划分的大框架，主要的意见是，苏格拉底早期与苏格拉底中期的差异，不像弗拉斯托斯所说的那样巨大。不过特斯勒夫（Theslef）和卡恩（Kahn）对划分早期和中期提出了强烈质疑。卡恩发展出自己独特的预示论读法（proleptic reading），认为早期与中期的不同并非体现柏拉图思想的发展阶段，所谓早期著作，是为

分为早中晚三期，早期对话反映苏格拉底的思想，追问德性和美好生活，中期对话体现柏拉图成熟期的思想，核心是理念论，在晚期对话中，柏拉图批判理念论，思想进一步发展①。

柏拉图一生，哲思久长，写作必有时序，思想或有发展，这都是很可能的事，但若说只有到了现代人们才能认识到其写作时序的重要，勘定其写作分期，厘定其思想发展，而自古以来 2000 多年竟未有所闻，这倒是一件有趣的事，何以如此？这里面起决定作用的因素，恐怕不在古人柏拉图那里发生的实事，而在我们今人自己的先入之见。上面提到的主流看法，如果我们看不清编年论与发展论特定的历史来源，不思考其哲学上的脆弱性，而把三期划分当作柏拉图研究的范式，那么，在这

展示柏拉图成熟哲学思想精心制作的准备和预示。对分期说的根本质疑来自主流外的学者，比如郝岚（Howland）、奥斯兰（Ausland）、纳尔斯（Nails）。晚近的编年论文献有：

Gerard R.Ledger, *Re-Counting Plato: A Computer Analysis of Plato's Style*, Oxford, 1989.

Leonard Brandwood, *The Chronology of Plato's Dialogues*, Cambridge, 1990.

Leonard Brandwood, "Stylometry and Chronology", in: Richard Kraut (ed.), *The Cambridge Companion to Plato*, Cambridge, 1992, pp.90–120.

Charles M.Young, "Plato and Computer Dating". *Oxford Studies in Ancient Philosophy*, 12 (1994), pp.227–50.

主流学者质疑早中期分期的文献有：

Holger Thesleff, "Platonic Chronology", *Phronesis* 34 (1989), pp.1–26.

Charles H.Kahn, *Plato and the Socratic Dialogue: The Philosophical Use of a Literary Form*, Cambridge University Press, 1996.

Charles H.Kahn, "On Platonic Chronology", in Julia Annas and Christopher Rowe (eds.), *New Perspectives on Plato*, *Modern and Ancient*, Cambridge, 2002, pp.93–127.

根本质疑早中晚三期划分的文献有：

Jacob Howland, "Re-reading Plato: the Problem of Platonic Chronology", *Phoenix* 45 (1991), pp.189–214.

Hayden W.Ausland, "The Euthydemus and the Dating of Plato's Dialogues", in Thomas M. Robinson and Luc Brisson (eds.), *On Plato: Euthydemus*, *Lysis*, *Charmides. Selected Papers from the Fifth Symposium Platonicum*, Sankt Augustin, 2000, pp.20–22.

Charles L.Griswold, "Comments on Kahn", in: Julia Annas and Christopher Rowe (eds.), *New Perspectives on Plato*, *Modern and Ancient*, Harvard University Press, 2003, pp. 129–44.

① 英美主流学界在 21 世纪对写作时序的标准观点，见 Terence H. Irwin, "The platonic corpus", in Gail Fine (ed.), *The Oxford handbook of Plato*, Oxford University Press, 2008, pp.77–84。

一范式下的研究必定是将更多的现当代想象加到柏拉图身上，得到的与其说是从柏拉图来的教益，不如说是我们自身的映射。现代对柏拉图作品的时序分期工作，只有在满足如下假定前提时才有可能是可靠的①：

1. 柏拉图（像当今多数哲学工作者所做的这样）写完一篇就发表一篇，每一篇发表出来就成了作者无法再改的历史存在，反映了作者当时的思想。

2. 如若柏拉图思想变化，经过修改并再版某篇作品，史上必有传闻或记载，我们可得而知。可见柏拉图并未因思想发生变化而修改再版某篇作品。

3. 柏拉图作品，不论篇幅短长，都是完成一篇之后再接下来写下一篇。

4. 柏拉图发表一篇作品时不可能自留底稿，他也不会终生不辍地编辑、修改、重写它。

5. 所有流传的抄本都来源于同一个母本，是柏拉图亲自手订。即便晚年作品也是如此，里面的文体习惯，来自柏拉图本人，不可能来自某个抄、编者，比如 Philip of Opus（Diogenes Laertius，3：37）。

6. 柏拉图去世之后，在柏拉图学园内外流传的柏拉图作品，整体来说相当稳定，篇目、文字都几乎没有增删改易，到 Aristophanes of Byzantium（c.257-180 BC）和忒拉绪洛斯（d.36 AD）时都是如此，至少

---

① 严肃认真的学者在谈到作品分期时，都能意识到其设定的性质和界限，比如罗斯就指出，长篇对话写作必定历时较长，期间可能穿插短篇写作，而且有柏拉图勤勉修改作品的古代证据，于是指出任何对时序的排定都必定是"试探性的"（tentative）（W.D.Ross, *Plato's theory of ideas*, Oxford：Oxford University Press, 1951, pp.9-10.）。赖尔在排时序时有专门一节讨论文体考量学的困难（Gilbert Ryle, *Plato's Progress*, Cambridge University Press, 1966, pp.295-300.）。关于时序排定的实践原则，格思里对下面的说法深以为然：它只能是"大体遵照编年论，结合以阐释的方便"（W.K.C.Guthrie, *A History of Greek Philosophy*, Vol.IV, Cambridge University Press, 1975, p.54.）。弗拉斯托斯提出他的宏论，也只是当作一个"设定"（hypothesis）（Gregory Vlastos, *Socrates：Ironist and Moral Philosopher*, Cambridge University Press, 1991, p.53.）。不幸的是，很多学者把早中晚三期的说法和框架当成了事实，用作研究指南。

当今断定为真的作品就是这样。

……

这些在当今很容易满足的条件，在古代却并不如此①。关于古代作品的写作与流传，越来越多的柏拉图研究者恢复到常识，实事求是，编年论走过 150 年后摇摇欲坠，终到寿终正寝时，发展论的哲学构建也就随之成为无实事根基的沙上大厦。

所以，我们的观点是：别偷懒，忘掉早—中—晚期的说法和框架吧！

三、戏剧特征

一个非常古老的说法：据说柏拉图写的第一篇对话是《斐德若篇》（第欧根尼·拉尔修 3：37），这个说法，在现代柏拉图研究的初期，也得到施莱尔马赫的认真对待，他把它列为柏拉图奠基性著作的第一篇。

我们读柏拉图对话录时，先要读《斐德若篇》，重要原因之一是它里面有对书写的质疑：我们在读一个写下来的文本，它却在说，写下来的东西缺陷甚大。说这话的人是书中的苏格拉底，他说，写下来的文字里不会有什么清晰、牢靠的东西（275c5-e5）。我们确实知道，苏格拉底一生真的述而不作，没有留下任何写下的文字。关于苏格拉底我们所知道的一切，最主要的来自于他的学生柏拉图，柏拉图写的作品中最主要的人物是苏格拉底。苏格拉底确实没写，柏拉图确实写了。但是，柏

---

① 研究者们发现，大量证据表明古代的情形与今人按照当今习惯的想象迥异。纳尔斯（Nails）被主流学者称为"统一论者"，他关于编年论及其困难的介绍，见其为 *The Continuum Companion to Plato*（Gerald A.Press ed., *The Continuum Companion to Plato*, London & New York：Continuum，2012.）写的词条 "Compositional Chronology"，尤其第 291—292 页。

拉图自己，与苏格拉底一样，也曾说：写下来的东西缺陷甚大；还说：但凡有理智的人，从来不敢写作，把他的思想付诸那种有缺陷的言辞（《书简七》，343a2-4）。我们确实知道，柏拉图一生醉心于写作，著述盛丰。这让我们只能猜想：柏拉图的写作以某种方式避免了写下的言辞的缺陷。

根据苏格拉底或柏拉图的说法，写下的言辞的最大缺陷是：所有能阅读的人都能同等地得而读之，它们既传到懂得其所说的那些东西的人那里，也传到根本不可能懂其所说的那些东西的人那里，它们不知道该对哪些人说、不该对哪些人说，不知道对谁说、对谁沉默。

我们把柏拉图写下的言辞叫作"柏拉图著作"。柏拉图自己是这样说的："现在没有，将来也不会有柏拉图的著作，现在那些所谓柏拉图的著作，属于变得美好（高贵）而年轻（新）的苏格拉底"（《书简二》，314c2-4）。可以放心地说，柏拉图写作的主题，就是苏格拉底[①]，这是学生娃都知道的常识。

柏拉图的书写都是描写苏格拉底的，这一事实使书写的可能的缺陷问题变得尤为尖锐，因为，苏格拉底以他特有的"反讽"（irony）著称。我们若在字典里查 irony，它给的第一个意思是：话语的真实意思被隐藏了（与其字面意思相异），或者与其字面意思相反（real meaning is concealed or contradicted by the literal meanings of the words）。"反讽"一词来源于希腊语，有个喜剧人物叫 Eirōn，卑微的他运用其机智一再战胜爱自夸的 Alazōn。由此而来的 eirōneia 一词，基本意思就是"假装不知"。那么，"苏格拉底式的反讽"是什么？它也是这样一种假装，一种不（真）实。亚里士多德不赞赏反讽，既然它是一种假装，那么

[①]　苏格拉底是柏拉图绝大部分对话中的主角，在几篇对话中话不多或者无话，但也在场。在《法律篇》中没有苏格拉底，只有一个来自雅典的老人，不过，亚里士多德谈到《法律篇》时，很自然地以为《法律篇》的主角就是苏格拉底，见亚里士多德《政治学》卷二第6章。参见［美］施特劳斯：《什么是政治哲学?》，李世祥等译，华夏出版社2011年版，第24页。

无论自夸还是谦虚，都不符合中道：真实①。不过他又说，大度之人（自认为值得做大事情，事实上就是如此）习惯于俯视，因而是真实、坦诚的，但是他用反讽对大众说话（1124b29-31），亚里士多德还说，苏格拉底那样的谦虚（虽然不真实），还是蛮吸引人的（1127b22-31）。苏格拉底为什么总爱用反讽？根据亚里士多德的提示，我们可以推出，苏格拉底的作假、装糊涂，是为了掩饰他的优越，优越的最高形式就是智慧的优越，这恰是苏格拉底无与伦比地具有的。要掩饰一个人的智慧思想，无外乎两种方式：或者把它说出来时让它显得低一点，不那么智慧；或者不对人说，鉴于他（们）对这智慧的主题终究不可能懂，只能提出问题但绝不会给出答案。看来，反讽本质上与这一事实相连：在人之间存在着自然的等级秩序②，于是反讽就在于：对不同种类的人，说不同的话！为此，苏格拉底不写作。但是，柏拉图写了，写的就是苏格拉底。

写与不写的纠缠，背后是说与不说的纠缠。既然柏拉图深知苏格拉底不写的理由，既然柏拉图毕生在写苏格拉底，我们只能推论说：柏拉图的对话录，做到了对不同的人说不同的话，柏拉图也绝对是反讽的！柏拉图是如何做到的？

有一种我们马上就可以想到的可能性就是：柏拉图写的对话录，忠实地、一字一句地记录下了苏格拉底的对话，就像是录音机甚或摄影机做的，以致我们得到的，可以说就是苏格拉底某次交谈过程的精确的文字副本。然而，这样的可能性，几乎没有③！即便我们设想柏拉图对话

---

① 参见［古希腊］亚里士多德：《尼各马科伦理学》，1108a19-22、1124b29-31、1127a20-26、b22-31。

② 这是古代中外先哲的通识，也是现今未曾被充分启蒙的草根艺人的洞见："都是人呢，怎么这么不一样啊！"

③ 柏拉图呈现的苏格拉底，一定是艺术性、想象性的再创造，在这一点上，我们完全同意弗拉斯托斯的看法，我们所不敢跟随他的，是在这基础上再进一步设想柏拉图的思想发展与转变。

录是对苏格拉底谈话的精确复制，我们也不得不承认，比如，苏格拉底一生中无数次交谈，柏拉图只是选择性地记录其中若干次，柏拉图特别依据对话的对象而选择记录，对话录的题目，是柏拉图选定的，哪篇题目中出现苏格拉底的名字，也是柏拉图的安排，对话的呈现方式（演出式、叙述式），当然也是柏拉图的设计，凡此种种，无不体现了柏拉图自己，体现了柏拉图自己的匠心，用他自己的话说，为了呈现出"变得美好而年轻的苏格拉底"，这就是柏拉图的意图，他要给我们展示苏格拉底——柏拉图的苏格拉底，柏拉图没有保证他的苏格拉底与历史上真实的苏格拉底一致、一模一样。为了叙述的简便，我们接下来说到苏格拉底，都是指柏拉图的苏格拉底。柏拉图写的苏格拉底谈话体现了柏拉图的意图，然而，与柏拉图的意图同时发生的，是柏拉图的隐藏。在柏拉图写的苏格拉底谈话中，柏拉图自己从未成为其中的对话者，柏拉图在其中甚至一共只被提到两次。当柏拉图以演出剧本的方式呈现对话的时候，当柏拉图把叙述式转化成演出式，或者把叙述的主体归给谈话中某个人物时，我们说，作者（柏拉图）完全隐藏了自己：柏拉图对话是柏拉图写的戏剧！自古以来，人们就这么认为①。柏拉图的对话作为戏剧，要求被当作戏剧来读，只有这样，才能读出柏拉图的意图。不过，这究竟怎样可行？

　　回到苏格拉底或柏拉图对写作缺陷的批评，我们可以试着说，柏拉图写的戏剧，一定在相当程度上克服了书写的缺陷，是苏格拉底或柏拉图所说的"好的写作"（《斐德若篇》，275d4-276a7），做到了对不同人说不同话。一方面，经过柏拉图的精心设计，柏拉图戏剧展示了口头交谈才具有的灵活性与适应性，生动地、再现式地呈示了对话中所发生的实事（苏格拉底对不同人说不同话）。另一方面，柏拉图精心设计的戏剧对话又遵从了苏格拉底或柏拉图所说的"言辞书写的必然性"

---

① 　参见［美］J.克莱因：《柏拉图〈美诺〉疏证》，郭振华译，华夏出版社2012年版，第1—2页。

（《斐德若篇》，264b7-c5），即是说，写下的言辞的每一部分都是为整体所必需的，每一部分都必然出现在它必然应该出现的部分，以致好的写作组织得就像一个各部分很好协和的健康动物。在柏拉图的对话里，所有的东西都是必需的，出现在它该出现的地方，一句话：在柏拉图的对话里没有偶然①！这就是说，作为写下的言辞，经过精心设计的柏拉图对话，具有某种完整性，在这方面它甚至优越于实际发生的口头言谈②！只要它们得到合适的阅读，它们必定做到：对一些读者说话，对另外的读者沉默。不过，难道写下的对话实际上不是在对所有读者说话吗？那么，这合适的阅读是什么意思？对读者沉默是什么意思？

为了说明柏拉图的苏格拉底如何做到说与不说，施特劳斯用色诺芬的苏格拉底来对观③。施特劳斯说，根据色诺芬，苏格拉底的交谈技艺有两重。当遇到有人就某一主题反对他时，他会回到争论的根基，提出"什么是……?"这一苏格拉底式的问题，通过问答，一步一步地向反对者展示真理。当苏格拉底对纯粹聆听他的人讲话，自己发起一场讨论时，他就从公认的意见出发，经过大家的同意，逐步推进，这后一种技艺，与前者不同，不是显明真理，而是引向同意，荷马说机智的奥德修斯就有这种技艺，称他为"稳当的言者"。色诺芬还说，苏格拉底并不以同样的方法对所有人。一方面，有的人拥有美好的天性，苏格拉底很自然被他们吸引，他们学得快、记忆好、渴求一切有价值的学问；另一方面，还有各色人等，缺乏美好的天性。毫不奇怪，可以这样设想：苏格拉底把前者引向真理，把后者引向同意或确认有益的意见。色诺芬的苏格拉底，只与他的朋友或毋宁是"好的朋友"一起从事其极乐的工

---

① 对比这句话："在主的世界里没有偶然"！
② 参见［美］克莱因：《柏拉图〈美诺〉疏证》，郭振华译，华夏出版社 2012 年版，第 18 页，以及 Leo Strauss, *The City and Man*, Chicago and London：The University of Chicago Press, 1964, p.53, 54, 60。
③ 参见 Leo Strauss, *The City and Man*, Chicago and London：The University of Chicago Press, 1964, pp.53-4。

作。既然正如柏拉图的苏格拉底所说，在明智的朋友间说出真理才安全可靠。联系起《斐德若篇》中所言，我们可得到如下结论：一个合适地书写的著作，对有的人是真的在说，即展示真理，同时，把别的人则引向有益的意见；一个合适地书写的著作，将唤起那些天性适合的人进入思想；好的写作要达到其目的，条件是，读者能仔细考察其每一部分（无论多么小或看似微不足道）的"言辞书写的必然性"。

看起来似乎是这样：一方面，柏拉图的对话生动地、戏剧性地呈现了苏格拉底交谈的实事，对不同人说不同话，或者对有些人真正在说而对有些人实为缄默。另一方面，柏拉图对话经过精心设计，保证让合适的读者通过合适的阅读进入到苏格拉底交谈的实事中，他会充分理解其中发生的实事，就像柏拉图希望他理解的那样。问题是：作为读者的我们，是合适的读者吗？我们的方法是合适的阅读吗？在这里，对读者和方法进行种类的区分与重组，看看每种组合是否能合适地理解甚或进到柏拉图对话中的实事（如下表），并非没有意义。

表 10-3 读者、方法与对话录的实事

是否合适读者	是否合适方法	是否合适进入对话的实事
√	√	√
√	×	×
×	√	?
×	×	×

如果我们天性合适，方法也对头，不消说，我们当然能理解、进入到柏拉图对话的实事中。尼采，这个柏拉图式的现代大哲人，却对我们非常怀疑，他用他最漂亮著作的副题表达了这一怀疑："Ein Buch für Alle und Keinen"（一本给一切人以及无人的书）。

如果我们天性合适，方法却不对头，我们不会进入柏拉图对话中的实事，我们进入柏拉图对话的方式将超越合适，成为一种摧毁（Destruction）或占有，比如我们中的某个海德格尔或维特根斯坦。

如果我们既非合适的读者（天生极少分有美好的天性），也没有采用合适的读法，那么我们当然不会合适地进入到对话中所发生的实事，问题是这意味着什么？虽然我们天性不合适，又没有合适的方法，但如果我们足够认真，字面地（似乎）理解了其中（特别是苏格拉底的）言辞，那么，是否虽然未曾进入其中的实事，也可能（像对话中也许存在的与我们天性相近的人物那样）被引向有益的意见？这种可能性是不能排除的，但是，这也意味着并不保证我们会被引向有益的意见，比如我们中某个卡尔·波普（Karl Popper），借着自己的意见，完全没有从柏拉图对话里读出有益的意见，把柏拉图当成了极权主义之恶的始祖，这似乎意味着，柏拉图对话，尽管可以说是最好的书写，仍然没有逃脱苏格拉底所说的写下的言辞的缺陷："当它遭到莫须有的责难或不义的辱骂"，"既保护不了自己，也救助不了自己"（《斐德若篇》，275e3-5）。

最有意思的是，如果我们虽非合适的读者，天生极少分有美好的天性，但是，感恩于现代昌明的文教之赐，碰巧掌握了合适的方法，那么我们有可能合适地进入对话的实事中吗？严格的合逻辑的答案当然是否。不过，合适的方法似乎保证我们能理解对话中发生了什么，虽然我们不合适的天性则似乎又阻挡了我们的理解。合适的阅读让我们能看到对话中发生的事情，看到苏格拉底对不同人说不同的话，在我们的天性能达到的范围内，理解那些看来是对我们说的话（也许只是有益的意见，也许超出这些意见），这同时又意味着，我们了解到那些看来不是对我们说的话：我们知道自己不知道①！我们知道自己不知道什么。在这一点上，我们似乎达到了苏格拉底自许的无知之知。无知之知，这对我们又意味着什么？

---

① 特别参见［美］克莱因：《柏拉图〈美诺〉疏证》，郭振华译，华夏出版社 2012 年版，第29—30 页。

当我们拿到并阅读柏拉图对话，我们是谁？

如同有人说《论语》是君子之书，给君子看的书，柏拉图对话也绝不是写给一切人看的书，尽管它是一切人可得而看的书。柏拉图对话是"好的书写"，准确说，它只是好的书写的一个种类。好的书写的原型是好的交谈，好的书写必定摹仿好的交谈。一本写下的书与一次交谈有这样一个本质区别：在书中，作者对很多他完全不知的人讲话，而在交谈中，言者对一个或多个他或多或少认识的人讲话。既然好书必定摹仿好的交谈，那似乎是，它原本是对一个或多个作者所认识的人讲话，那么，这原本的听讲者就代表了作者首先想要达致的读者的类型。这一类型并不必须是拥有最美好天性的人。柏拉图对话呈现了一场交谈，在其中，苏格拉底①与一个或多个他或多或少认识的人交谈，所以他能根据对谈者的才能、性格乃至情绪来调整他的言说。但是，与其所呈现的交谈不同，柏拉图对话实际上让那交谈到达一切人，柏拉图自己完全不认识也永不会对之讲话的众人。柏拉图对话自己可能区分、挑选它的听讲者吗？有一种可能是，柏拉图精心设计了对话，通过阅读的进程，区分、挑选其听讲者。柏拉图对话区分、挑选它的听讲者，需要我们阅读时的参与，这是我们阅读者的工作。柏拉图对话摹仿苏格拉底的选择性交谈，我们阅读对话的进程使对话成为选择性的发言，我们的阅读工作是对柏拉图摹仿的摹仿！柏拉图的摹仿使我们的摹仿成为可能。问题仍然是：我们是谁？我们的摹仿如何成为可能？

柏拉图对话体现了"言辞书写的必然性"，它清晰地向我们展示了：苏格拉底以什么方式为他特定的听众调整该作品所传达的教义，以及这教义如何不得不重新叙述，若想超出谈话的特定语境而仍然有效。在所有柏拉图对话中，苏格拉底的交谈对象都不拥有最美好的天性。苏格拉底一定和柏拉图有很多交谈，也一定和比如爱利亚来的异邦人或者

---

① 柏拉图对话中的主要言者不只有苏格拉底，为叙述方便，我们简单化地以苏格拉底代指柏拉图对话的主要言者。

蒂迈欧有过交谈，但是柏拉图从未呈现这些交谈。在柏拉图对话中，从未有相互平等的人之间的对话①。施特劳斯的这个观察，看来是一个事实。柏拉图没有呈现最美好灵魂之间的交谈，没有呈现真正哲人之间的交谈。我们身边的柏拉图学人也观察到这一点②。克莱因也观察到，总的来说，柏拉图对话不是"辩证技艺"的样本，即便有些对话中富于辩证式论证，其所采用的论证也更多是因人而异的论证，支配论证的，是引导灵魂（psychagogia）的迫切性，体现的是"修辞技艺"③。柏拉图挑选他的苏格拉底和哪些人交谈呢？《苏格拉底的申辩》是柏拉图唯一呈现的苏格拉底公共言谈，根据里面苏格拉底在法庭上的正式说法，苏格拉底在公众场合，在市场的换钱柜台边，和很多雅典人交谈，他还说自己检审所有看来拥有知识的人，他提到了三种：政治家、诗人、工匠师傅，后来再次提到时又加上演说家，他说不论是雅典人还是外邦人，只要他相信其有智慧，他都会去检审。但是，正如施特劳斯所观察到的，如果我们把他的这些说法当真，我们的预期在柏拉图对话中一定落空，柏拉图完全没有呈现苏格拉底与雅典人民中之人的交谈，苏格拉底在对话中非常多地提到比如鞋匠之类的技艺，但是，我们没发现柏拉图的苏格拉底有一次与鞋匠之类的工匠交谈。柏拉图只呈现了一次苏格拉底与诗人的交谈，很少几次与雅典公民中的政治家（或曾经的政治家）的交谈。我们更多看到的是苏格拉底与外来的智术师、修辞家以及这类人的交谈。总之，跟其唯一的公共演说上的自我呈现完全不同，

① 参见 Leo Strauss, *The City and Man*, Chicago and London：The University of Chicago Press, 1964, pp.54-5。

② 刘小枫在其译注《柏拉图四书》"导言"中说："灵魂的个体差异及其高低秩序是苏格拉底讨论灵魂问题的前提……无论希珀克拉底还是斐德若，都算不上天生优异的灵魂，即便思辨力超强的西姆米阿斯也算不上德性优异的灵魂，尽管如此，苏格拉底仍然不惜为了他们而付出自己的生命时间。苏格拉底的灵魂让人感动，不仅在于他对精纯不杂的美有强烈的爱欲，而且在于他的灵魂爱欲在追求自己的所爱时没有不顾及我们这些生性可怜的灵魂。"生活·读书·新知三联书店 2015 年版，第 32—33 页。

③ 参见［美］克莱因：《柏拉图〈美诺〉疏证》，郭振华译，华夏出版社 2012 年版，第 30 页。

苏格拉底事实上不与普通人民交谈，他所交谈的人，都以某种方式属于精英，虽然在最高的意义上，他们绝非或可以说绝非精英。总之，柏拉图选择性地呈现了苏格拉底的谈话，在其中，苏格拉底根据对话者的等级调整他的言辞，就言辞只是适合对话者而言，我们可以说，苏格拉底的对话者都没有合适地进入到苏格拉底的真正言辞中。那么，认识到这一点的我们，是否就合适地进入到了苏格拉底交谈的实事、进入到了苏格拉底的言辞中呢？

　　柏拉图的对话是戏剧，要求被当作戏剧来读，因此不能径直把对话中苏格拉底的观点归给柏拉图。施特劳斯举了莎士比亚《麦克白》的例子来说明这一点。"人生如痴人说梦，充满了喧哗与骚动，却没有任何意义。"这是莎剧主角麦克白的著名言辞，我们当然不能说它就是莎士比亚对人生的看法。为了知道莎士比亚的看法，我们必须参照戏剧的整体来思考麦克白的言辞，于是我们可能会说：人生并非就是毫无意义的，但是对他来说变成无意义的了，因他违犯了人生的神圣法则，或者说，违犯人生的法则就是自我毁灭。但是，既然自我毁灭是在麦克白这个特定的人这里展示出的个案，我们便不得不思考，是否这里表现出的这条自然法则实际上就是一条自然法则，鉴于麦克白对人生法则的违犯至少部分起因于超自然的东西。施特劳斯说：我们必须以同样的方式，依照"实事"（deeds）理解所有柏拉图人物的"言辞"（speeches）。"实事"首先是指对话的场景与行动：苏格拉底的言辞针对的是哪种人？他的年龄、性格、能力、社会地位，它们分别都有什么表现？行动发生于何时何地？苏格拉底实现其意图了吗？他的行动是自愿的还是被迫的？也许苏格拉底本意不是想教导一个学说，而是教育人，使他们变得更好、更正直或更文雅，更能意识到自己的局限。在人真正聆听教诲之前，他们必须先有此意愿，他们必须意识到自己需要聆听，必须从使他们变迟钝的迷魅中得到解放，而这一解放的实现更少是通过言辞，更多则是通过沉默、通过实事、通过苏格拉底沉默的行动，那与他的言辞并非一回事。除了上面提到的，"实事"还包括"言辞"中未曾提到的相关"事实"（facts），它们或者为苏格拉底或柏拉图所知，或者可能不为苏格拉底所知。我们通过无关主题的细节或通过看似不经意的提示，便被引向那些"事实"。要理解剧中人物的言辞相对容易，每个听者或读者都能觉察到它们。但要觉察到那在某种意义上并未说出的东西，觉察说出的东西是如何说出的，则要困难得多。通过实事的观照，我们会发现，言辞处理的是一般或普遍的事物（比如正义），但言辞是在特定或个别的场景下作出的，即，这些或那些人在这里或那里就普遍的论题进行交谈，于是，依照实事理解言辞便意味着去察看，对哲学主题的哲学处理如何被特定或个别的情景修改了，或者如何被转化成一种修辞的或诗的处理，或者如何从明面的修辞或诗的处理恢复成内含的哲学处理。换个说法，依照实事理解言辞，我们便把二维的东西转化成三维的，或毋宁恢复了原本的三维性。总之，施特劳斯说，对言辞书写的必然性法则，我们无论怎么严肃对待都不过分。在柏拉图的对话里没有偶然，每个进到柏拉图对话中的事物都是有意义的。在所有实际发生的交谈中，偶然性都扮演着可观的角色，而所有柏拉图对话则是彻底虚构的。柏拉图对话基于一个根本的错误，一个美丽的或美化的错误，就是，否定偶然性。柏拉图对话里的每一物，都是柏拉图的巧夺安排，无不体现柏拉图的意图，这一见解，就是贯彻言辞书写的必然性给我们读者带来的方法论上的后果，只有遵循这样的解释学原则，才是合适地进入柏拉图对话的方法。看来，柏拉图的写作，不仅安排其戏剧中的一切，而且由此安排了后来读者阅读它的方式，柏拉图力图控制读者，掌握其作品的命运！用熟谙中国经典的人士的话说：这是子学的极致！柏拉图对话的这种根基处的错误，是柏拉图那里的事实，还是施特劳斯解经法的后果呢？柏拉图明确意识并明确坚守这一根基的错误吗？

合适地进入到柏拉图对话中的方法，约略如上所述。但是，进入到对话的实事中并不仅仅是理解，像一个旁观者那样。来自赫尔墨斯的礼物不是一个现成之物，它总能引起一场运动。阅读柏拉图的过程不是一种静观或旁观，而是生存上的参与。用克莱因的话说："我们读者们其实就是苏格拉底身边那些听众中的成员，是沉默而主动的参与者。""我们必须在对话中扮演自己的角色"①。在我看来，还不止于此，我们不仅仅是对话戏剧中的角色，甚至还是对话戏剧演出的导演之一，是我们的参与让对话活起来、动起来，是的，柏拉图对话是在摹仿苏格拉底，积极延续苏格拉底的事业，不过，他只是写下了剧本，我们可以承认柏拉图在其中很强地贯彻自己的意图，以致他还是任何一次演出的导演，但是我们至少是副导演，而且是执行导演，我们的演绎（performance）对原作意图的实现程度，取决于我们对柏拉图的尊重程度，也取决于我们的性情、能力、思维、境界等因素。柏拉图提供了剧本，提供了演出舞台，也是擂台，让我们纷纷上去展示自己的演绎，我们有可能把戏剧演绎得很好，也可能演绎得很坏，因为我们不是同一个种类、同一个级别的灵魂。柏拉图对话是对苏格拉底的演绎，我们的阅读和参与是对柏拉图演绎的演绎。

　　理想的演绎的前提是：我们的天性和灵魂，与苏格拉底或柏拉图心心相印，或至少是潜在的心心相印。根据柏拉图的苏格拉底的说法，好的言辞书写（比如柏拉图对话）或者是有知者为健忘的老年留下的提醒，或者是有知者为"一切追随同样足印的人"写的（《斐德若篇》，276d4），就是"用知识写在学习者灵魂中的"（《斐德若篇》，276a5）。曾子曰："以文会友，以友辅仁。"柏拉图的苏格拉底故事，是特为后世的柏拉图们写的，他们阅读柏拉图的过程，就是跟随苏格拉底故事成长的过程，他们遵循"言辞书写的必然性"，索解柏拉图对话中的实事，默不做声地参与到对话中，因为与柏拉图心心相印，不时与柏拉图

---

① ［美］克莱因：《柏拉图〈美诺〉疏证》，郭振华译，华夏出版社 2012 年版，第 5、7 页。

会心地相视一笑。可以肯定，在我们中间，这类人只是极少数①。我肯定自己不在其列。

在实际的演绎中可能更经常发生的是，我们对苏格拉底的对话者的演绎或呈现，总是好于对苏格拉底的呈现，因为我们的天性和境界所能达到的层次，总是离苏格拉底的对话者更近，而离苏格拉底更远。就像一个导演，我们总是更能把握住比如游叙弗伦、克力同、西米阿斯或者忒奥多洛，于是知道如何把他们呈现得绘声绘色、声情并茂，但对于苏格拉底，对于他的神情、语气、措辞等，总是把握不佳。也许，通过学习和训练，顺着"言辞书写的必然性"，我们能了解柏拉图对话中发生的实事，进而知道柏拉图在其中透露出的哲人自己的立场，但是，这并不意味着我们一定就会采取柏拉图的立场，"灵魂的引导"所能达到的程度，取决于我们的天性所允许的程度。当我们默默参与到柏拉图对话中，在我们试着为自己找到一个合适的角色时，我们可能首先会发现一些人物与自己如此亲近，比如发现自己燃起的哲学热情，跟格劳孔一样想在政治实践中跃跃欲试，或者真心向往忒奥多洛很投入的纯粹哲学，如此等等，而对苏格拉底，虽然心向往之，但总是达不到与之心心相印的程度。我们的天性给我们设置了界限，"灵魂的引导"最终只能把我们带到那界限处，在那里，我们自知自己无知的意识开始觉醒，但我们

① 我私下里觉得，克莱因出于自己作为哲人的经验，在强调我们参与柏拉图对话时太过乐观了，他相信，作者（柏拉图）及其"追随者"都是"有知者"，我们也会包括在内，只要我们是自愿的"参与者"（［美］克莱因：《柏拉图〈美诺〉疏证》，郭振华译，华夏出版社 2012 年版，第 22 页）。他后面对"无知之知"的解说非常漂亮。我则怀疑，克莱因似乎忽视了"我们"与哲人之间的等级差异，所以在他看来，苏格拉底的无知之知与我们的知道自己不知道，就是同样的内涵，我们参与到对话的实事中，在同一个层次上与苏格拉底或柏拉图心心相印了。这也影响了他在随后的一节中（［美］克莱因：《柏拉图〈美诺〉疏证》，郭振华译，华夏出版社 2012 年版，第 30—35 页）对《泰阿泰德篇》中忒奥多洛的转变的评价，他认为，忒奥多洛在苏格拉底的引导下，转变投入到真正的哲学追求，投身于真正的哲人形象，不过，根据贝纳德特的解读，忒奥多洛转身投向的纯粹哲人形象，与苏格拉底大异其趣（Seth Benardete, *Plato's* Theaetetus, Part I of *The Being of the Beautiful*, Chicago and London: The University of Chicago Press, 1984, pp.x-xi.）。

还不足以借此走到苏格拉底的近旁。的确，读柏拉图对话对我们会是一种生存上的（existential）经验，我们越是觉得进到对话的实事中，就越容易反躬自问：我与其中的哪个人物天性相近？苏格拉底的话是对我这种人说的吗？我似乎看到的哲学，它是为我预备的吗？我的天性适合哲学吗？如同我们说，苏格拉底的所有对话者都没有合适地进入到苏格拉底的真正言辞中，在这里，我们也可以说，我们，柏拉图对话的几乎所有读者，都没有真正合适地进到柏拉图对话所呈现的实事中。据说，柏拉图对苏格拉底交谈的摹仿，是严肃性与喜剧性的统一，我们阅读柏拉图的生存经验，也应该是严肃的与戏谑的。

在苏格拉底受死前两天与克力同的交谈中，苏格拉底没有使用他任何的哲学，甚至避免在交谈中提到"灵魂"，但是，在对事情的看法上，他们达到了高度的一致：苏格拉底留下来等待终了，这更好。我们可以说，在这两个非常亲近的朋友这里，让他们得到一致看法的理由完全不在一个点上，但它们竟然如此奇妙地相聚相合，他们是终生亲近的朋友，这样的情况想必在他们一生中总在发生。克力同被苏格拉底吸引，苏格拉底也把克力同当作值得托付的人（尽管也许只在私事方面）。我们读柏拉图的生存经验，不论怎么严肃或戏谑，应该也会走到这种亲近，这大概也是柏拉图所喜欢的吧。这也是实现柏拉图写作设计的意图吗？

重视柏拉图对话的戏剧特征，虽然渊源古远，但是在现代却是在施特劳斯和克莱因那里才确立的重要诠释学方法。基于克莱因①和施特劳斯②

---

① 参见 Jacob Klein, *A Commentary on Plato's Meno*, Chicago and London：The University of Chicago Press, 1965, pp. 1 – 31。Jacob Klein, *Plato's Trilogy：Theatetus, the Sophist, and the Statesman*, Chicago and London：The University of Chicago Press, 1977, pp. 1 – 6. 中译本：[美] 克莱因：《柏拉图〈美诺〉疏证》，郭振华译，华夏出版社 2012 年版，第 1—35 页。[美] 克莱因：《柏拉图的三部曲：〈泰阿泰德〉、〈智者〉与〈政治家〉》，成官泯译，华东师范大学出版社 2009 年版，第 1—8 页。

② 参见 Leo Strauss, *The City and Man*, Chicago and London：The University of Chicago Press, 1964, pp.50–62。

对方法论所作的经典表述，我们作了上面的叙述和思考，当然并不一定准确、全面、合适。这里只需指出，重视对话戏剧特征的读法，最近几十年已经在所谓主流的读法之外逐渐发展壮大，根深叶茂，影响必将深远①。

四、历史的与哲学的苏格拉底

阅读柏拉图是一种生存上的经验，柏拉图的戏剧把我们带向与苏格拉底的交谈。对苏格拉底或柏拉图的这种生存上的体验，不同于所谓主流读法对苏格拉底或柏拉图的哲学上的体验，后者从概念、命题、论证、学说上把握苏格拉底或柏拉图，它其实是偷偷地假定了唯一一种生存体验：每一个读柏拉图的人都能够并且正在与苏格拉底或柏拉图进行辩证法的或哲学上的交流！但实际上，如果我们认真对待柏拉图对话录的戏剧特征，我们就能明白：显然，苏格拉底或柏拉图拒绝这种交流②！如果说，亚里士多德的哲学论文是专门写给哲学研习者看的，柏拉图的哲学戏剧则是写给一切因某种机缘拿起柏拉图著作的人士的，他仿佛预见到，在文教昌明的今天，以哲学作为一个行当依靠分析柏拉图

---

① 参见 Charles L. Griswold (ed.), *Platonic Writings/Platonic Readings*, New York and London: Routledge, 1988; Gerald A. Press (ed.), *Plato's Dialogues: New Studies and Interpretations*, Lanham: Rowman and Littlefield, 1993; Richard Hart and Victorino Tejera (eds.), *Plato's Dialogues: The Dialogical Approach*, New York: Edwin Mellen, 1997。

② 安娜斯在谈到柏拉图为什么用对话录形式写作时，以女性特有的敏感观察到："柏拉图极不愿意直接陈述自己的见解"（［英］安娜斯：《解读柏拉图》，高峰枫译，外语教学与研究出版社 2013 年版，第 30、136 页），虽然我们对柏拉图对话戏剧特征的意义的理解与她迥异，仍然非常赞赏她非常深刻的这一观察，一方面，它深入到了对哲人性情的体悟，事实上，哲人之间，更隐秘的性情上的区别常常比概念和观点上的区别更根本、更有决定意义；另一方面，它触及了柏拉图展示的哲学的真正路径，柏拉图不要读者依靠权威，"读者必须自行领悟"。但是我们必须清醒，正如《理想国篇》中洞穴比喻所昭示的，柏拉图并没有保证从意见到知识的上升之路对每个人敞开。

来谋生的人完全可以不是苏格拉底的追随者，或者阅读柏拉图甚至成了基础的教育（比如通识教育）的必修课。阅读柏拉图作为生存经验，不可避免地把我们引向历史上的那个苏格拉底，那个曾经有血有肉的、活过、想过、行动过、言说过的人。

Who is Socrates？

苏格拉底是谁？

简单地说，这就是所谓"苏格拉底问题"（Socratic Problem）。它问的是：那个历史上的、真实的苏格拉底是谁？我们如何想见他的样貌、性情、言语、行为、人生境界？

我们了解苏格拉底，如今只能通过记录苏格拉底的文献，其途径不止有一种，而是四种：

1. 喜剧家阿里斯托芬是苏格拉底的同时代人，在其剧作《云》中，他以喜剧的方式呈现了苏格拉底的形象。《云》[1] 上演于公元前 423 年。

2. 历史学家色诺芬（Xenophon，c.430-350 BC）是苏格拉底的学生，他专门记述苏格拉底的作品有《回忆录》（通常译为《回忆苏格拉底》[2]）以及另外三个短篇[3]。

3. 柏拉图。

4. 亚里士多德有 40 多处（不算在举例时提及）提到并介绍了苏格拉底的思想观点。

亚里士多德的陈述没有涉及苏格拉底的性情与行动，专注于苏格拉底的思想观点，他的陈述自然非常重要，尽管学者们并不认为它总是客观、准确的。前面三者对苏格拉底的呈现和见证都是戏剧性的、生动

---

[1]　中译本有罗念生译本（见《阿里斯托芬喜剧六种》，上海人民出版社 2016 年版，《罗念生全集》第五卷）以及张竹明译本（见《古希腊悲剧喜剧集》，译林出版社 2011 年版）。

[2]　［古希腊］色诺芬：《回忆苏格拉底》，吴永泉译，商务印书馆 1984 年版。

[3]　Xenophon, *Memorabilia*, translated and annotated by Amy L. Bonnette, Ithaca：Cornell University Press, 1994. *The Shorter Socratic Writings*（*Apology of Socrates to the Jury*，*Oeconomicus*，and *Symposium*），ed.Robert C.Bartlett, Ithaca：Cornell University Press, 1996.

的，但也是不一致甚或相互矛盾的，这给我们了解历史上真实的苏格拉底提出了大难题。看来，"苏格拉底问题"可以进一步具体化为：如何在三种相互矛盾的记述中去发现苏格拉底的"真相"①。

如果我们专注于阅读柏拉图，我们必须面对这一事实：我们所得的所有言辞都是柏拉图的言辞、柏拉图的著作，即便如被主流学者认为是忠实历史记录的《苏格拉底的申辩》，也是柏拉图的技艺之作、诗性之作②，然而柏拉图又自言"所有柏拉图之作都属于变得美好（高贵）又年轻（新）的苏格拉底"。那么，结论似乎就是：即便如柏拉图所述的苏格拉底的庭上申辩，也既非柏拉图之作，又非那肉身的苏格拉底之作，而是［在柏拉图笔下］变得高贵、美好、年轻、新鲜的苏格拉底之作，是美化、理想化了的苏格拉底之作。于是我们或许要得出这一结论：在这一维度下，我们不可能在苏格拉底和柏拉图之间作一区分，不可能严肃地关心历史的苏格拉底是什么这一问题，因为它在这里是一无解的问题，所以，我们只能放弃作为历史学问题的苏格拉底问题。作为替代，我们可以通过一个哲学问题进入到柏拉图著作中：纠缠在苏格拉底的生与死之中的，是哲人（苏格拉底是其经典形象）与城邦（雅典是其经典代表），或者说哲人与非哲人之间的关系。苏格拉底作为古代哲学家的典范，他是怎样的人？他做了什么、说了什么以致被他的母邦处以死刑？这就是作为哲学问题的苏格拉底问题。在读柏拉图时，扔掉作为史学问题的苏格拉底问题，转而关注作为哲学问题的苏格拉底问

---

① ［美］霍普·梅（Hope May）：《苏格拉底》（On Socrates），瞿旭彤译，中华书局2014年版，第15—17页。

② 参见 William J.Prior, "The Socratic Problem", in Hugh Benson（ed.）, *A Companion to Plato*, Malden：Blackwell Publishing, 2006, pp.25-36. Thomas C.Brickhouse and Nicholas D.Smith, *The Trial and Execution of Socrates：Sources and Controversies*, Oxford：Oxford University Press, 2002. Thomas C.Brickhouse and Nicholas D.Smith, *Routledge Philosophy Guidebook to Plato and the Trial of Socrates*, New York and London：Routledge, 2004, pp.1-6。

题，这似乎是施特劳斯在 1966 年的一个讲座中给我们的建议①。

然而，我们不得不问：柏拉图所呈现的苏格拉底问题仅仅是一个纯粹艺术的创作、一场纯粹的思想实践？哲学的苏格拉底问题与史学的苏格拉底问题关系是什么？哲学的苏格拉底问题难道不是来自于历史上真实的那个苏格拉底问题吗？史上真实的苏格拉底是什么的问题难道不是仍然具有原初的重要性吗？

一般来说，当我们面对过往的或者说历史上的人与事，我们所意指的有两种东西：一个是实际上所发生的（历）史（事）实（in fact），一个是对所发生之事的（历）史记（录）（in speech）。这两者的关系，一般来说，后者是对前者的言语或文字上的记录。当我们不加限定地说到历史，我们通常指的就是政治史。当然不是每一个人、每一件事都是载入史册的，在历史流传中被人们铭记，在历史典籍中被记载的，无疑都是一些伟大的、对后来历史产生了巨大影响的人物、言辞、事件、运动，首先是因为它们在事实上的重要性，然后才有对它们的历史记录。历史记录的任务，首先是把重要的事情记下来，不让被遗忘了，当然，最好同时还要记下它的重要性，这就是说，一方面，"实事"之"是"当然是越真实越具体越好；另一方面，除了记录"实事"之"是"，最好还要记录"实事"之"何以是"。比如说，拿破仑取得了奥斯特里茨战役的胜利，这是实际发生的事，那么，当时真实、具体的过程，皇帝的运筹帷幄和英明决策是怎样的？战役对欧洲历史又产生了怎样的影响？这便是人们读历史时希望了解到的"是"与"何以是"。再比如，汉武帝"罢黜百家，表彰六经"的一系列举措，这是实际发生的事情，那么，为了进入到这些事的重要性中，我们最好就得理解伟大帝王是怎么想的，理解他的情怀、意图、抱负、境界，这也是在这些事情中同时

---

① 参见 Leo Strauss, *Plato's Apology of Socrates and Crito* (1966), *The Leo Strauss Transcript*, Chicago: Estate of Leo Strauss, 2016, p.4。

发生、显现的。历史记录是我们接触历史实事的唯一途径。不过，当我们读历史记录时，问题是：书写的言辞是否足以呈现那些伟大的人与事？是否足以让我们面对或进入那些伟大灵魂的卓越性情与英明思量？这样的思考让我们或许可以说：史实高于史记。大约是因为对史实与史记之间关系的这样看法，在中华传统中的历史记述，一直以秉笔直书、信实记录作为最高的追求，信守真实，是史家的操守，"实事求是"，意味着自觉地克制住去探讨、呈现"何以是"的冲动。希腊的历史记述开始于希罗多德，希罗多德"历史"（historia）的本意，按照里德尔（Liddell）和司各特（Scott）明确告诉我们的，却是"探究""调查"之所得的意思，现代的历史学家甚至告诉我们，伊奥尼亚人所称的"历史"，正是雅典人所称的"哲学"（philosophia）①。这里并不是探究中西历史观之不同的合适地方，然而我们或可猜测一下，西方传统下的历史记录或许更看重在言辞中对史实的重演、重构，在叙述时更倾向于探究史实的"何以是"，这就是说，西方的历史叙述更多地体现史家的"意图"，体现史家对史实的"因果"以及历史的"意义"的理解。往极端里说，"历史"与"哲学"说到底有同一的倾向。这样一种倾向，在我们想要关切的苏格拉底之历史真实这里，呈现出相当奇异的图景。

苏格拉底在西方历史上的重要性，不是因为他在政治上的事功。在色诺芬所著的《希腊史》中，只提到一次苏格拉底的政治行动，就是苏格拉底在庭上申辩中提到的那次（《苏格拉底的申辩》，32b1-e1）②，他的行动一点没影响到事件的结果。在色诺芬所记录的《长征记》③中，苏格拉底也并非是人们通常所想象的那种英雄人物。也许苏格拉底作为一个宗教改革家对雅典公众产生了影响，但据我们所知，他当时在

① 参见徐松岩："新版译序"，载［古希腊］希罗多德：《历史》，上海人民出版社 2018 年版，第 7 页。
② Xenophon, *A History of My times*, tr.Rex Warner, London：Penguin Books, 1979, p.88.
③ ［古希腊］色诺芬：《长征记》，崔金戎译，商务印书馆 1985 年版。Xenophon, *The Anabasis of Cyrus*, tr.Wayne Ambler, Ithaca and London：Cornell University Press, 2008.

思想上的影响力绝对还赶不上普罗塔哥拉。苏格拉底对西方思想史的重要性是因为他是希腊经典哲学的开创者，其影响是在其身后发生的，当我们谈到希腊哲学的意义，谈到希腊精神，谈到理性与科学对于人类的重要意义，特别是，当我们谈到政治哲学的古老传统，总是可以追溯到苏格拉底。苏格拉底是作为一个大哲人、作为一个思想家影响历史的，然而作为一个思想家，他又述而不作，没留下一个字的著作。孔子也述而不作，然而孔子主要是整理、传承三代的文明典籍，而且《论语》对他的言辞记录从来没有人觉得有门人撰述的嫌疑。述而不作的苏格拉底却是一个创新者，他开创了新的精神气质与生活方式，异于《荷马史诗》传统上对希腊人的教导。一个创新的、述而不作的思想家，我们只能通过别人对他的喜剧式攻击或歪曲以及他的学生对他的美化式记录，来探究他的真实。如同苏格拉底之"新"，柏拉图并不秉笔直书苏格拉底的本样，他记述"新的"苏格拉底。这就好比，我们想看一个文本，我们却只有对它的各种评论、解释，根本不可能找到原文本。看起来似乎是这样：苏格拉底激起了他的学生（色诺芬、柏拉图）的激情，他的形象通过他们的记录和赞辞影响了思想史。一方面是历史的、真实的苏格拉底，一方面是色诺芬与柏拉图的记录，如果我们把后者看作是对前者的史记，在这里，我们似乎不会怀疑后者是否足以呈现苏格拉底的伟大，因为苏格拉底在思想史上的伟大影响正是通过后者的影响而实现的。我们倒有可能怀疑，也许苏格拉底本来没那么伟大，是他的学生们的史记，他们的创作和美化，成就了苏格拉底的伟大。但是，我们说，毕竟是苏格拉底教育了他们，开启了他们的思想。

根据传统的、习惯上的说法，柏拉图是哲学家，色诺芬是历史学家，那么，也许色诺芬和柏拉图不同，色诺芬的记录更客观、真实、可信？实际上，施特劳斯晚年出版的最后三部专著都聚焦苏格拉底问题（《苏格拉底与阿里斯托芬》（1966）、《色诺芬的苏格拉底言辞：〈齐家〉释义》（1970）、《色诺芬的苏格拉底》（1972）），力图解释阿里斯托芬和色诺芬对苏格拉底的呈现，在最先出版的《苏格拉底与阿里斯托芬》的引言中，施特劳斯说：

> 柏拉图的对话录将苏格拉底"理想化"了。柏拉图从来没有保证，他笔下的苏格拉底谈话是真实的。柏拉图不是一位史家。苏格拉底同时代人中唯一的史家是色诺芬，我们要了解苏格拉底，就必须依赖色诺芬的作品，色诺芬续写了修昔底德的史记，通过引入"我曾经听他说"这样的表述，他至少保证其笔下的苏格拉底谈话的部分真实。那么，表面上看来，下面这个看法更有利：我们要了解苏格拉底，第一手资料就是色诺芬的苏格拉底作品。然而，仔细研究过色诺芬之后，我们或许会被迫修正这一看法，尽管如此，色诺芬作品的价值依然不减。①

倘若这是真的，那便验证了前面关于"历史"与"哲学"同一的说法，色诺芬的历史记录与柏拉图的哲学记录一样，首要目的都不是呈现史上真实的苏格拉底，就是说，他们对苏格拉底的呈现，有其"意图"② 在。为了解苏格拉底，我们可以对观色诺芬与苏格拉底，不过，

---

① ［美］施特劳斯：《苏格拉底与阿里斯托芬》，李小均译，华夏出版社 2011 年版，第 2 页。
② "意图"说对我们阅读的文本提出了很高的要求，因为，古代文本在流传至今的过程中，任何一次转抄、编辑、增删、篡改等，都可能损害文本传达作者的"意图"。为了保存古代作者乃至古代转抄者的"意图"，对文本的编辑与校勘必须尽量保守，以便比如让像尼采这样的眼光能够看到，伊壁鸠鲁故意写错"戏子"（Dionysiokolax）一词（多加了一个最小的字母 i）其实是在嘲笑柏拉图对叙拉古僭主狄奥尼修斯（Dionysius）的谄媚（［德］尼采：《善恶的彼岸》，格言 7，参见［美］L.朗佩特：《施特劳斯与尼采》，田立年等译，上海三联书店 2005 年版，第 52—53 页）。不过，我们所得柏拉图文本的各种现代版本，在编辑、校勘上的原则都是非常激进、大胆的，无一例外都采用"不主一本""择善而从"的原则，以编者自己的眼光、自己的"善"原则对文本的取舍，并不能保证最新的校勘本恰当地（像编者自认为的那样）"重新让所有文本问题得到仔细考量"（参见 OCT 新版 *Platonis Opera*，Oxford，1995 封里）。中华书局在 21 世纪修订《点校本二十四史》时，便摒弃了原先点校时"不主一本""择善而从"的做法，谨守底本（《史记》，点校本二十四史修订本，"修订前言"，中华书局 2013 年版，第 9—12 页）。

他们都不保证历史的真实。

世上可还有历史的真实的苏格拉底？可还有苏格拉底言辞与行动的本义？

柏拉图（或者也可以说色诺芬）是旷世大哲学家、独立的思想家，他之所以成为独立的大思想家，他的恩师苏格拉底对他的教育起了非常重要的作用。柏拉图表达自己思想的方式是独特的，他把它与对苏格拉底的赞辞合为一体。他通过回忆苏格拉底，通过记录关于恩师的"记忆与印象"① 来重构苏格拉底形象，通过艺术的创造和虚构来再造苏格拉底形象，以这样的方式，他把恩师给予自己的财富，把自己对恩师的感恩，最深刻地珍藏起来，他让历史上真实的苏格拉底只为他私人所有，只让别人和后来者看到"又美又新"的苏格拉底！柏拉图对话录是对苏格拉底其人其事的摹仿或艺术再造，我们读柏拉图是对这摹仿或再造的摹仿与再造，借这摹仿与再造，我们被引向"又美又新的"苏格拉底，那是苏格拉底给予柏拉图而柏拉图认为可以传承的财富。

如果说，亚里士多德居于源远流长的柏拉图阐释史的开端，是柏拉图第一个阐释者而非客观陈述者，柏拉图则不是苏格拉底的阐释者，也不是客观陈述者，他表达苏格拉底或让苏格拉底表达他，在很大程度上，他甚至就是苏格拉底的创造者。柏拉图与亚里士多德的不同，首先不是概念、观点的不同，而是性情、气质的不同。

读柏拉图，与苏格拉底交谈，想见其人其言，对任何曾经因某种机缘而有爱智冲动的人来说，是一种心灵的陶冶。

---

① 史铁生：《记忆与印象》，北京出版社 2004 年版，第 1 页。

第十一讲　亚里士多德德性伦理学
为我们今天带来了什么

钱　圆　媛

20 世纪 50 年代以来，德性伦理学（virtue ethics）经历了一场复兴运动，英美伦理学界的一部分研究者最初以"新亚里士多德主义"（neo-Aristotelianism）① 为旗帜，要求回到古希腊德性伦理学（特别是亚里士多德）的思考方式以批判现代伦理学。这场运动掀起了关于德性的热烈讨论，形成了其与道义论、功利论规范伦理学鼎足三分的局面并继续向相关领域扩展。其中，亚里士多德一直处于该讨论的核心，其德性理论被广泛认为是德性伦理学的最佳代表，而《尼各马可伦理学》成为被研究得最多的经典文本。要对这场运动略知一二，则需了解亚里士多德德性理论；故本讲目的在于，介绍性地探讨亚里士多德德性伦理学为我们今天提供了哪些有益的伦理学及其相关领域的思考。

一、亚里士多德伦理学的文本

要探讨亚里士多德伦理学，需对其文本和思想有一些预备性的

---

① 这里的"新"，余纪元教授认为，是指德性伦理学探讨的诸多问题或直接基于亚里士多德的伦理著作，或是从亚里士多德的思路来考察。参见余纪元：《亚里士多德伦理学》，中国人民大学出版社 2011 年版，"前言"第 2 页。

知识。

其伦理学文本包括《尼各马可伦理学》《优台谟伦理学》《大伦理学》《论善与恶》以及残篇《劝学篇》，可以在 1831 年伊曼纽尔·贝克尔（Immanuel Bekker）编定的希腊文全集标准本（Aristotelis Opera）、牛津古典文本（Oxford Classical Texts）及衍生的系列译本中找到，常用的还包括英美世界较通行的牛津全集修订本（The Complete Works of Aristotle）、洛布古典丛书（Loeb Classical Library）系列的希英对照本、据洛布本译成的中文版《亚里士多德全集》，并皆以贝克尔页码为标准页码。

核心文本是《尼各马可伦理学》并可辅以《优台谟伦理学》，然后参照其余的伦理学著作；遇有疑为伪作的文本可比照真作中的相关思想，若较为切合则可酌情引用。

《尼各马可伦理学》是亚里士多德的讲稿，经后人编成而欠缺连贯性，研读的常用办法是参照书末的索引词条，按相关主题和问题来组织文本而非逐页阅读；其最重要的相关文本包括《形而上学》中的潜能—实现理论部分和神学部分、提供生物—心理学理论的《论灵魂》、探讨通过城邦及其制度实现公民幸福的伦理研究续篇《政治学》。

在解读中若遇概念不一、定义模糊、观点芜杂难以统一等情况，可结合比对别处相关文本、后人注释及研究文集，如克拉伦登亚里士多德系列（Clarendon Aristotle Series），剑桥（Cambridge）、劳特利奇（Routledge）和布莱克韦尔（Blackwell）的亚里士多德导读系列等，辅以对亚里士多德思想的整体把握和学术语境来探讨。

对亚里士多德思想的整体把握可结合研究史上的"统一论""发展论"和"分析论"之长：他注重学科间的联系，常将此领域中的方法和观点用于彼领域，或在此领域研究中预设彼领域的学说；他的思想通过讲稿的反复写作与修改在相关论题上各有深浅、侧重和非阶段性地发展；他的思想着重分析解释问题并对论证的逻辑和讨论问题的角度有方法上的自觉。

他最重要的学术语境来自对其师柏拉图与柏拉图之师苏格拉底的反思。他称苏格拉底为德性伦理学第一人，因为德性作为普遍定义的知识是科学的起点。① 他反思的问题可能包括：德性只是知识吗？其来自教授、习惯抑或自然？德性是否等于幸福？若"无人有意作恶"那谁造成了苏格拉底的死？好人不会受伤害吗？等等。从柏拉图那里，他反思的问题或许包括：善是分离自存的吗？德性如何相关于生物—心理学？怎样的城邦才能保证善和幸福？城邦德性与理论德性矛盾吗？如何改进辩证法？

以上是对当今我们如何把握亚里士多德哲学和文本的粗略概括。那么他的伦理学为我们今天带来了哪些有益的思考？其伦理学能告诉我们什么？

二、对整体人生的关切

德性伦理学关注人的整体人生，它的基本问题是"我应该如何生活""我的生活应该是怎样的"，它探讨整体人生中的品格以及相关的选择、实践理性和情感，考虑在人的过去、现在和未来中最重要与最有影响的东西是什么。②

这样的伦理学第一次在亚里士多德那里得到了界定，他指出（1103a16-18），习俗（ηθος）形成品格（ἔθος），品格（ἔθος）这个词又演化为ἠθικός，即伦理学（ethics）。到了罗马人那里，因为"习俗"

① 参见987b1-3，1078b17-18，1078b27-29。文中所引亚里士多德的著作均参照Jonathan Barnes（ed.），*The Complete Works of Aristotle*，Princeton：Princeton University Press，1995并标注Bekker页码，希腊文参照Loeb Classical Library丛书中的亚里士多德著作。
② 参见Julia Annas，*The Morality of Happiness*，Oxford：Oxford University Press，1995，pp.4-5。

的拉丁文是 mos，"伦理学"（ἠθικός）就被西塞罗拉丁化为 mōrālis，最终演化为今天的 morality（道德）。故今天虽有对"道德"与"伦理"的区分，但"道德哲学"本只是拉丁文对希腊文"伦理学"的翻译，伦理学科的本义则是研究从社会习俗中养成的品格，而其中关系到优良生活的优秀品格，在希腊语中被叫作"德性"（ἀρετή）。

"德性"（ἀρετή）在词源上来自希腊语ἀγαθός（"善的/好的"）的形容词最高级形式ἄριστος（"最善的/最好的"），本义是说一类事物中之为最佳者的特质，可以指任何一类事物进行活动的最好能力、力量和功能。人的德性，其直接含义是指人中最佳者的特质，包括人的优秀品格和杰出才能，即人的优异性。后来这个词被翻译为拉丁语 virtus，直至演变为英文 virtue，亦有英译为 excellence。中译有美德、德性、德行等。

这种优异性可以是非道德意义上的或道德意义上的，且都指向可预期的某些行为活动：说一个人是勇敢的，在古希腊则往往意味着此人能成功地战斗，或者说，可以根据其在战斗中的一系列杰出行为，而将"勇敢"这一优异的倾向（disposition）或品格归于此人。

德性伦理学关注人整体生活的繁荣昌盛，不仅要探讨我们应该有怎样的优秀行为，更要探讨我们应有怎样的精彩生活。德性作为人社会生活中的卓越性，正是人之整体生活中的重心。

现代以来的道德哲学则非常不同。道德不再在首要的意义上涉及指向品格优秀、才能卓越，而是指行为正当。为此，伦理学的主要任务不是探讨导向幸福生活和精彩人生的品格，而是探讨根据什么样的普遍原则而能判定某些行为是正当或不正当。因此作为其主体的规范伦理学主要有两种形式：道义论和后果论。后果论表明，行为是否合乎道德规范，要视后果而定，其中最有影响力的功利主义认为，能导致最多人获得最大幸福的行为是对的行为。道义论则认为行为的正当与错误不应由后果决定，而应由义务决定，即注重行为所依据的原则和行动者的动机。

如西季威克所言，[①] 常识道德外显为义务论，内蕴着后果论：即我们清楚认识到道德律的强加作用，但同时又认为这种道德律背后的强有力理由是好的后果，其证成了我们的道德信念。现代的道德概念实质上可谓一种责任。[②] 我们的道德话语变为以"应当"来规范评价行为，以"权利"来证成"义务"或"责任"。

我对他人的行为何以可能被冠以责任或义务之名？为什么我应当这样做？为何"责任"成了道德的首要意义？这些在基督教伦理中是成立的。因为基督教回答，只有这样做，只有尽责任和义务才能得救。基督教认为，人的责任即是守上帝的法。守法得永生得幸福，不守法受惩罚。在这一道德戒律体系的影响下，品格渐渐不再被作为中心。因为，品格是一种固定下来的行为倾向，它可能是有罪的。要超越品格中可能含有的罪，唯有依赖意志，即自身虽有这样的行为倾向，我却可以有不遵守或遵守的意志。因为遵守上帝的法的意志可以超越已有的罪，使得恶贯满盈的人也可能得救，所谓因信称义，即因为信而与上帝处于一种正确的关系中。

上帝的法是世俗道德所仿照的对象，上帝的法向世俗的法延展；而当宗教的影响力渐减，人们仿效神法而立人法，从普遍理性和人人平等的规则出发建立道德规则："责任"或是出于契约、或是出于最大效益、或是出于自我立法等。但普遍的理性原则亦伴随许多难题：如对于功利主义，我们可以追问，可以为了最大的幸福总量而牺牲少数人的幸福吗？个人的某些基本善似乎是不可逾越和妥协的，比如人的生命、自由、平等、基本政治权利、尊严等。道义论注重行为所依据的原则和行

---

① 参见 Julia Annas, *The Morality of Happiness*, Oxford：Oxford University Press, 1995, p.454。

② 参见 J. Annas, *The Morality of Happiness*, Oxford：Oxford University Press, 1995, p. 452 n. 1324；B.Williams, *Ethics and the Limits of Philosophy*, Abingdon：Routledge, 2006, ch.10, pp.174-196。

动者的动机，但问题在于，良善动机并不一定带来好的后果，很多时候考虑后果在道德判断上至关重要，如善意的谎言。这些难题用麦金太尔的话来说，即"当代道德言辞最突出的特征是如此多地用来表述分歧，而表达分歧的最显著特征是其无终止性"①。比如著名的扳道困境、堕胎问题、为什么不能杀人的问题都很难解决。

为什么一些哲学家相信把重点放在德性上会优于对伦理学的其他思考方式呢？人们提出了很多理由，下面是两个可能是最重要的。②

1. 道德动机。首先，德性伦理学提供了自然而有魅力的对道德动机的描述。其他理论在这一点上是有缺陷的。

试想某病人在医院里正处于一个漫长的疾病恢复期，烦燥不安。而此时有人来探望，病人与之相谈甚欢，心中充满感激和友谊。然而此人却真心认为他只是在尽其责任，此外再也无他，既非因为想念，也非因为喜欢，而只因他认为"做正确的事"是他的责任。米切尔·斯托克（Michael Stocker）在其文章中认为，此人的动机会让病人非常失望，因为其到访似乎是冷酷而算计的，而病人却把此人当成朋友。斯托克说，关于此人的行为，"这里肯定是缺少点什么——缺少道德的良好品性和价值"。此人并未做错，问题在于，我们看重友谊、爱和尊重，出于抽象的责任感或"做正确的事"的欲望的行为就不是这么回事。我们不愿意生活在只根据这样的动机行事的人所组成的共同体中，我们也不愿意成为这样的人。因此，这个论证的结果是，只强调正当行为的伦理学理论从来不能提供对道德生活的令人满意的描述。我们希望自己的道德生活是情理欲相和谐而非分裂的或相冲突的，因此，需要强调例如友谊、爱和忠诚等个人品质的理论，即德性理论。

2. 对公平"理想"的怀疑。现代道德哲学的主题是公平，即认为

---

① ［美］A.麦金太尔：《德性之后》，龚群等译，中国社会科学出版社1995年版，第9页。

② 参见［美］S.雷切尔斯：《道德的理由》，杨宗元译，中国人民大学出版社2008年版，第189—190页。

所有的人在道德上都是平等的，在决定我们做什么时，我们应该把每个人的利益都视为同等重要的。约翰·斯图亚特·穆勒对此作出了很好的表述，他说："功利主义要求［道德行为人］像一个利益无关而慈善的旁观者那样严格地公正无私。"即使如此，公平是否真的是如此重要的道德生活特征仍然是有疑问的。试想，当考虑到与家庭和朋友的相关利益时，我们真的是公平的吗？并且我们应该公平吗？一位母亲不会以关爱自己子女的方式来关怀其他小孩。她对其子女是完全彻底地偏心的。但是，这有什么错吗？这不正是一个母亲应该采取的方式吗？再者，我们爱我们的朋友，愿意为他们做事，而不会为了只是其他人的人去做。这又有什么错吗？相反，似乎对家庭和朋友的爱是好的道德生活无可逃避的特征。强调公平的理论在解释这些时都会有存在困难的时候。

然而，强调美德的道德理论能够非常舒适地解释所有这些。有些美德是偏心的，有些则不是。爱与友谊包含对爱的人和朋友的偏心，对所有人的仁慈也是德性，但它是不同种类的德性。一般的公平要求并不能体贴我们的好的道德直觉和传统，我们需要的恰是对不同德性的性质及其关系的理解。

三、伦理知识的不确切性

将伦理学数学化为一门精确的演绎科学是某些哲学家长久以来的理想，其中包括柏拉图、斯宾诺莎、边沁、G. E. 摩尔、N. 雷谢尔（Rescher）以及罗尔斯等人；亚里士多德却并未允诺我们伦理学的确切性，他的探讨构成了这种对理想的伦理知识的最重要批判之一。①

---

① 参见 Georgios Anagnostopoulos, *Aristotle on the Goals and Exactness of Ethics*, Berkeley：University of California Press，1994，p.5，Sarah Broadie，*Ethics with Aristotle*，Oxford：Oxford University Press，1993，p.17。

当谈论这类题材并且从如此不确定的前提出发来谈论它们时，我们必须满足于大致地、纲要性地表明真理；在讨论的事情与前提是在多数情况下为真时，我们就必须满足于得出在多数情况下为真的结论。我们对每一个论断也应当这样领会。因为一个受过教育的人的特点，就是在每种事物中只寻求那种题材的本性所容有的确切性。只要求一个数学家提出一个大致的说法，与要求一位修辞学家作出严格的证明同样地不合理。（1094b19-28）

伦理学知识是指向行为活动的实践知识而非证明的知识，只是大致如此，既不普遍，也不必然，并不是完全确定的。之所以如此，一是因为作为其对象的人，始终在变化中，并非必然和确定的，也即人生无常，有许多偶然的因素起作用。二是伦理知识的前提基于约定俗成，而非基于自然，对错、善恶在不同传统不同社会和时代有不同理解，伦理断定在不同情境下的真实性和适用性也是变化的。因此，想要在伦理学中寻找普遍可靠的知识是一种误导，只能在伦理学科所能允许的范围内寻求准确性。[1] 而如果我们将道德判断普遍化，这必然带来例外。

伦理知识只是基本为真，不具有数学知识那样的普遍性、必然性。这意味着，伦理学无法提供一条或几条基本原则为人提供普遍的行为指导，幸福理论只是粗略的大纲：

我们首先必须同意，对整个问题的叙述只能是纲要性的，而不是精确的。我们一开始就说过，我们所要求的叙述必须与研究题材相对应。而实践与"什么对我们是好的"这类问题就如同健康问题一样，并不是什么确定不变的东西。而且，如果总的叙述是这样的性质，对具体行为的论述就更缺乏精确性了。因为具体行为并不

---

① 参见余纪元：《亚里士多德伦理学》，中国人民大学出版社2011年版，第23页。

为任何技艺与法则所统摄。行为主体只能因时因地制宜，就如同人们在医疗与航海上所做的一样。（1104a3-10）

近代以来的伦理学中，义务论和功利主义都以建立普遍必然的道德原则为理想，认为它们可以被应用到具体的个人生活中，解决各种道德问题。在这个意义上，德性伦理学面临的一个普遍批评就是：它不能告诉人们应该做什么、不应该做什么，不提供具体的实践方案包括关于堕胎、安乐死、胚胎实验等难题的专门化决策。然而，伦理知识的不确切并不意味着其不能指导我们的行为活动：首先，德性提供了某种规则或准则，如"不要撒谎""不要行事残忍"等，在亚里士多德那里，其也被与之相应的律法体系所保有。① 其次，在具体情境下，如"我是否应该隐瞒病情"要仰赖行为人的实践智慧，需要主体根据身处其中的具体境况进行抉择和处理。德性伦理学并不是一套让生活变得轻松简单的《道德指南》，像一册洗衣机操作指南那样通过阅读即可解决人生难题。同样，并非通过学习"正确规则"即可获得道德智慧，在亚里士多德那里，德性不可能像数学知识一样仅通过受教即能获得，其也不会在缺乏人生经验和良好教养的年轻人身上呈现。有年轻的数学天才，但不会出现年轻的道德天才，德性伦理学的道德知识通过规则表达，但对规则的应用则需要丰富的经验、敏锐的观察和判断以及行为人的自主选择。② 只有这样，才可能尽量减小因机械应用所谓"普遍原则"而可能造成的道德直觉上的冲突；从而在面对道德困境时，德性可能更有希望体贴我们的道德直觉，使得我们可以说，在这种情况下该做法是较为合情合理的或不至于带来道德斥责的。另外，亚里士多德所讲的伦理知识

① 参见 Sarah Broadie, "Aristotle and Contemporary Ethics", in Richard Kraut (ed.), *The Blackwell Guide to Aristotle's Ethics*, Oxford: Blackwell Publishers, 2006, p.353。

② 参见 Rosalind Hursthouse, "Applying Virtue Ethics", in R.Hursthouse, G.Lawrence and W.Quinn (eds.), *Virtues and Reasons: Philippa Foot and Moral Theory: Essays in Honour of Philippa Foot*, Oxford: Oxford University Press, 1995, pp.57-77。

的不确切性，还关联着一种往往被当代伦理学所忽视的实践观，即认为伦理学不仅仅在于让我们知道什么是"应该"和"不应该"，其目标重在培养人格、改善人的生活方式，使人转变为更好的人。① 在这个意义上，在今天的现代生活方式下，"我们该如何生活"的问题仍然需要与品格和德性相关，而"我应该做什么"的问题也有望在具体的"使人变得更好"的德性活动中不断得到丰富化和清晰化的回答。

四 、拯救现象的方法

伦理学不是要提供一种绝对、普遍、必然的道德真理，而是出于实践目的探求人们的道德信念是否有道理，这指向了亚里士多德伦理学的一种重要方法："拯救现象"或"设立现象"。

"拯救现象"（saving the phenomena）这一说法可被追溯到古希腊的天象学，在哲学上，"拯救现象"被认为是"一种始于亚里士多德的经验主义方法论，它要求一门科学学科应当从'现象'出发，然后提出假说以说明现象的缘由，而不是仅满足于发现事物的本性"②。这种方法取自最初源于常识并为常识所证明的苏格拉底归纳法，亚里士多德将苏格拉底式的对话进行规范并简化为独白，可谓将苏格拉底的对话从市集转到了学堂。③

亚里士多德在《尼各马可伦理学》1145b1-7 中给出了这一方法的一般表达：

① 参见 Jiyuan Yu，"The Practicality of Ancient Virtue Ethics：Greece and China"，*Dao：A Journal of Comparative Philosophy*，（2010）9。
② 余纪元、尼古拉斯·布宁编著：《西方哲学英汉对照辞典》，人民出版社 2001 年版，第897 页。
③ 参见［英］亨利·西季威克：《伦理学史纲》，熊敏译，江苏人民出版社 2008 年版，第53 页。

讨论这个问题的恰当方式和讨论其他的问题时的一样，也是先设立现象，然后考察其中的困难，然后如有可能，就确定所有关于这些感情的意见，如不可能，就确定大部分或最重要的意见。因为，若困难可以解决，且受尊重的意见还站得住脚，我们就充分解决了问题。

拯救现象这一方法包括三个步骤：首先设立现象，其次是探讨现象中以及现象引起的困难，最后是"保留"现象中的真知识。所谓"现象"（τὰφαινόμενα），是其动词不定式 φαίνεσθαι（显现、出现）的中性复数现在分词主格形式。"现象"可以指经验观察、通常看法、①经验②或通常信念。③

在伦理学中的常识卓见既非全然正确，也非完全谬误，而是需要对之给出解释并找出其中的"真理"。也即找到对这些现象的合理解释，这些解释必须既要保全那些相对立的观点中合理的部分，还要能解释这些观点中错误的地方，用亚里士多德自己的话说，这样的理想解释是：

我们必须找到一个最能解释这些相关见解的观点，以此才能结束其中的困难和相反之处，而如果相反的观点能由此显示出其合理性，那么可以说我们就达到了目的，而这样一种观点将会是最切合现象的，并且所有对立的观点都将最终占据一席之地，如果这些观

---

① 参见 G.E.L.Owen, *Logic*, *Science and Dialectic*, London：Duckworth, 1986, pp.239-258。

② 参见 Martha Nussbaum, "Saving Aristotle's Appearances", in Malcolm Schofield and Martha Nussbaum（eds.）, *Language and Logos*, Cambridge：Cambridge University Press, 1982, pp. 272-275。

③ 参见 Jiyuan Yu, "Saving the Phenomena：An Aristotelian Method in Comparative Philosophy"（With N.Bunnin）, in Bo Mou（ed.）, *Two Roads to Wisdom?：Chinese and Analytical Philo-sophical Traditions*, Peru, IL：Open Court, 2001。

点虽然在某些方面有错但却在有些方面是正确的话。（1235b12-17）

可见，通过"拯救现象"，亚里士多德试图在最大程度上得到完满的知识。在他看来：

> 对真理的研究一方面艰难，一方面却也容易。因为可以发现，事实上没人能完全把握到它本身，然而另一方面，也没有人完全错误，而是每个人都说出了一些关于事物本性的东西，其作为个人对真知识贡献几微，但所有人的共同作用就产生了巨大效果。因此，真知识就像一扇没人会错失的门，在这个意义上探求真理是容易的，然而事实是，要获得整个的知识而非部分是很困难的。（993a28-b7）

就伦理知识而言，一种好的伦理学研究方式可能意味着试图去证明各种伦理意见都是对的，如果做不到，就证明大多数意见或其中最重要的观点是对的。我们的道德常识、伦理意见都包含真理性的成分和偏颇之处，理想的伦理学结论不是褊狭地用此观点驳倒彼观点，而是能说明他人的观点哪方面对了，哪方面错了，并将对的方面保留下来加以发展，即限定观点中的偏颇并指明其中道理，最后发展出自己的解释。与道义论和功利论相比，拯救现象的方法意味着德性伦理学更有可能拯救我们相冲突的道德常识，体贴我们的日常见解；还意味着德性伦理学更有可能对话、融合乃至发展其他道德学说，包括康德主义的、休谟情感主义的、尼采的、哈奇森（Hutcheson）的、海德格尔的以及中西比较的德性伦理学，其中，拯救现象的方法还被用于实现孔子与亚里士多德德性论的比较研究。①

---

① 参见余纪元：《德性之镜》，林航译，中国人民大学出版社 2009 年版，第6—8页。

五、人生目的与幸福兴旺

整体的人生，意味着某些人生目标和价值贯穿人的一生，且是有意义的、善的和一定程度上可自我把握的。在亚里士多德那里，我们在《尼各马可伦理学》一开篇便遇见了这种对整体人生的关切："一切技艺与研究，同样地，一切行为与选择，都似乎在瞄向某种特定的善。因此，下面这种说法很正确，即善是一切事物都追求的东西。"（1094a1-2）

一般说来，我们做每一件事都有目的、理由或原因，并且多多少少会认为这件事是好的。不同的活动有不同的目的，也即有不同的"善"；同时，有些善以别的善为目的，如追求医术是为了健康；学习造船术是为了航海；若要承认我们整体的人生追求不会因为无穷的追求而陷于空洞和无意义的话，那么这种追求必是有限的，这意味着有这样一种善，其是我们人生中其他诸善的总目的或最高目的，而我们的一切追求都是为了它，我们追求它只为它自身而没有进一步的目的。

这种人生中的总善或者说总目的至关重要，"难道对这种善的知识不会对我们的生活方式有重大影响吗？难道我们不应该像弓箭手瞄准目标那样击中我们的目标吗？"（1094a24-25）一个射箭手只有知道目标在哪里，才能射中目标；同样，如果能把握人生的总目的，才知道整个生活应该朝向哪里，才可能过好人生。伦理学的任务就是把握这个总善，至少要大致把握。人生不是碎片化地得过且过，也不是靠运气或者被他人选择。人生作为整体有一个总目标和总的善，好的人生意味着要根据这个总善来安排和选择。

这个总目标就是"幸福"："仅就最高目的的名字而言，大多数人的看法都一致。一般大众与精英人士都称之为幸福。他们认为活得好与做得好即等同于幸福。"（1095a17）人们普遍认识到这样一种总善的存在，但对其究竟是什么却有极为不同的看法。

"幸福"的希腊文是 εύδαιμονία，εύ 的含义是好，δαίμων 的意思是精灵、神灵，常被英译为 happiness 或 prosperity；该词原意是受好神庇护，类似我们的"吉星高照"。在古希腊人看来，若有好神保佑，就少受痛苦、平安好运、繁荣兴旺。故人生的最高目的，就是做人做得最好的那种状态或境界，即人生成功、繁荣兴旺。

繁荣兴旺或者说幸福是一种客观评价，它甚至被德性环境伦理学用来描述生态的可持续性和自身价值，作为支撑我们保护环境的一种非人类中心主义的理由而提出。如有观点认为人类关爱动物的理由不是动物权利，而是考虑到动物自身的繁荣兴旺，同时发展这样一种关心生态的德性，也是对人的德性的发展。①

人生繁荣也同样是客观的。今天我们说到幸福，似乎它总是与笑容、无烦恼、岁月静好、知足、快乐等表述主观心情感受和生活态度的词相关，一个人可以有"幸福感"：如果主体真心实意觉得自己幸福了，他就能说他是幸福的，此外谁也不能说他是幸福的。但在古希腊人那里，幸福不是一种主观的自我感觉，说一个人幸福，是一种客观的判断，有客观的标准可以衡量。比如一个流浪者不是幸福的，即使某个时候他感到很快乐也不是幸福。

那么幸福大致有哪些客观要素呢？亚里士多德在《修辞学》卷一第5章1360a18-22总结了希腊人传统的幸福观念，幸福是一个集合体，追求幸福就是追求幸福的一个或多个组成部分，包括：灵魂的善如有德性并有荣誉、身体的善如身体健康外表俊美和外在的善如好的出身、朋友、一定的财富等。

幸福是人生的总善，但并非体现为人生中诸善的堆积，兴旺成功的

<hr/>

① 参见 Rebecca L.Walker and Philip J.Ivanhoe（eds.），*Working Virtue：Virtue Ethics and Contemporary Moral Problems*，Oxford：Oxford University Press，2009，p.23。

人生并不在于坐拥财富、名誉或好运等幸福的要素，而是体现在成功的活动中：幸福是灵魂体现德性的活动——"人类的善被证明是灵魂体现/依据德性的活动。"（1098a16）

幸福的核心不是拥有德性，而是去把德性实现为德性活动。试想一个"好人"若从来没有做过一件好事，其是不会被真正称为"好人"的；又如果一人有慷慨的德性，而不去做慷慨的事，他是不会幸福的。就像奥林匹克竞赛的奖牌从来都是给那些在比赛中竞争的人，而不是从那些最美丽或最强健的人中选出来的一样。亚里士多德认为拥有德性而不实现，就好比一个人一辈子处于沉睡中，过着植物一样的生活，活与不活差别不大。

而幸福为什么主要是德性活动的实现而不是其他的活动呢？因为在亚里士多德看来，德性活动是人之本质功能的优秀实现，而人之本质功能意味着人之为人独有的、区别于动物的功能，即理性功能以及能听从理性安排的欲望和情感功能。故德性活动指的就是优秀的理性活动以及包含理性的优良情感和欲望活动，这种活动是自足的，其取决于自身而无可取代和剥夺。其他的活动则难以实现人的本质功能，如追求犬马金钱的生活在亚里士多德看来只是实现了人的动物性并使人活得如野兽一般；追求政治名誉则很大程度上可能不由自己主宰，且可以被剥夺或取代。

亚里士多德的伦理学不是探讨静态的人的本质，而是动态地、发展地来看待人性，要达到人之功能的实现。实现了人之优秀功能的生活就是兴旺发达的。因此幸福是去展现和实现德性，将其展现为德性的活动。

至此，幸福就不仅是道德意义上的好，而更是活得好、活得精彩、活得兴旺发达、活得人人称羡。近代以来的伦理学范围则要窄得多，其研究如何使道德主体在行为中克制自己的兴趣与利益，在最低限度上不伤害别人，在最高限度上去帮助别人。古代伦理学研究怎样让人一生幸福，不仅成为一个道德的人，而且是个成功的、让人羡慕的人。亚里士多德在《尼各马可伦理学》第一卷第 12 章区别了两种生活，受人称赞的生活和受人羡慕的生活。有些生活为人所称颂，但不为大多数人所欲求，比如修女特蕾莎的生活。人们称赞这种生活，但却不愿意自己那样生活。而亚里士多德认为，幸福是受人羡慕的、完善的事物（参见1101b31-a2）。幸福是人人都想要成为的那种人的生活。幸福意味着成功的人生，这就是人生的最高目的。

幸福作为成功的人生，其一定是快乐的。功利主义有讲幸福是快乐感受，而道义论那里，道德行为往往要克服困难、个人偏好甚至忍受痛苦，或者说，道德可能并不快乐。在亚里士多德看来，幸福生活一定是快乐的。幸福包含快乐却有别于快乐。

快乐是活动的自然伴随物，产生于未受阻碍的功能的活动（参见1153a14，1175a21）。每种类型的功能活动产生各自类型的快乐，这种快乐完善、增强产生该种快乐的那一类活动，比如"看"的快乐会增进、延展各类"看"的活动，而此外的别种快乐如"沉思"的快乐则可能阻碍、削弱"看"的活动。

显然，由于我们的人性是复合的，我们有不同的功能活动且无法将每种活动持续进行（参见1175a11），因此我们的快乐可能是互相冲突的。我们的快乐也可能是不善的，根据其是否产生于实现人的本质功能的活动，某些可耻的快乐即是不善的（参见1176a5）。换言之，最适于人类的快乐，或者说最关联于幸福的快乐是依据人的本质功能的快乐，即德性活动的快乐。这些快乐内在于成功的理性活动以及受理性引导的情感欲求的出色活动中并增强这些活动。故幸福的一个标志是从自己的所作所为中获得快乐，而只有享受德性活动的人才会被认为是真正具有该德性的人。这些快乐是长期培养练习的结果，一旦固定下来形成伦理趣味，就自然而然地对善行感到快乐，对恶感到痛苦。至此，如麦金太尔所言，寻求卓越就是意在做那些将使人快乐的事情，不过由于快乐是伴随着不同类型的成功的活动而来，因此快乐本身并没有提供我们去从事此活动而非彼活动的充分理由，[①] 也即在亚里士多德那里，快乐虽然内在于幸福中，却并不能为我们提供行为准则，也并不为其自身而被我们所追求。

德性活动是幸福的核心，但并非只要实现了德性活动就获得了幸福，幸福还离不开外在善。外在善可以包括财富、运气、朋友、子女，身体的善也可被称作外在善。外在善提出了道德运气问题：我们的出身，特殊的行为情境等都是我们不能选择却深刻影响我们的行为或生活预期的东西，生活中有太多东西出人意料，不为人所掌握，但我们却要承担运气的结果。故罗尔斯在他的《正义论》中提出要补偿人们因运气造成的差别：他的差别原则意味着，一个人的天赋、出生等自己掌控不了的因素所带来的好处或坏处都不是他应得的，如一个人凭借天生的好嗓子成为明星，赚了许多钱，我们只有在当他的收入使得社会最不利者的收入也有所改善的情况下才允许他那么多的收入；反之，一个因天生疾病而困顿的人应该得到补偿。在亚里士多德那里，一方面，运气是工具性的东西或手段，施展德性需要外在善，比如若没有钱则无法实现慷慨的德性。没有这些工具性的手段，就达不到目的；没有必需的条件，就体现不出德性。另一方面，运气或外在善本身就是幸福的一部分。丑陋、孱弱、卑微、孤独等本身就是不幸福和痛苦的，而俊美、健康、良好出身、美好的子女本身就是具有幸福价值的，我们不是为了幸福之外的任何东西去想要得到这些外在善。小的不幸不会对生活有太大影响，但重大灾难会严重损害一个人的幸福。"一个幸福的人应当是这样一个人，他的活动体现了完美的德性，而且他还具备充足的外在善。进一步，他不仅只是在一段时间内拥有这些，而是终其一生都拥有它们。"（1101a14—16）在亚里士多德那里，有德者总是适度地保有和运

---

① 参见［美］麦金太尔：《德性之后》，龚群等译，中国社会科学出版社 1995 年版，第202 页。

用外在善。在遭受厄运时，有德者纵然不是幸福的，但却并不后悔于其所为，而是凭借德性忍受痛苦。如亚里士多德在1129b5—7所说，不是所有的善对我们都是善的，比如那些没有限制的善（如某些好运）。幸福是人类活动范围内的最好最完全的善，而正确的事情是去祈望那些没有限制的善对我们也是善的，并且去选择那些对我们是善的东西。

六、德性：获得与展现

幸福主要是德性活动的出色展现，那么幸福相关于哪些德性活动？这些德性又如何获得和展现呢？

在亚里士多德那里，人的本质功能是理性，其中理论理性追求理论知识带来理智德性；实践理性的德性是实践智慧，它引导欲望和情感追求活动行为带来伦理德性。理智德性来自教授，伦理德性来自习惯化过程，是欲望和情感的最佳状态。

亚里士多德在《尼各马可伦理学》中讨论了幸福生活的伦理德目表，主要包括涉及情感的德性如勇敢和节制，涉及外在善的德性如慷慨、大气，涉及社会生活的德性如诚实、机智和友善，以及涉及与他人关系总和之德性的正义。德目表并非普遍的道德原则，而是反映了特定社会生活、习俗文化认可的对幸福生活要素的大致把握，对此有批评认为德性伦理学会导致相对主义，然而，我们关于道德和好生活的概念恰恰只能来自于特定时代的社会状况，同时特定社会的德目表并不意味着其不能被我们在与其他德目表的相遇和对话中进行比较、反思、修正乃至重塑。①

那么该如何获得并展现德性尤其是伦理德性呢？

---

① 参见余纪元：《德性之镜》，林航译，中国人民大学出版社2009年版，第9—13页。

获得伦理德性意味着获得出色品质，这"是一种能作出选择的品质。这种品质在于一种中庸状态。而中庸状态是相对我们而言的，由理性所规定。理性则是由有实践智慧的人所界定的。它是两种恶之间的中道：这两种恶一是过度，二是不足"（1107a1-4）。

这种品格来自习惯培养，是经过不断练习固定下来的情感、欲求、行为倾向。习惯培养不是来自知识教授，而是来自反复练习。因此仅仅知道德性不能让人具有德性，只做一次德性行为也不能具有德性。我们是通过重复做正义的事情而变得正义，通过重复做勇敢的事情而变得勇敢。伦理德性是人在生活中保有善的一种状态和能力，是先练习而后具备，而自然天赋则是先具备而后运用。

因此，习惯培养第一是要反复练习正确的德性活动："这就是我们为什么必须做正确的活动，因为不同性质的活动意味着不同的品质。因而从幼时开始养成这种习惯还是那种习惯，并非是不重要的；相反，这是极其重要的，甚至是最重要的。"（1103b23）一个人出身于何种环境、何种家庭以及从小的教养和习惯，对他的品格有不可磨灭的重要影响。但亚里士多德认为品格仍是可以改变的，德性锻炼和培养是贯串人一生的。

习惯培养第二是要练习对德性活动有正确的好恶。学习变得有德性，就是学会享受做德性行为。苏格拉底认为，正确的教育就是使人对正确的事感到快乐，对错误的事感到痛苦。儿童和年轻人往往是追逐身体快乐和感官刺激的生活的，而教育可以改变快乐和痛苦的对象，让人对纵情享乐感到可耻，对善举感到欣喜。起初人可能会对做好事感到痛苦，然后我们对无德的行为加以教育惩罚，对善举进行鼓励，逐渐痛苦就会减少，甚至变得享受善举。而愈是享受德性行为，就愈是增强德性，最终使我们成为有好的欲望和情感的、自然而快乐的有德者。

习惯培养第三是要练习实践智慧。实践智慧是伦理德性的核心和德性活动的本原，是一种通过慎思得到的心灵状态和活动，且能作出有效的决定，并直接导向具体的行为活动。它"能使人出色地慎思与幸福相关的各种善与不善者的理性之德性"（1366b20-22）。实践智慧不是依靠学习伦理理论或读书，而是通过观察学习有德性的、有实践智慧的人在他的生活中如何展现实践智慧（参见1140a25），并通过反复练习而得到的。其包括的步骤有三：慎思、作出决定、执行行动命令。① 实践智慧接受伦理德性提供的一般行为目的如"为了幸福""要诚实""要勇敢"等并进行慎思，即找出特定情境下哪一特定行为才是活得好和做得好，才导向幸福。慎思不是考虑确定的事，而是考虑我们能影响和改变的事（参见1112a31-2）。我们不会慎思二加二等于四或物理定律，而是慎思我们可以如此选择也可以不选择的事。这些事是不确定的："它们在通常情况下会依某种方式发生，可又不大清楚它们实际上会怎样发生，并且它们的结果也不确定"（1112b9-10）。因此要慎思这些事对我们是好或不好、究竟要不要做，如果要做，要怎么才能做到最好。如果有好几种行为方案的话，就慎思哪种方案能以最佳方式达成目标。又如果这个目标非常重要，我们慎思的时候往往需要他人建议。慎思要考虑的要点包括：最优的时间、场合、人、出于正确的原因，正确的方式、最优的结果等（参见1106b21-23）。

当慎思达成了对上述要点的考虑，完成了关于何种行为能达到目的的考量，就会形成决定。决定不同于选择，动物和儿童也作选择，如儿童爬出围栏和猫找个安静的地方打盹，但是儿童不能理性慎思爬出围栏如何导向一个好的目的。而作决定就是依据其被慎思判定为最能带来幸福而作出的。要作出一个好的决定，实践智慧依赖对善的一般知识、个人经验和对当下具体情况的判断。首先，人要对什么是对人而言的好东

---

① 参见 Raymond J.Devettere, *Introduction to Virtue Ethics*: *Insights of the Ancient Greeks*, Washington, D.C.: Georgetown University Press, 2002, pp.111-118；［美］麦金太尔：《伦理学简史》，龚群译，商务印书馆2003年版，第109页；Julia Annas, *The Morality of Happiness*, Oxford: Oxford University Press, 1995, p.73。

西有一般知识，知道一般说来节制、勇敢、正义、友爱等德性是好的及其相关性，然后需要知道别的好东西如健康、财物、朋友、支撑性的政治制度等。然后需要洞察具体情境下的特殊要素，经验在此变得十分重要，因为越熟知个别就越容易作出好决定。比如我们一般地知道白肉有益健康，若能具体辨识出鸡肉是白肉，就能推断鸡肉有益健康（参见1141b14—24）。

实践智慧依赖经验而非依赖我们应该如何生活的理论。经验在道德决定中很关键，因为实践智慧关注的是个别情况，关注具体的人在具体的情境下具体的决定、具体的行为，从而导致具体的幸福生活。年轻人则缺乏这种经验，尽管他们能懂得科学和数学（参见1142a12—21）。道德学说中的理论知识不能解决追求好生活的人的问题，只有源于德性品格和经验的知识才提供可靠的指导。因此有德性的人，作为德性典范而不是道德哲学家，可能更是伦理行为的最好指导者。

在德性活动中，一旦形成理性决定，在没有阻碍的情况下，这一决定就会引起执行命令，引发活动。这里的问题是，思想或理性自身如何带来行动？这是因为行动的本原在理性中，是理性欲求。实践智慧不仅是思想，也是强烈的欲求（βούλησις）。欲求不是非理性的身体欲望和情感，而是对什么是行为中的善的东西的欲求，或者说是对好生活的理性欲求，但我们并不确定在许多情境下什么具体行动才会帮助我们达到目标。这种欲求被亚里士多德称为理智的欲求（参见1139b4—5），包含知识和欲求：没有对活动中的诸善及其关系的慎思，我们就不知道也不能决定什么是真正善的；而没有欲求，我们就不能去做我们所知的善的事情。正是这种欲求驱使我们去慎思、作决定和去执行。

可以说，这种实践智慧能提供灵活有效的善的自主行动，也为道德行为和判断提供了复杂的标准或具体规范，道德行为既考虑道德规则，又考虑道德后果，还涉及道德动机、道德品格、道德好恶情感、自愿选择、道德自知等，是一套复杂的标准。有德之人的伦理准则不在于他们的行为是否合于道德律、原则、规定或好的后果，而是其行为是否合于实践智慧，实践智慧可谓道德行为的"规范"。有批评认为，这种标准既然由有实践智慧的人提供，就会带来道德主观主义和相对主义。然而，以实践智慧作为标准，并不意味着什么是善的、幸福的取决于我的个人想法。这种标准仍是客观的，涉及什么东西真的会促进我的幸福生活。实践智慧并非因为个人考虑因而是行为的合理理由，而是看其是否真的在某一特定社会历史生活条件下促进我的幸福。因此，道德规范可能并不一定需要一个超验的基础。

至此，在德性伦理学那里，德性培养或者说道德教育的着眼点是人的品格、情绪、欲望、意图、态度、倾向等，目的是使人成为情理欲和谐统一的人、善良而有能力的聪明人、快乐的人、中庸①的人和繁荣兴旺的人，而非仅仅成为遵循道德律或奉行最优后果的人。

七、德性伦理学：展望

在德性伦理学复兴的运动中，亚里士多德一直没有离开运动的中心，当代伦理学的诸多论题，如幸福、实践理性、德性、情境理智、情感的伦理作用、道德教育、意志薄弱、道德和法律责任等仍然从亚里士多德那里汲取资源和灵感，② 并持续引起争论、探讨和批判。

德性理论大大促进了道德心理学研究，促进了关于意图、意志、情

---

① 实践智慧达到的是一种"中庸"。"中庸"意思是"正确的"："在正确的时间、正确的场合、正确的人、出于正确的原因，以正确的方式感受这些感情，就既是中庸又是最好的。这也就是德性的特征。"（1106b21-23）所谓"中间"和"正确"，说的是，德性行为就像射箭一样，命中靶心的行为才是德行，其余褊狭的行为都是有缺陷的或者恶的，这或者是不及或者是过度。参见余纪元：《亚里士多德伦理学》，中国人民大学出版社 2011 年版，第 95 页。

② 参见 Sarah Broadie，"Aristotle and Contemporary Ethics"，in Richard Kraut（ed.），*The Blackwell Guide to Aristotle's Ethics*，Oxford：Blackwell Publishers，2006，p.357。

感、习惯和能力的功能性心理学研究以及道德认识论研究。

德性理论出现了与其他伦理理论对话、融合、互补的倾向，包括康德主义的、休谟情感主义的、尼采的、海德格尔的以及中西比较的德性伦理学等研究。

在理论应用方面，德性和幸福等概念被运用到环境伦理学并取得许多重要成果，环境伦理不仅应该讨论人对于环境应该做什么和不应该做什么，还要讨论人应该和不应该以什么态度、倾向和品德去对待环境；而这种态度本身就具内在价值，其是生命的繁荣兴旺之要求。在政治学领域，除了有观点认为政治权威需要受德性生活和行为的约束，以及需要发展恰当的政治方面的德性之外，德性作为一种能力启发了以玛莎·纳斯鲍姆（Martha Nussbaum）和阿玛蒂亚·森（Amartya Sen）为代表的能力论者，他们认为某些核心的人类能力（包括生命能力、感官情感思维能力、对自身境况的掌控力等①）是社会正义的一个最基本的必要条件，并且是政治目标之一；应该保障每位公民的这些能力的一个阈限水平。同时他们提出的部分能力已被比较性地用作衡量不同国家生活质量的一个指数。

德性作为品格和实践智慧的概念还被广泛地引入包括教育、生物技术、医疗、商业运作、人工智能等领域中并得到大量探讨。在教育领域，亚里士多德提醒我们变得善不同于仅仅知道善，因此需要探讨发展伦理心理学以及道德教育实践中的角色及其角色活动的模型，也引发了教育者的德性角色问题。② 在生物医学伦理学领域，德性被用来判断特定选择和行为的合法性，比如堕胎的合理性要考虑双亲在选择和行为中是有德性的还是无德性的，终止妊娠行为涉及母亲对其作为母亲的德

---

① 参见 Martha Nussbaum, *Women and Human Development*：*The Capabilities Approach*，Cambridge：Cambridge University Press，2001，pp.77-82。

② 参见 Rebecca L.Walker and Philip J.Ivanhoe（eds.），*Working Virtue*：*Virtue Ethics and Contemporary Moral Problems*，Oxford：Oxford University Press，2009，p.5。

性、对家庭关系以及养育后代的看法，这比仅仅探讨母亲和胎儿的权利更有说服力并更易让人接受，因为权利的实现可以有好有坏，可以是有德性或毫无德性的。在安乐死和生命维持技术问题中，其合法性要考虑德性标准，即考虑该特定行为是否类似有实践智慧的有德者作出的行为。在人工智能领域，联结主义神经网络的道德问题被广泛认为更适于进行德性论的探讨，而亚里士多德关于如何获得德性的理论亦构成了探讨构建有道德的人工智能体的重要内容。① 德性或可被包含在某些活动领域的目的中，如竞争、高尚和博爱可以作为商业活动中的目的与动机，体育运动的主要功能之一应该是培养道德和理智的德性，立法理论的核心也应该包括德性和人的繁荣兴旺；或可作为某些领域的道德标准，并被用来判断其领域中的行为是否是合理的，比如对医师行为的合理性判断要考虑其德性，对士兵的训练和武器的操作训练方式也该依据适当的德性标准。

---

① 参见 Paul Churchland，"Toward a Cognitive Neurobiology of the Moral Virtues"，*Topoi*，Volume 17，Issue 2（September 1998）；Wendell Wallach and Colin Allen，*Moral Machines*：*Teaching Robots Right from Wrong*，Oxford：Oxford University Press，2009，pp.117-124。

第十二讲　摆正自由主义的位置

梁 晓 杰

我们要"摆正自由主义的位置"，首先是摆正霍布斯（Thomas Hobbes）在自由主义谱系中的位置。霍布斯是自由主义谱系的起点，也是目前自由主义研究的最前沿；他是一名反自由主义的战士，也是在开端就完成了自我认识的自由主义者。

"摆正自由主义的位置"是美国法学教授保罗·卡恩（Paul Kahn）一部著作的标题，这部著作和他的另一部著作《政治神学》，都是在向德国法学家卡尔·施米特（Carl Schmitt）致敬之作——后者与施米特的名著同名，而前者可以说挑明了与施米特共同奋斗的目标：施米特被称之为"20世纪的霍布斯"。

在一个后革命的时代，施米特将同名著作《政治的神学》最后一节的标题命名为，"论反对革命的国家哲学（迈斯特、伯纳德、柯特，Joseph de Maistre，Louis de Bonald，Juan Dnonoso Cortes）"，摆明了一副讥世自况的态度，霍布斯虽然并未名列其中，但是他作为重要的征引者，已经散落在前面各个章节。即便霍布斯"保王党"的保守形象，就如同施米特"第三帝国桂冠法学家"一样，早在生前就"臭名昭著"，但施米特不以为念，反而更加不遗余力地恢复其声誉，而他本人也越来越被尊称为"20世纪最重要的政治思想家"。

其中的奥秘，卡恩可谓一语道破天机：施米特所推崇的所谓"政治的神学"，与其说是抒发了浪漫主义的"乡愁"，不如说戳中了自由主义的软肋，并激起了人们对政治神圣性的重新思考①；或以施米特向来简洁有力的风格来表述："现代国家理论中的所有重要概念都是世俗化了的神学概念"②。

就此而言，"反对革命的国家哲学"并非就是反革命的，并且仍然可以相关于"我们的政治经验"。康托洛维茨（Ernst Kantorowicz）或许就是受此启发，才开始写作《国王的两个身体：中世纪政治神学研究》，以镜鉴当世，且丝毫没有时空倒错之感。这也提醒我们读者，正如剑桥学派比如斯金纳（Quentin Skinner）所已经做过的那样，绝不能忽略霍布斯政治神学家的面孔。

可以想见，施米特另一重重要的身份——"最后一位欧洲公法学家"，也会极大地塑造20世纪对霍布斯的接受和认知路径，尽管在政治神学和政治法学之间自由穿梭，正是施米特本人乐于展现于世的面貌。施米特的论断，"主权就是决定非常状态"，"（法律）决断论"，"国家的概念以政治的概念为前提"，"划分敌友是政治的标准"，如匕首般单刀直入，堪称为政治法学的几何学公理，也是后学踏入迷宫一般霍布斯王国的箴言。

由此，卡恩小心翼翼地将施米特从魏玛宪法的德国脉络里剥离出来，将霍布斯从17世纪绝对王权的英国脉络里剥离出来，以阐发适合于当代美国语境的人民民主政治和宪法主权；福柯（Michel Foucault）则借助揭露《利维坦》文本中他所称之为"主权的设定"和"主权的获取"之间的内在矛盾，将霍布斯作为重要一环编织进入他所谓的"生命政治"理论；而阿甘本（Giorgio Agamben）的多卷本著作《神圣人》，无非是从多学科多角度，将非常状态和正常法治状态、政治法学

---

① 参见［美］保罗·卡恩：《政治神学》，郑琪译，译林出版社2015年版，第24页。
② ［德］卡尔·施米特：《政治的神学》，刘宗坤等译，上海人民出版社2017年版，第49页。

和政治神学之间的内在辩证统一，发展到了无以复加的激进程度。

不过，施米特生前最为看重的外在批评，是来自于当时还默默无闻的犹太年轻学者列奥·施特劳斯的——他将施米特与施米特称之为"这位真正有力而系统化的政治思想家"① 霍布斯相提并论。列奥·施特劳斯赞赏以霍布斯的名义对于自由主义的批判，但又批评施米特对于霍布斯同时是自由主义的奠基人估计不足，因而对于他自身对自由主义的依赖性估计不足。他称"如果说霍布斯是在一个非自由主义的世界上完成了自由主义的确立，那么施米特则是在一个自由主义的世界上担当了对自由主义的批判"。②

施米特虽然并不认同这一批评，但毕竟受到了触动，因而忍不住再写作《霍布斯国家学说中的"利维坦"》，反诉犹太人打开了藏在"利维坦"巨兽中的自由主义木马，以至于霍布斯的国家学说功败垂成；列奥·施特劳斯当然也并非一无所获，他放笔写成《霍布斯的政治学说》这部著作之后，就义无反顾地踏上了批判现代自由主义局限性的漫长旅途，只是并非在现代自由主义之内，而是返身到古典自由主义视野之中。

本讲无意于去深究内在于这两位思想家之间的古今之争，而将只是满足于沿着由施米特所勾勒的几条线索，揭示自由主义的内在矛盾，从而反观霍布斯复杂的思想世界，辨析霍布斯在现代世界的回声，澄清他有可能为自由主义所划定的界限，以便重新摆正他在自由主义谱系中的位置。

简单来说，战线主要围绕以下三个方面展开：一、在法学领域的决断论与规范论之争；二、在政治哲学领域的主权与人权之争；三、在形而上学领域的神圣化与世俗化之争。

---

① ［德］卡尔·施米特：《政治的概念》，刘宗坤等译，上海人民出版社 2016 年版，第79 页。

② 刘小枫选编：《施米特与政治法学》，上海三联书店 2002 年版，第 10 页。

一、决断论与规范论之争

法学领域是施米特的主阵地，也是他与自由主义短兵相接的主战场。但是，这本是在一块被动选定的阵地上的外线作战，因为 20 世纪上半叶的法理学，早已是 19 世纪以来高歌猛进的自由主义"法治国"理论宣告凯旋、盘踞多时的自家地盘。奥地利著名公法学家凯尔森（Hans Kelsen），是直到今天余威犹在的代表人物。施米特 1922 年发表的《政治的神学》，是对于自由主义的一次定点狙击。

凯尔森高举启蒙理性的旗帜，秉承程序化的纯粹主义路线，按照科学化的设想，试图将法学变成为排除任何（政治）意志干预的独立王国。施米特则反其道而用之，声称"主权就是决定非常状态"，也就是釜底抽薪，主张以政治（主权）名义对法律强行进行干预，且因之并非对于法治的破坏，反而正是法治的完成。

凯尔森的法学探究方式是精巧的实证主义，他提纯再提纯，认为"规范"是法律秩序王国的原子单位；提升再提升，主张在所有"规范"科层体制的顶点，有一种"基础规范"，是所有法律规范的效力之源。施米特则再一次针锋相对，提出了著名的"决断论"："决断论（请允许我创造这样一个词）类型的经典代表人物是霍布斯。这一类法理思想的特性说明了为什么恰恰是它，而不是其他类型，揭示出经典形态的对立面：Autoritas，non vertas facit legem（权威，而非真理制定法律）。"①

为什么只有从"非常状态"才能看清"法治国"的实质，而不是反过来？

---

① ［德］卡尔·施米特：《政治的神学》，刘宗坤等译，上海人民出版社 2017 年版，第 47 页。

在哲学上，施米特借用克尔凯郭尔的话来说："特殊解释一般及其自身……因为一般不是以情感去思考，而是以令人舒适的浅薄去思考。但是特殊却以强烈的情感来思考一般。"① 所谓"特殊"，在这里可以理解成为法律规范之间的空白，而"一般"则是法律概念本身。

换言之，对施密特而言，法律远不是一个逻辑严密的科学体系，而更像一串空白充斥其间并由情感连缀而成的离散片段，其实质应当由看不见的部分而不是由看得见的部分来加以说明——当然这是就其根本意义而言的。这个看不见的部分就是"非常状态"。

更进一步来说，"非常状态"不外乎确定了一个事实：谁是国家真正的主权者？施米特断言，博丹（Jean Bodin）之所以是现代国家理论之父，并不在于所谓"主权乃国家绝对的和永恒的权力"之类的老生常谈，而在于指出了只有主权者才具有宣告国家进入紧急状态的最后决定权。主权者在非常状态下不接受法律约束的专政，并不妨碍主权者仍然是法律秩序的遵守者。

主权者并不宣称具有最高**权力**，但是要求具有最后决定权的**权威**，并以此区别于绝对君主。当然，到底什么时候应该打破日常的平静进入非常状态，对法律秩序的搁置需要达到何种程度，与其说取决于法律的规定，不如说取决于主权者的信念；且无论信念如何，都必将赋予主权者以统治的权力，使得主权者颇类似于一个非君主制下的新君主。在主权者之上没有更高的法律。

可以想见，这种简单粗暴的态度，无疑是对于以"宽容"和"对话"自我标榜的自由主义者的冒犯。然而施米特坚称："非常状态"不可还原为"法治国"下所谓的"动乱"或者"混乱"；（非常状态下的）"专政"也并非（日常的）"专制"。原因可以归为一点：国家并非法律。国家具有独立的人格，因而具有自我保存的权利。而国家最重

---

① ［德］卡尔·施米特：《政治的神学》，刘宗坤等译，上海人民出版社 2017 年版，第 32 页。

要的本质就是，远在法律之上的主权。

与此相关，为什么霍布斯的"决断论"又优于凯尔森的"规范论"？

这可以从反面来进行论述。施米特倒并不是否认法律所具有的"规范论"的形式化要素，他只是指出了，在民主化和科学化的启蒙浪潮之下，自由主义法治国具有不可遏制的倾向，以认识论的"统一性"替代现实存在的统一性，以科学认识的中立化或客观性来替代国家运作中的人格化或主观性要素，乃至于以法律秩序的形式化权力来替代国家主权的现实权力，甚至设定国家的使命只在于"制定法律"——凯尔森就是其中最大的典范：法律和国家对他而言完全合二为一。

然而，凯尔森们没有考虑到的是，"徒法不足以自行"：法律规范只是指出了如何作出决断，而没有指明由谁作出决断；在缺乏权威的情况下，法庭上就只有利益相关者在争吵，或者在展示一堂永无休止的研讨课。相反，决断的确是有可能犯错误的，甚至对规范而言可能是无来由的，但是，哪怕在错误和武断当中，决断也包含了建构性要素，因为它诚然不是"绝对命令"，但也绝不是"理论证明"，而是一个推动规范自我实现的了断。因而并非仅仅在非常状态，在每一个日常的法律规范当中，都隐含了"权威"的介入；每一个规范都包含着秘而不宣的决断。霍布斯"清醒冷静而又健康的常识"，无非在于指出了法律的人格性，因为"一种权力（potestas）要服从另一种权力，无非指一个拥有权力的人服从另一个拥有权力的人"①。

尽管施米特会极力否认，但并非不清楚，自由主义者将会把自己当作是威权国家（Obrigkeitsstaat）的支持者或法治的破坏者，会被与被推翻的君权神授主张者一起编入历史的另册。不过与自由主义者相比，他虽然并不一定完全认同，倒是宁可与反对革命的国家哲学家们站在一

---

① ［德］卡尔·施米特：《政治的神学》，刘宗坤等译，上海人民出版社2017年版，第47页。

起：柯特和迈斯特至少都是难得的"富有实践经验的外交家和政治家"。柯特对于自由派资产阶级的评判，他拍案叫绝：这是一个商讨阶级（clasa discutidora），一个在生死攸关的重大问题上"逃避决断"的阶级。"自由主义的本质就是谈判，这是一种谨小慎微的半吊子手段，它期望那种生死攸关的纷争和决定性的殊死搏斗能够转化成为议会辩论，并允许在永无休止的协商中把决断永远搁置起来。"①

自由主义的危险和幼稚，可以说在政治神学上有其根源。虽然凯尔森早在 1920 年就探讨了神学和法理学之间在社会学上的关联性，然而他没有看出的是，自由主义法学家所秉承的神学，乃是一种自相矛盾的上帝之学："自由主义宪政论（liberaler Konstitutionalismus）试图通过议会使国王瘫痪，却又允许他保持王位，正如自然神论（Deisums）造成的矛盾一样，它把上帝排除在世界之外，却又坚持他的存在（在此，柯特采纳了伯纳德在形而上学和国家理论之间富有成效的类比）。尽管自由主义的资产阶级希望有一个上帝，这个上帝却不能是主动的；尽管他们希望有一个国王，但他却必须没有任何权力；尽管他们要求自由平等，却把选举权局限于有产阶级，以便保证教育和财富对立法的影响力，似乎教育和财产赋予了这个阶级压迫穷人和未受过教育之人的权利。他们废除血缘和家庭的贵族制，却允许金钱贵族厚颜无耻的统治，这是一种最无知、最平淡的贵族制形式；他们既不想要国王的主权，也不想要人民的主权，他们究竟想要什么？"②

我们后面还会深入讨论政治神学问题。然而仅就这段话而言，我们也能看出，施米特并非必然是君权神授观念的支持者，他只是耻于与进退失据的自由主义宪政论为伍，才宁可站到政治的自然神学的对立面。他只是需要一个能动的上帝，因为"法理学中的非常状态类似于神学

---

① ［德］卡尔·施米特：《政治的神学》，刘宗坤等译，上海人民出版社 2017 年版，第 71 页。
② ［德］卡尔·施米特：《政治的神学》，刘宗坤等译，上海人民出版社 2017 年版，第 68 页。

中的奇迹"①。一个能够行使奇迹的上帝，在法治论上意味着一个能够宣告非常状态的主权。

诚然，霍布斯生得太早，并没有来得及与自由主义短兵相接，但是他在 17 世纪所导演的一场虚拟论战，即《一位哲学家与英格兰普通法学者的对话》，也可以看作是 20 世纪这场经典狙击的精彩预演：那是对于当时正在进行的英国革命的一次合法性论辩。

在论战之初，法学家本来也摆出一副居高临下的派头，就如普通法学者通常所做的那样，似乎只有法律才能代表人类理性和良知，而法律又是法学家的独立王国。然而，随着对话的深入，在哲学家的引领之下，法学家不能不承认，法学家对于战争与和平的事情一无所知，而且正是由于他们政治上的短视，交织着他们自己的私欲，才将国家推向了生灵涂炭的内战。战争可以砍掉一个国王的头，但其实不过是以另一个权威取而代之，而哲学家则一开始就一针见血地指出："制定法律的不是智慧，而是权威。"② 因而，法学家的实践理性终究是从属于国王的技艺，而只有国王的权威才是人类真正的理性和良知。哲学家由此重新定义了法律，而它不过是对于政治主权的一次宣示："法律就是拥有主权的一人或多人的命令，向其臣民公开、明确地宣布他们何者可为，何者不可为。"③

在表面上看起来，霍布斯的确站在反革命的君主专制者一边。然而，更为正统的君权论者菲尔默（Robert Filmer）却并不买账："我对霍布斯的《论公民》和《利维坦》中有关主权者权利的论述很不满意。诚然，他是我所知道的、对这个问题论述最为详尽睿智的人，我也同意

---

① ［德］卡尔·施米特：《政治的神学》，刘宗坤等译，上海人民出版社 2017 年版，第 49 页。
② ［英］霍布斯：《一位哲学家与英格兰普通法学者的对话》，毛晓秋译，上海人民出版社 2006 年版，第 19 页。
③ ［英］霍布斯：《一位哲学家与英格兰普通法学者的对话》，毛晓秋译，上海人民出版社 2006 年版，第 37 页。

他的有关现存政府的权利的，但是我不同意他的论证方式。有人可能会觉得很奇怪——我在表扬他的理论上的上层建筑，却不喜欢其下的基石。"① 与此相对，自由主义者奠基者洛克（John Locke）对于菲尔默的上层建筑迎头痛击，对于霍布斯立于其下的基石却欲拒还迎。

不过，施米特指出，自由主义恰恰在一个新的地基上再次误入歧途，他们所犯的错误可以说正是普通法学者所曾经犯过的错误，亦即将法律非人格化："洛克说，法律提供的权威，他有意利用法律一词作为委托（commissio）的对立面，后者是指君主的个人要求。但是他没有认识到，法律并不能指明自己赋予谁权威。"② 因而问题的关键并不在于"君主"，而是在于人格化的"主权"。

施米特写作《政治的神学》的直接实践性目的就是为总统赋权，以克服为"法治国"教条羁绊、迫在眉睫的魏玛宪法危机——直至纳粹夺权，将悲剧变为现实。或许在霍布斯看起来也是一样，20 世纪魏玛共和国的危机，无非是 17 世纪英国宪政危机的重演。

二、主权论与人权论之争

如果说在法学层面上，施米特确立了"国家先于法律"的原则，那么在政治学层面上，施米特则更进一步，确立了"政治先于国家"的原则；如果说在法学层面上，国家界定了法律的"非常状态"，那么在政治学层面上，政治则界定了国家的"非常状态"，即"敌友状态""战争状态"。因而，国家是自由主义以规范对抗决断的另一片战场，尽管自由主义在这里通用的战斗口号是"人权"；或者说，法学层面上

---

① Robert Filmer, *Patriarcha and Other Writings*, Cambridge：Cambridge University Press，1991，pp.184-85.

② ［德］卡尔·施米特：《政治的神学》，刘宗坤等译，上海人民出版社 2017 年版，第 46 页。

决断论和规范论的争执，不过是政治层面上施米特与自由主义在主权论和人权论上争执的展开。

施米特在《政治的概念》一书中开宗明义："国家的概念以政治的概念为前提。"① 这是施米特针砭时弊开出的药方，也是他对自由主义内在矛盾的一种深入揭露。

在施米特看来，近代的欧洲精神，表面上看起来是一个眼花缭乱的中心嬗变过程：从 16 世纪的神学转到 17 世纪的形而上学，再到 18 世纪的人文—道德领域，进而是 19 世纪的经济领域，直到 20 世纪出现了一个技术化的时代。然而嬗变始终贯穿着一条主线："中立化"，即相对主义，不置可否，在实质问题上满足于设定低限。因而每一次转变过程，都将"不争"或者"和平"作为真理祈祷，每一次嬗变都只是从实质性内容之中脱身而出。技术，作为最有效率的不置可否，作为最冰冷无情的普惠各方，因此才成为历史发展的顶点。

自由主义为每一次嬗变推波助澜：不言自明的是，正是从神学到形而上学的"最重要"的转变过程中，产生了自由主义的关键词"权利"和"宽容"；而在 19 世纪，自由主义国家直接将中立化当作神来崇拜，中立性被直接等同于正义性。

可是，每一次祈祷都是事与愿违，每一次嬗变都不过是开辟了一个新的战场：从宗教战争，到文化战争，再到经济战争，直到两次世界大战，伴随着可能让人类万劫不复的原子弹的发明。战争为什么停不下来？悖谬的是，似乎恰恰因为祈祷和平，战争烈度反而日益剧增。

这正是施密特要论述的要点："中立化"的实质是"非政治化"。一个"非政治"的国家，以卡恩的话来说，实质上只是一个丧失了"本真性"的国家。既然如此，需要集中讨论的问题就是：何为"政治"？如果与"中立化"相对立，那么政治是无原则的"和平"的反

① ［德］卡尔·施米特：《政治的概念》，刘宗坤等译，上海人民出版社 2016 年版，第 21 页。

面，是"战争"吗？

答案可以说是，政治与战争在以下层面上密切相关，即：它们都事关一场生活斗争（Kampf），且不在任何比喻意义上，而是在生存论意义上直接涉及生死存亡，"每个人在象征意义上均是一名战士。"① 不过答案也可以是否，因为两者在以下层面上又区别开来：正因为战争是最剧烈程度的政治，是公开化的政治，是正确理解了的克劳塞维茨（Carl Von Clausewitz）："战争不过是政治交往借助于其他手段的延续"② ——亦即战争是政治的最后手段，所以它并非政治的全部。

实质上，对于政治本身而言，战争也只是一种非常状态，是一种"最极端的可能性"。不过，再一次，正如同主权之与法律规范，恰恰是"非常状态"才揭示了问题的实质。"战争既非政治的目标，也非政治的目的，甚至也不是政治的真正内容。但是，作为一种始终存在的可能性，战争乃是典型地决定着人类活动与思想并造成特定政治行为的首要前提。"③

战争作为一种"非常情况"，何以构成了"政治行为的首要前提"？

原因在于：战争法权（jus belli）始终是一个强大民族的特权，是对人民生活方式和能力的一种考验，也是一个强大国家或政治团体的标志；在主观和客观上的任何软弱，都注定了相关方只能成为战争附庸，都意味着他自动交出了战争法权。

不过，战争法权不会自动过渡到直接战争。对于人民而言，这是一种"随时准备赴死的权利和毫不犹豫地消灭敌人的权利"，而对于政治团体来说，则是一种在敌人和朋友之间必须作出的决断：绝不会有永远的敌人，也绝不会有永远的朋友，但一旦选定了敌人和朋友，我们也就

① ［德］卡尔·施米特：《政治的概念》，刘宗坤等译，上海人民出版社2016年版，第39页。
② ［德］克劳塞维茨：《战争论》第3卷，中国人民解放军军事科学院译，商务印书馆1997年版，第894页。
③ ［德］卡尔·施米特：《政治的概念》，刘宗坤等译，上海人民出版社2016年版，第41页。

锁定了自身的生死，这无关于正义，而有赖于审慎；进而言之，在生死存亡问题上，我们的朋友别无选择地取决于我们的敌人，敌人总是**我们**的敌人，我们通过选择敌人来认定我们自己。在敌人和朋友之间没有既成的规范——这是政治学领域的决断论。

在战争法权和战争之间的决断，就是政治。用施米特更为简洁的话来说："划分敌友是政治的标准。"战争是政治的前提，但战争也不过是政治在非常状态下一种敌对性的显现形式。政治既非战争，也非"中立化"，但在某种程度上又将两者融合在一起。"谁若同一个绝对的敌人——不管是阶级敌人、种族敌人，还是非时间性的永恒敌人——斗争，他对我们划分政治标准的努力就不会感兴趣；相反，他在其中仅仅看到对其直接的斗争力量的威胁，看到左思右想、哈姆雷特式的犹豫（Hamletiseirung）以及某种可疑的相对化的立场造成的软弱，恰如列宁对'客观主义'的指责。反过来说，故作清白的中立化立场把敌人变成（某种游戏的）纯粹合作者，指责我们把握某种触手可及的现实是战争狂，马基雅维利主义、摩尼教（Manichaismus）以及——在今天几乎是不可避免的——虚无主义。在传统学科（Fakultaeten）及其具体学科（Disziplinen）之间一再发生的摩擦中，敌人和朋友要么被妖魔化，要么被规范化，要么在价值哲学上陷入价值与非价值的两极对立。"①

因而，"中立化"之"非政治"，就在于将生存论上的斗争，变成了一种无关生死的"游戏"。人权，作为一种根本意义上的私人权利（Pravitrecht）、个人权利，既是自由主义的理念，也是它"非政治化"最为得心应手的工具和武器。人权化的"游戏"，将政治斗争变形为两个极端的方面：一是经济领域的"竞争"，二是精神领域的"论争"。政治决断的意志，因而一方面被引导向生产—流通领域无休止的经济核算，另一方面则被替代为永恒论争的、人道主义的社会理想或纲领。相

———————————
① ［德］卡尔·施米特：《政治的概念》，刘宗坤等译，上海人民出版社 2016 年版，第 32 页。

应的，人民要么分化成为企业老板与公众（Publikum），要么分化成为意识形态宣传机器和群众。国家由于政治主权的解体而由一元化分裂为多元化，世界却由于政治篱笆的拆除由多元化而走向一体化。很有趣的是："性善论"在社会各个领域大行其道，国家却越来越成为"必要的恶"。

在施密特看来，自由主义充分探究了人权的各个方面，却只是为了遗忘作为前提的那种权利，我们可以称之为政治权利，即"随时准备赴死的权利和毫不犹豫地消灭敌人的权利"；自由主义将社会从国家中独立出去，使之成为服务于社会的驯服工具，只是为了埋葬政治决断和政治意志。

然而，自由主义遗忘政治，政治却没有遗忘自由主义。一方面，政治具有自身不可替代的独立性，"此处的独立性并非指一个截然不同的新领域，而是指它既无法建立在其他任何一个对立面或不同对立面的组合之上，也无法诉诸其他对立面……朋友与敌人的划分表现了最高强度的统一或分化，联合或分裂。它能够在理论上和实践上独立存在，而无须同时借助于任何道德、审美、经济或其他方面的划分。"①

另一方面，政治更是无处不在的。所有貌似"中立化"领域的内在对立，都是潜在的政治对立；而在政治决断无所作为的状况之下，任何"中立化"的斗争，反而可能会以最极端的可能性，以"人类最后的战争"的名义显现出来——战争反而成为"中立化"极力避免却无可选择的另外一面。"这些所谓非政治的甚至在表面上反政治的体制，要么为现存体制服务，要么导向了新的敌—友划分，却不能摆脱政治的后果"②。

因而，正如同战争概念构成了政治概念的前提，政治概念也构成了

---

① ［德］卡尔·施米特：《政治的概念》，刘宗坤等译，上海人民出版社 2016 年版，第 30—31 页。

② ［德］卡尔·施米特：《政治的概念》，刘宗坤等译，上海人民出版社 2016 年版，第 96 页。

国家概念的前提；正如同战争构成了政治的非常状态，政治，亦即划分敌友，也可以说构成了国家的非常状态。正是在评述霍布斯的时候，施米特捕捉到了这一主题："在霍布斯那儿，自然状况（或者说得更恰当些，自然状态）是一种反常处境，其正常化唯有在国家中——在政治统一体中才能得以实现。国家是一个理性的王国（这种表达式源于霍布斯，而不是黑格尔），一个 imperium rationis（见《论公民》[de cive]，10§1），它把战争状态改变成国家公民间的和平共处。反常状态是'堕落状态'，是战争。在战争中，没有人的行为是正常的。"[1]

因而，政治是在正常状态（国家）中筹划着非常状态（战争）的非常状态（敌友划分），是正常状态和非常状态的临界点。

谁敢于承担起这种非同寻常的政治状态，谁就把握住了国家最高层面的"主权"。以霍布斯的话来说，"在'利维坦'中，'主权'是使整体得到生命和活动的'人造的灵魂'"[2]；相反，自由主义可以有政治批判，却绝无可能有政治理念。因为"政治统一体必须要求牺牲生命。这样一种要求在自由主义思想的个人主义看来无论如何都毫无道理。彻头彻尾的个人主义者决不会赋予个体比安排肉体生命的权利更多的东西"[3]。

在卡恩看来，欧盟和美国的差别就在于此：欧盟追求的是没有主权的政治，是没有例外的人权和法律；相反，《独立宣言》中的"我们人民"，作为国家主权，将法律和暴力、人权和革命牺牲联系在一起；易言之，与通常的见解相反，正如同在"9·11"之后发生的那样，法律在美国允许存在例外，且正是"例外"构成了美国的本质。

阿甘本则揭示了人权政治的另外一面，即赤裸生命，或者"神圣人"。自由主义者说："人权是神圣不可侵犯的"，可是正如同罗马帝国

---

① ［德］卡尔·施米特：《政治的概念》，刘宗坤等译，上海人民出版社2016年版，第79页。
② ［英］霍布斯：《利维坦》，黎思复等译，商务印书馆1996年版，第1页。
③ ［德］卡尔·施米特：《政治的概念》，刘宗坤等译，上海人民出版社2016年版，第88页。

所曾经演示过的那样："神圣人"一旦被国家主权排除在外，就成为不被任何法律保护的"赤裸生命"，就随时面临被杀死的危险，而对于"神圣人"的排斥，却正是确立国家主权的内在动力。"难民"其实是被排斥在现代法律社会之外的法律主体。正是在此意义上，阿甘本说："今天，西方根本性的生命政治典范不是城市，而是集中营。"①

三、神圣化与世俗化之争

到目前为止，我们都是在主权问题上做文章。施米特《政治的神学》副标题的确是：主权学说四论。最后但并非最不重要的问题是：主权学说，为什么要冠以"政治的神学"之名？

征诸文本，我们几乎可以说，即便抛弃了这一描述，似乎也并不会太大影响到施米特的实体性论证。这一标题似乎要么只是暗中关涉到对于几个反对革命的国家哲学家的纪念，他们被误解为德国（政治）浪漫派，"由于他们保守，反动，并把中世纪的状况理想化"②；要么只是体现为对于自由主义法治国代表人物凯尔森的反讽，"像凯尔森这样知名的法哲学和政治哲学家能够把民主看作相对化和非人格化的科学主义的表现。这种观点与政治神学和形而上学在19世纪的发展是一致的。"③ 而后者不过是重申，虽然凯尔森为建立神学和法理学之间的联系作出了贡献，却运用了错误的自然科学认识论。"他把国家等同于法律秩序，在此基础上则是把自然的合规律性（Naturgesetzlichkeit）等同于规范的规律性的形而上学。这种思维方式是自然科学的特点。它建立

---

① ［意］阿甘本：《神圣人：至高权力与赤裸生命》，吴冠军译，中央编译出版社2016年版，第242页。
② ［德］卡尔·施米特：《政治的神学》，刘宗坤等译，上海人民出版社2017年版，第63页。
③ ［德］卡尔·施米特：《政治的神学》，刘宗坤等译，上海人民出版社2017年版，第60页。

在否定任何‘随意性’的基础上，并试图在人类精神领域清除一切特例。"①

细究起来，施米特其实是在认识论上完成一场战争。他似乎是认为，"政治的神学"可以与形而上学相提并论，却与自然科学相互对立。两者的关键性差别在于：是否具备精神领域的"随意性"或"特例"，或者我们可以再一次说，非常状态。诚然如是，施米特之前所谓"现代国家理论中的所有重要概念都是世俗化了的神学概念"，在神圣和世俗之间，就也有在形而上学领域划分敌我的性质。

的确，凯尔森也曾将上帝与国家相提并论，但只是为了采用相反方面的方法——即涂尔干（Émile Durkheim）意义上的社会心理学，而并非神学或者形而上学，以便得出相反方面的结论——即国家和上帝一样，都是在认识论上将社会情感人身化和实体化的结果。国家主权在"无谬误性"与其"非法性"之间的矛盾，不过是神义论中那个著名的疑难的再现：上帝至善，何以可能意欲罪与恶？因此，"如无必要，勿增实体"，一切假借知识另立权力的名目都该结束了，上帝不过是对上帝的崇拜的欲望，而国家只是法律的幻象。纯粹法的国家的理论是"关于国家的无国家的理论"，所有国家都是法治国。这是由世俗化认识得出的世俗化结果。

明显是具有论辩的性质，施米特将自己所采用的方法命名为"概念社会学"。它颇类似于某种形式的"理念论"或者"现象学"，主张只有在概念当中才同时包含了精神性和实体性的东西，也只有形而上学才能反映最基础性的概念结构，以及由概念所表达的社会结构。"形而上学乃是一个时代最透彻、最清晰的表达。"② 在这一意义上，神学和法学之间才具有可类比性。

---

① ［德］卡尔·施米特：《政治的神学》，刘宗坤等译，上海人民出版社 2017 年版，第 53 页。
② ［德］卡尔·施米特：《政治的神学》，刘宗坤等译，上海人民出版社 2017 年版，第 57 页。

由此，卢梭（Jean-Jacques Rousseau）在18世纪才发挥了关键性的转折作用：他一方面依然把上帝的观念转用在主权上；另一方面，他则通过公意的概念，将民族变成为一个有机整体，却排除了个体主权者的决断。不过，以自然科学为典范的社会心理学，可以将国家变成无所不在的"隐身人"和关键时候的"解围之神"，却消除不了国家本身。

当然，神学和形而上学也存在着这样的可能性，亦即以上帝决断的名义，完全排斥任何法律。这就是政治浪漫派。

事实上，政治浪漫派也许还要无拘无束些，它具有不可归类的性质：它也可能站到保守神学的反面，热情地赞美革命，虽然对传统的回归，要求一个以基督教—天主教为基础的等级制君主国，毕竟是其重要的修辞。他们倒是拒绝与自由主义为伍，并不主张私人权利，而热切主张对于国家的"灵魂、同情和感情"，但他们就是讨厌法律规范，认为那是机械的和狭隘的陈规陋律，而国家本应该是一个艺术品，他们始终要求一个超越对立之上的第三者——上帝。

但也正因此，凯尔森对于宗教信仰的认识，也许才更适用于政治浪漫派：上帝对他们而言并不是一个实体，而只是他们对于上帝的信仰；他们向天主教的回归，只是因为天主教可以成为他们审美的对象。他们的名言是：永恒的对话；万物皆是一部无结局的小说的起点。

施米特的评价还要更为简单直接：政治浪漫派是机缘论者。他们在审美上的积极作为，其实只是为了回避在政治上的决断；他们并没有消除对立，而只是用第三者的和谐与统一，将对立变成幻觉；他们对于中世纪的赞美，其实只是对于政治现实的逃避。相反，无论那是如何不合时宜，错误地同样被打上"政治浪漫派"的天主教思想家如柯特等人，却有明晰的理性和坚定不移的政治主张。施米特就是要将这两者区别开来，并且坚定地站到后者一方。

施米特重拾罗马天主教这个主题，具有神学和形而上学方面的实体原因，也有在认识论上的考虑。对他而言，罗马天主教"是一种独特的法学家的逻辑（Juristische Logik），其关注焦点是对人的社会生活进行规范指导"①。他始终认为，在思维模式上，罗马天主教完胜现代社会——这是一种具有法学性质、具有人情味的理性主义对于现代经济—技术理性主义的胜利：一个只是关心私人事务，另一个则更看重公共领域；一种思维方式是非此即彼，而另一个则是无可无不可的一个对立复合体；一个将欲求满足和利润的最大化称之为"理性的"，而在另一个看来，这却恰恰是背离了生活目的；一个将一切社会关系事务化了，也就是仅仅关注所谓实在的东西，而另一个则认为一个权威、一次修辞性的演讲，也许才更加闪现着人性的尊严和光辉。

一言以蔽之，罗马天主教的理性主义天然需要一种政治形式，而且培养了真正的政治形式，其核心概念是"代表"。代表不是冷冰冰的官僚机器，而是兼有人身性和规范性的权威。相反，无论法治国还是浪漫派，只会培育一种政治，即非政治的政治，其核心概念是"代议"，即利益的代理，或者无穷无尽的商讨辩论，两者只不过是自由主义的不同表现形式。

科学对于神学的清除，代议对于代表的替代，是一种复调叠奏，一种自我强化的机制，它们共同构成了世俗化或人道主义的自我授权和自我辩护，共同实现了对于神圣化和敌人的驱逐。不过，施米特以为，从另一个角度看过来，也可以说，政治神学在现代社会并未远去。世俗化也可以看作是神圣化的一种特殊形式，正如古格言所云："nemo contra deumnisi deus ipse（唯有上帝自己能反对上帝）"；人道主义可以说是在政治神学上敌人对于敌人的敌对，"唯有人自己能反对自己"。

现代化进程既是一个自我生产的过程，但终究是以无中生有的神圣奇迹为条件和前提。"进程（诉讼）—进步不仅生产了自身和新人，还生产了自己的新而又新的可能性条件；这意味着一种从虚无中创造的反

---

① ［德］卡尔·施米特：《政治的神学》，刘宗坤等译，上海人民出版社2017年版，第89页。

面，换言之，虚无的创造乃是一个不断更新的此世性赖以自我创造的可能性条件。"① 所谓"此世性"，就是"人本性"，就是"现代性"，就是一种以科学主义的学术为自身辩护的进程，用施米特的话来说："纯此世的—人本的学术是一种无止境的进程（诉讼）—进步（Prozess-Progress），由人的无休止的好奇不断推动，拓展和更新的仅仅是此世的—人性的认识。"②

就此而言，政治神学本来就是一种敌对学或者敌人学，或者说是一种特殊意义的骚乱（stasis）学，以纳西亚的格里高利（Gregory of Nyssa）的语言来表达："—（to Hen）总是处于针对自身（pros heauton）的骚乱（stasia-tson）中"。而人的自由与神学之罪，其实是一体两面。"人，不是通过行为（Tat），而是通过罪行（Untat）来维护自己的自由。"③ 由此，也就无需以人之罪来质疑上帝的全能。

正是在这一意义上，政治神学家霍布斯的价值是独一无二的。一方面，无论是否是霍布斯的本意，他所引证的《圣经》意象——"利维坦"，作为"人造人"，一个庞大的机械装置，成为即将到来的现代自由主义社会典范；但是另一方面，霍布斯终究是保持在罗马天主教会的神学—法学视野范围之内，并促其完成政治上的自我认识："霍布斯的划时代意义在于，他从概念上清楚地认识到了属灵决断权（Entschei-dungsanspruch）的纯政治意义。他以史无前例的确信从形式上提出问题，使主权决断纯然非此即彼的性质不容回避。"④

的确，对霍布斯的解读历来就有两种方式，而且都可以落实为施密

---

① ［德］卡尔·施米特：《政治的神学》，刘宗坤等译，上海人民出版社 2017 年版，第 218 页。

② ［德］卡尔·施米特：《政治的神学》，刘宗坤等译，上海人民出版社 2017 年版，第 217 页。

③ ［德］卡尔·施米特：《政治的神学》，刘宗坤等译，上海人民出版社 2017 年版，第 213 页。

④ ［德］卡尔·施米特：《霍布斯国家学说中的利维坦》，应星等译，华东师范大学出版社 2008 年版，第 163 页。

特所谓的"霍布斯结晶体"：

上

超验的启示

1 耶稣基督的真理 5

2 谁解释 4

3 权威而非真理制定法律 3

4 直接而非间接的权力 2

5 臣服和庇护 1

下

需要的系统

　　只是，自由主义从下向上解读，就愈益走上了信仰"中立化"的道路；政治神学却从上向下解读，"耶稣就是基督"就是起点，是真理的封顶之石。

　　因而，施米特尊重柯特，却并没有柯特对于罗马天主教的"乡愁"，而只是将罗马天主教的政治形式变成了在现代社会"代表制的代表"，或者说，将政治神学变成了现代学科体系的"非常状态"，以便在学科体系内部宣示主权。相反，他追随霍布斯，并且认为只有霍布斯在现代社会开启之初就达到了历史的巅峰。霍布斯并不属于旧时代，而是"完成了的宗教改革的体现"："它是在教派纷争的战火中成熟的一个时代成果，在这个时代，从中世纪的角度来看，改革权（jus reformandi）成为至高特权，从（恰恰由此而正在产生的）现代国家角度来看同时也成为主权法（Souveraenitaetsrecht）。换言之，它是一个特殊的神学—政治时代的果实。"①

---

① ［德］卡尔·施米特：《霍布斯国家学说中的利维坦》，应星等译，华东师范大学出版社2008 年版，第 165 页。

　　在一个马克斯·韦伯（Max Weber）所谓"众神之争"的多元主义时代，施米特需要霍布斯来帮助我们摆正自由主义的位置。恰恰是这个"特殊的神学—政治时代的果实"，也许才能帮助我们厘清正常状态下的一般神学—政治问题。

第十三讲　黑格尔法哲学的现实性

郭　大　为

在西方哲学研究中存在着一种比较流行的说法：黑格尔之后的哲学发展几乎都是从攻击黑格尔开始的，黑格尔哲学甚至沦为人人喊打的"死狗"，他的"法哲学"更因对现实性的论证和对国家的神化被斥责为极权主义的理论渊薮。然而，长期以来对于"法哲学"的非议与责难很大程度上是出于有意或无意的曲解和误读。显然，要澄清这些曲解和误读，必须能够充分证明：（1）黑格尔关于现实性的合理性论证并不是趋炎附势的逢迎之辞，而是本于现世情怀的理性原则，是思辨哲学的理论自觉与使命担当；（2）在对近代欧洲社会现实进行全面考察和系统反思的基础之上，黑格尔以国家为顶点的伦理学说准确而深刻地揭示了现代人类社会的真实图景和本质结构，设计和论证了力图把握现实并改变现实的现代性规划与哲学纲领；（3）这一规划和纲领虽饱受非难和争议，但至今保持着思想的影响力，越来越成为人们解决当代难题的重要理论参考和思想指南。

一、作为合理性的现实性

"凡是合乎理性的东西都是现实的；凡是现实的东西都是合乎

理性的。"① ——《法哲学原理》"序言"中的这个著名的双句命题（Doppelsatz）曾给黑格尔的敌友双方带来同样的震惊和不满，并被视为"政治保守主义的绝对公式"，黑格尔的"法哲学"也因此被称作"普鲁士复辟精神的科学居所"，他本人也就被戴上了"复辟时期的官方哲学家和普鲁士国家哲学家"② 的荆棘冠。

（一）作为逻辑范畴的"现实性"

关于"合理性与现实性"的双句命题引发误解和讹传的原因之一在于：人们通常只从日常用法即"可以摸得到的、可以直接知觉的东西"的意义上来理解"现实性"（Wirklichkeit）③ 一词，而实际上，黑格尔是把它作为逻辑体系中严格演绎的范畴来使用的，因为"法哲学"的"整体以及它各部分的形成都是依存于逻辑精神的"（序言，2）。面对纷至沓来的误解和指责，黑格尔在 1827 年修订他的《哲学全书》时，特别提醒人们注意：他所说的现实性不能简单地等同于单纯呈现在人们面前的偶然事件或暂时现象，更不是人们随口说出的"任何偶想、谬误、罪恶以及诸如此类的东西"，或"很枯萎的、暂时的实存"。在黑格尔逻辑学的范畴推演中，（1）单纯的存在（Sein）或作为一般现象的特定存在（Dasein）、实存（Existenz）还不是现实性，因为这些规定只是作为直接性的东西出现的，还没有获得进一步的本质规定性，只能在某种程度上配享现实之名，其存在的根据并不比可能的东西更

---

① ［德］黑格尔：《法哲学原理》，范扬、张企泰译，商务印书馆 1961 年版，"序言"第 11 页。下引此书，只随文夹注节号与页码。译文或有改动，不再一一注明。

② R.Haym, *Hegel und seine Zeit*, in：M.Riedel（Hg.），*Materialien zu Hegels Rechtsphilosophie*, Bd.1, Frankfurt a.M.：Suhrkamp Verlag, 1975, S.372, S.366, S.374.

③ 在德文中，Wirklichkeit 和 Aktualität 在汉语中均可译为现实性，后者意指对于当下的意义或影响，英文 actuality 则兼有这两种含义。本讲第三节就在后一种意义上使用"现实性"一词。

多。① （2）比如，一只被砍下来的手，虽然还以手的样子呈现在人们眼前，但它已经无法完成触、碰、抓、取等最一般的手的功能，因而完全丧失了手的现实性。这就是说，现实性并不停留在单纯的可能性里，而是要把内在的本质直接表现于外："现实的东西能够发挥作用，产生效力（Was wirklich ist，kann wirken）；某个事物通过它所产生的东西来宣布它的现实性。"② （3）因此，现实性是"本质和实存或内部和外部直接形成的统一"③，它所以高于实存（Die Wirklichkeit steht auch hoeher als die Existenz)④，恰恰是因为现实的东西摆脱了一般存在现象的直接性、外在性、偶然性、表面性与暂时性，其内在的本质与外在的表现达到了统一。（4）这样一来，现实性不但不是与理性相对立的，而是本身就是理性的东西，是具有理性规定性的实存；反过来说也一样：只有得到概念规定的现实性才是合乎理性的东西（参见第一节）。因此，"现实是彻底合理的东西，而一切不合理的事物正因为不合理，也就不应认为是现实的"⑤。进一步说，条件具备、得到发展的现实性就是必然性⑥："真实的现实性就是必然性，凡是现实的东西，在自身中是必然的。"（第270节补充，280）

如果按照黑格尔逻辑学的范畴来理解，"双句命题"不但并没有为当权者歌功颂德的意思，而是在看似枯燥繁琐、佶屈聱牙的文字背后别有深义。与那些短视的庸人学者不同，诗人海涅（Heinrich Heine，

---

① 参见［德］黑格尔：《哲学全书·第一部分·逻辑学》，梁志学译，人民出版社2002年版，第37页。
② ［德］黑格尔：《逻辑学》下卷，杨一之译，商务印书馆1976年版，第199页，译文略有改动。
③ ［德］黑格尔：《哲学全书·第一部分·逻辑学》，梁志学译，人民出版社2002年版，第263页；参见第264、36—38页。
④ 参见［德］黑格尔：《逻辑学》下卷，杨一之译，商务印书馆1976年版，第192页。
⑤ ［德］黑格尔：《哲学全书·第一部分·逻辑学》，梁志学译，人民出版社2002年版，第265页。
⑥ 参见［德］黑格尔：《哲学全书·第一部分·逻辑学》，梁志学译，人民出版社2002年版，第273页。

1797—1856）甚至从中发现了革命的意义。在《论述德国的书信》中，海涅以诗人的笔调写道："我有一天对于'凡是现实的都是合理的'这句感到不高兴时，他怪笑了一笑，然后对我说：'也可以这么说：凡是合理的必然都是现实的'。"① 恩格斯进而阐发道："黑格尔的这个命题，由于黑格尔的辩证法本身，就转化为自己的反面：凡在人类历史领域中是现实的，随着时间的推移，都会成为不合理性的，就是说，注定是不合理性的，一开始就包含着不合理性；凡在人们头脑中是合乎理性的，都注定要成为现实的，不管它同现存的、表面的现实多么矛盾。按照黑格尔的思维方法的一切规则，凡是现实的都是合乎理性的这个命题，就变为另一个命题：凡是现存的，都一定要灭亡。"②

（二）"双句命题"的演变与现实批判原则

实际上，海涅的揣测和恩格斯的推论几乎都是黑格尔本人亲口说过的话。已有的文献学研究已经证明，这一著名的双句命题并不是迎合复辟势力的应时文辞，而是贯穿黑格尔心路历程的思维原则，其表述也经历了一个演化过程。让人颇感兴趣的是，黑格尔关于合理性与现实性的思考从一开始就是与对德国政治命运的思考紧密相连的，而且一再出现在关于国家政治制度的论述中。早在写作《德国法制》的1802年，黑格尔就已经认识到："使我们痛苦恼怒的不是存在的东西，而是存在的情况不是应当存在的那样。另一方面，如果我们认识到存在的情况是必然存在的那样，即不是依任性和偶然而存在，那么我们也就会认识到存在的情况就应当这样存在。"③ 显而易见，黑格尔不满于当时德国政治的状况，而是相信应当存在的东西具有发展的必然性。这里的表述已经具备了双句命题的雏形，其精神实质与后来的命题是一以贯之的，它已

---

① ［德］亨利希·海涅：《论德国》附录，薛华、海安译，商务印书馆1980年版，第353页。

② 《马克思恩格斯全集》第28卷，人民出版社2018年版，第323页。

③ ［德］黑格尔：《黑格尔政治著作选》，薛华译，中国法制出版社2008年版，第21页。

经揭示了现象与本质、实然与应然、偶然性与必然性、理性思维与社会现实的辩证法。

正是本着这样一个思维原则，在海德贝格的讲课中，还没有成为"普鲁士国家哲学家"的黑格尔在为宪制的合理性进行论证时提到："民族精神是实体。合乎理性的东西必定出现，因而归根结底，国家制度（Verfassung）就是民族精神的展开。"① 尽管当时的德国乃至整个欧洲还不曾出现真正合乎理性的宪法或国家制度，但黑格尔对于历史的进步却充满了乐观的自信，在他看来，"真正的合理性就是内在的权威，它是与民族精神相一致的。……千真万确的是，合理的东西必定总是有助益的，人们必须抛开会制定出糟糕宪法的那种恐惧。"②

即使是在 1819 年黑云压城的柏林，黑格尔在"法哲学"讲课中依然重申："当前内在于精神的东西肯定并必然出现。国家制度就是建立内在精神的事业。内在的精神就是基础；无论是在天堂或尘世，都没有任何与精神的法相对立的强力。精神的法当然不同于人们从抽象的思考或出于善意的心肠产生的反思与观念。合乎理性的东西将成为现实的，而现实的东西将成为合乎理性的。"③

在 1822 年至 1823 年冬季学期的讲课中，黑格尔明确表示他无意为尘世中邪恶的、败坏的国家歌功颂德："说尘世的精神即国家只是有限的精神，这是一种片面的观点，因为现实性并不是不合理性的东西。一个糟糕的国家无疑只是尘世的、有限的，但理性的国家恰恰因此是自在无限的。"④

① G.W.F.Hegel, *Vorlesungen über die Philosophie des Rechts*, *Gesammelte Werke*, Bd.26, 1, hg.v. Dirk Felgenhauer, Hamburg: Felex Meiner Verlag, 2013, S.164.

② G.W.F.Hegel, *Vorlesungen über die Philosophie des Rechts*, *Gesammelte Werke*, Bd.26, 1, hg.v. Dirk Felgenhauer, Hamburg: Felex Meiner Verlag, 2013, S.165.

③ G.W.F.Hegel, *Vorlesungen über die Philosophie des Rechts*, *Gesammelte Werke*, Bd.26, 1, hg.v. Dirk Felgenhauer, Hamburg: Felex Meiner Verlag, 2013, S.338.

④ G.W.F.Hegel, *Vorlesungen über die Philosophie des Rechts*, *Gesammelte Werke*, Bd.26, 2, hg.v. Klaus Grotsch, Hamburg: Felex Meiner Verlag, 2015, S.1004-5.

尽管在 1824 年前后，黑格尔设想的理性国家还远没有真的成为现实，但他相信："一方面，凡是合乎理性的东西也是现实的，合理的东西并不是软弱无力的，以至于不能成为现实的；另一方面，凡是不合理的东西，虽然也存在在这里，实存着，但它并不是现实的。单单实存的东西仅仅是外表，现实性是完全不同的东西。"①

我们在大卫·施特劳斯（David Friedrich Strauss，1808—1874）写于 1831 年 11 月 11 日（14 日黑格尔离世）的课堂笔记上读到这样的句子："凡是合乎理性的东西都是现实的。但是并不是所有实存的东西都是现实的，恶的东西只是一种自身挫败的东西、不值一提的东西。"②

上述这些文献一再清楚地表明，曾经十分流行的那种将黑格尔关于合理性与现实性的"双句命题"理解为对当时反动政治势力的妥协和屈服的看法，甚至宣判其为对普鲁士专制制度的辩护和颂扬的指控，显然是不符合历史事实的，如果这些误解不是出于对黑格尔哲学的无知或人云亦云，就只能是出于偏见。

（三）批评弗里斯及其他

"双句命题"招致人们不满的另一个直接原因在于对弗里斯（Jacob Friedrich Fries，1773—1843）的批评。弗里斯是黑格尔同时代的哲学家，从耶拿时代起两人就成了职业上的竞争者和学术上的死敌。从 1801 年到 1805 年，黑格尔与弗里斯同时开始在耶拿大学任编外讲师，并于 1805 年同时晋升为编外教授。不过，当时弗里斯的职业前景显然更被看好，之后不久就晋升为海德贝格大学教授。黑格尔对于弗里斯的晋职非常不满，而弗里斯则尽一切可能不断阻挠黑格尔在职业上的进

---

① G.W.F.Hegel, *Vorlesungen über die Philosophie des Rechts*, *Gesammelte Werke*, Bd.26, 3, hg.v. Klaus Grotsch, Hamburg: Felex Meiner Verlag, 2015, S.1419.

② G.W.F.Hegel, *Vorlesungen über die Philosophie des Rechts*, *Gesammelte Werke*, Bd.26, 3, hg.v. Klaus Grotsch, Hamburg: Felex Meiner Verlag, 2015, S.1494.

步。弗里斯在海德贝格大学的教授任职长达 11 年，与此同时，黑格尔
大部分时间只能屈尊在纽伦贝格担任文科中学的校长。当弗里斯 1816
年前往耶拿任教之时，黑格尔才得以作为弗里斯的继任者在海德贝格重
新开始其在大学的职业生涯。由于在 1817 年 10 月瓦尔特堡
（Wartburg）会议上发表了传诵一时的演讲，弗里斯在当时被视为德意
志民族统一运动与自由进步势力的思想代表，自然也成为反动势力的眼
中钉。随着以 1819 年 9 月卡尔斯巴德决议（Karlsbader Beschlüsse）为
标志的复辟势力的反扑，弗里斯于 1820 年被解除了在耶拿的教职
（1824 年恢复教职）。在这种背景下，黑格尔在"序言"中直接点名道
姓地批评弗里斯，不免给人留下乘人之危、落井下石的恶劣印象。然
而，黑格尔对于弗里斯的讨伐并不表现为政治立场和主张上的截然对
立。实际上，二人之间存在着许多类似的政治观点，比如，他们都主张
建立能够分别代表贵族与市民的等级议会的立宪政府，并且都倾向于通
过"国家制度的逐渐改变"来实现现代精神。因此，与其说黑格尔在
《法哲学原理》的序言中是借机发泄对弗里斯的个人私怨，不如说二者
在哲学立场与方法上的分歧才是导致对立的内在根源。① 黑格尔对于弗
里斯的批评由来已久。早在 1811 年 10 月写给尼塔默（Friedrich
Immanuel Niethammer，1766—1848）的信中，黑格尔就已经表达了对于
弗里斯的极端厌恶和鄙视，将弗里斯的哲学称为"愚蠢无聊的、完全
浮浅的、空洞的和平庸的，没有半点与科学相关联的气息"，是"完全
浮浅的、愚蠢的、空洞和平庸的"②。在 1812 年《逻辑学》第一版导论
的一条注释（在 1831 年第二版中被删除了）中，黑格尔也点名批评弗
里斯的《逻辑体系》。③ 黑格尔之所以多次批评弗里斯及浪漫派，是因

---

① 参见 Cf.A.Peperzark，*Philosophy and Politics：A Commentary on the Preface to Hegel's Philosophy of Right*，Dordrecht：Martinus Nijhoff Publishers，1987，pp.26-7。

② J.Hoffmeister（Hg.），*Briefe von und an Hegel*，Bd.1，Hamburg：Felix Meiner Verlag，1952，S.388.

③ 参见［德］黑格尔：《逻辑学》上卷，杨一之译，商务印书馆 1976 年版，第 34 页。

为这一类所谓时髦的哲学"从心情、幻想和偶然的直觉出发"（序言，2），以为人们在睡梦中就能轻而易举地占有真理，这种论调不但贬低了哲学思想的价值，而且完全无视客观现实，把应当混同于实在，这是与黑格尔哲学的基本原则根本对立的，其方法的粗陋和肤浅更是黑格尔一直批判和努力克服的东西。

黑格尔在《法哲学原理》中对于弗里斯的批评让人很容易想起他与谢林当年分道扬镳的起因：在《精神现象学》序言中，黑格尔曾经辛辣地讽刺谢林及浪漫派所宣扬的直觉主义，好比是手枪发射子弹一样，其结果只能是黑夜观牛，其色皆黑。实际上，黑格尔对于近代以来哲学的主观性和知性思维的局限性总是给予不遗余力的批判。即使面对德国哲学的开创者和先行者的康德、费希特，黑格尔一方面肯定和赞扬他们在高扬自由原则、复兴辩证思维进程中的革命意义，另一方面又指出，由于还缺少对于现代社会本质结构和客观内容的具体分析与深入反思，康德的"道德形而上学"与费希特的法权与伦理学说还停留在知性思维和思维的主观性、理想性或应然的方面，缺乏客观的现实性和外化的实践力量。

（四）黑格尔哲学的总体特征

对现实性的观照是黑格尔哲学区别于之前以及当时流行的哲学的总体特征。现实性、客观性既是黑格尔理论思考须臾未曾离开的对象与内容，又是推动他哲学思辨的实践动机和目标，因而成为黑格尔哲学的真正出发点和目的地。一方面，黑格尔之所以称"凡是现实的东西都是合乎理性的"，是因为在他看来，"理性是世界的灵魂，寓于世界之中，是世界的内在东西，是世界最固有、最深邃的本性，是世界的普遍性"①。哲学的任务就是要认识和把握内在于世界之中的理性，"理解存

---

① 〔德〕黑格尔：《哲学全书·第一部分·逻辑学》，梁志学译，人民出版社2002年版，第69页。

在的东西，因为存在的东西是理性。"（序言，12）；哲学的最高目的就是要"在现在的十字架中去认识作为蔷薇的理性"（序言，13），实现"自觉理性与现存理性、即与现实的和解"①。另一方面，正确的思想、理念并不是软弱无力的东西，因为它穿透外在、偶然和表面的层层遮蔽，把握了事物存在的本质和规律，从而以合理的或必然而有效的方式对外部世界不断产生影响和变革的力量，并最终成为客观实在的、现实的东西。因而，所谓"凡是合乎理性的东西都是现实的"，不外是哲学家现世关怀的表达："这一时代在当下要做的不外就是认识现成存在的东西，从而使其与思想相一致。这就是哲学之路。"② 当然，这条哲学之路需要经历艰苦甚至漫长的征程："只有当现实性完成了它的形成过程并使自身达到圆满状态之后，哲学作为关于世界的思想才会出现在时间中。概念所教导的东西同历史所教导的东西一样，必然同样显示出，只有当现实性成熟之时，理想的东西才相对于实在的东西显现出来，那个理想的东西才把在现实性的实体中把握的同一个世界建造为一个理智王国的形态。"（序言，13—14）简言之，黑格尔的"双句命题""不仅有思辨的意义，也有实践的意义。思辨的意义是指，哲学的智慧在于沉思事物的内在的合理本质，而非停留在它们偶然的表象上。实践的意义则指，合乎理性的行动并非出于独立于现实的东西确立的那些理想与原则，而是出于对现实东西的合乎理性的把握。"③

（五）黑格尔"法哲学"的特殊地位

双句命题所揭示的思辨与实践的双重意义不但是对黑格尔哲学整体精神的精要概括，更在其法哲学中有着最为集中的体现。法哲学在黑格

---

① ［德］黑格尔：《哲学全书·第一部分·逻辑学》，梁志学译，人民出版社 2002 年版，第36 页。
② G.W.F.Hegel：*Vorlesungen über die Philosophie des Rechts*，*Gesammelte Werke*，Bd.26，1，hg.v. Dirk Felgenhauer，Hamburg：Felex Meiner Verlag，2013，S.589.
③ ［美］A.伍德：《黑格尔的伦理思想》，黄涛译，知识产权出版社 2016 年版，第23—24 页。

尔的整个哲学体系中占有特别重要的地位，由于《法哲学原理》只是其《哲学全书》构架中"精神哲学"（与之并立的是"逻辑学"和"自然哲学"）的第二部分（第一和第三部分分别是"主观精神"和"绝对精神"），即"客观精神"的"更为详尽、尤其是更有系统的阐述"（序言，第1页），它所从属的精神领域不是认识性质的、主观精神的领域，而是实践性质的、人类真实生活的领域，它以人的意志活动及其成果为对象，客观性、现实性因而成为黑格尔法哲学的唯一真实的内容，法哲学因此也就成为最能体现他现世关怀的哲学理论。归根结底，精神哲学所要展示的不外是："精神概念的全部发展只不过是展示精神从其一切与概念不相符合的定在形式里的自我解放；这样一种解放的实现是由于这些形式被改造成为一个与精神的概念完全适合的现实。"① 黑格尔的"法哲学"就是以自由的理念——即自由的概念及其定在（即具体的存在）——为对象的，它所探讨的内容远远超出了传统法学的范围，甚至也突破了康德"道德形而上学"所包含的"德性学说"和"法权学说"统辖的领域。它不但涉及通常意义的民法与刑法原理，而且还包括道德、伦理乃至世界历史，所有这些构成了自由意志的定在（Dasein），即自由得以实现的客观条件、外在表现、现实保障和具体进程：以所有权为核心内容的市民法，规范的是人格意志的外在表现或单纯的直接性，它是"抽象法"或"形式法"；以动机与义务、良心与福利、善与恶为内容的"道德"体现的是意志自由的主观方面；而伦理（Sittlichkeit）在黑格尔那里是前两者的统一，是客观性与主观性统一起来的实体，它通过从家庭、市民社会到国家的推进来展现自由意志的真实实现过程，并通过民族与世界历史的发展来证明理性的自我呈现或称绝对精神的运行与人类自由解放进程的同一性。可以说，历史上还从来没有一门科学或理论能够涵盖和把握如此丰富与翔实

① ［德］黑格尔：《精神哲学》，杨祖陶译，人民出版社2006年版，第21页。

的人类现实生活。

总之，黑格尔的"双句命题"既有对学术宿敌的批评，也有面对政治高压所采取的迂回策略，但并无奴颜婢膝、曲意逢迎之意，更不是保守的说辞和反动的叫嚣。从根本上说，它不但是黑格尔哲学总体特征的写照，而且是黑格尔批判社会现实的思维原则。

二、作为历史性的现实性

（一）近代欧洲政治现实的分析与批判

许多学者认为，法国大革命、拿破仑的世界统治与普鲁士的解放战争是对黑格尔产生重要影响的三大历史事件，他的政治立场也随时代的发展而从激进走向保守甚至反动。① 然而，这个初看起来颇为合理的论断实际上过于草率和武断。实际上，黑格尔始终是反动复辟势力和封建专制主义的反对者和批判者。早在《评 1815 年和 1816 年符腾堡王国邦等级议会的讨论》（1817）② 中，黑格尔就抨击那些代表封建贵族利益的议员们以旧有的契约为口实，反对国王进行具有资产阶级宪政性质的改革。终其一生，黑格尔在许多历史事件中反对贵族而支持国王，因为在他看来，国王所象征的主权在宪政背景下是"受整体目的（这种目的通常都被笼统地称为国家的福利）规定和支配的东西"（第 278 节附释，295），而贵族的主张大多出于自身的利益而维护封建特权。面对封建复辟势力的暂时得势，黑格尔在《法哲学原理》中，对于复辟势

---

① 参见［德］卡尔·洛维特：《从黑格尔到尼采》，李秋零译，三联书店 2006 年版，第 326 页；M. Riedel（Hg.），*Materialien zu Hegels Rechtsphilosophie*，Bd. 1，Frankfurt a. M.：Suhrkamp Verlag，1975，S.365-6。
② 哈贝马斯称其为作为政论家的黑格尔唯一一次"在政治的公众舆论中发挥过作用"、但"没有取得真正的成功"的作品。参见［德］J.哈贝马斯：《理论与实践》，郭官义、李黎译，社会科学文献出版社 2010 年版，第 111、113 页。

力的理论代表哈勒（K.L.v.Haller）进行了针锋相对的抨击和嘲讽，指出哈勒的《国家学的复兴》（1816—1820）将封建制度的合法性建立在自然界的以大欺小、恃强凌弱的所谓"上帝永恒不变的定则"之上，实质上是"以偶然的领域作为国家的本质"，必定陷于"贫乏""空虚"和"迷乱"之中，黑格尔进而嘲笑这位封建卫道士不但"疯狂""伪善"，而且"低能""滑稽"（第258节，256—258）。

黑格尔还对以胡果（Gustav Hugo）、萨维尼（F.v.Savigny）为代表的历史法学以及美化旧世界的浪漫派进行了不遗余力的讨伐，为的正是打退真正的反动派的复辟，捍卫自由理性的原则。作为"法国旧制度的德国理论"的历史法学，不但阻挠编纂具有资产阶级进步性质的法典，还力图把历史传统或旧有的法律视为规范当下人们行为的根据，甚至因迷恋罗马法而为残暴的奴隶制辩护（参见第2节补充；第3节附释）。历史法学认为，法律与权利并不来源于普遍的理性，而是来源于特定的民族情感与文化的历史形式，因此法律是经验的，是从事实中产生的，以历史的方式来学习的，法律的有效性要依赖于成文法（或实定法）。黑格尔一针见血地指出："没有一个时代像现今这样多地把一般的理智引向作这样的区别：法权依其实质内容就只是实定的，还是自在自为地也是正当的和合理的。"① 一方面，已有的法律制度本身并不是其存在的合理性与正当性的证明，恶法亦法，过时的法律必须根据时代的要求加以调整和改变；另一方面，实然与应然、理性的普遍性与民族和时代的特殊性并不是完全分离的，历史与民族传统本来就是普遍理性自身展开的一个环节，把二者截然割裂开来是一种片面的知性思维的表现。

与对待封建专制立场截然相反，作为大革命时代的产儿，从青年时代起，黑格尔终其一生都始终恪守源自法国大革命的"理性与自由"

---

① ［德］黑格尔：《黑格尔政治著作选》，薛华译，中国法制出版社2008年版，第230页。

的原则。尽管在耶拿时期，黑格尔已经认识到了法国大革命所唤起的
"绝对的自由"有导致"绝对的恐怖"的危险，但直到在柏林时期讲授
的"历史哲学"课程中，黑格尔依然以饱满的热情颂扬摧毁封建制度
的法国大革命是"一个光辉的黎明。一切有思想的存在，都分享到这
个新纪元的欢欣。一种性质崇高的情绪激动着当时的人心；一种精神的
热诚震撼着整个世界"。这是因为，大革命的原则反对奴役和压迫，向
往"真实的自由"，这种自由"准许每个人无拘无束地运用自己的能
力，以及任何人都可以自由地充任国家的大小官职"[1]。黑格尔也因此
为在耶拿小城看到骑在马背上的"世界精神"而惊喜，这种惊喜无关
乎权力崇拜或爱国主义，而是源于征服者携着《拿破仑法典》横扫了
欧洲的封建势力，"使他的开明的政制散播到了四面八方"[2]。据说，黑
格尔一直保持着一个习惯，那就是在每年的 7 月 14 日以小酌的方式纪
念巴黎人民攻克巴士底监狱。[3] 法国自由主义者库赞（Victor Cousin，
1792—1867）曾经说："在政治上，黑格尔是我一直以来给予好评的德
国人。他像我一样受新的精神鼓舞；他把法国大革命视为基督教以来人
类完成的最伟大的进步，他总是不断地向我打听这一伟大时代的人和
事。他是深刻的自由主义者，与共和派一点不沾边。"[4]

　　面对历史发展的复杂性，黑格尔对于当时欧洲各国政治的立场和评
价并不是简单的非黑即白，而是本着理性批判的原则给予辩证的分析。
对当时资本主义最为发达的英国，黑格尔既给予极大的关注和充分的肯
定，同时也极力抨击现实的英国政治生活中种种不合理的现象。他一方

---

①　[德] 黑格尔：《历史哲学》，王造时译，上海书店出版社 1999 年版，第 459 页。

②　[德] 黑格尔：《历史哲学》，王造时译，上海书店出版社 1999 年版，第 463 页。

③　参见 Vgl. Walter Jaeschke, *Hegel-Handbuch*, Stuttgart/Weimar：Verlag J. B. Metzler, 2003,
　　S.45.

④　Victor Cousin, *Souvenires d' Allemagne Revue*, in *Revue des deux mondes*, August, 1866, see
　　Editorial Notes in Hegel, G.W.F., *Elements of the Philosophy of Right*, Allen W.Wood（ed.），
　　H.B.Nisbet（tr.），Cambridge：Cambridge University Press 1991, p.386.

面称赞英国是当时公民捐税最多、同时也是享受自由最多的国家，并在自己的理性国家的建构中吸收了英国政治经验中诸如代议制等诸多合理因素；另一方面，他也看到了原始资本主义的野蛮性与残酷性，谴责英国贵族垄断并滥用公共权力，不但无益于政治的进步，而且还会加剧社会不公和混乱。在被视为所谓最终倒向保守派的有力证据——《论英国改革法案》（1831）一文中，黑格尔指出，改革法案要取得实质性的进展，就必须改变旧的选举法的基础；而"英国一般的法权状态是以实定的东西为基础的，这种实定东西的原则事实上正在由于法案而受到震撼。这场震撼在英国是全新的、闻所未闻的，从这一推翻现存事物形式的基础的行动里，人们本能地预感到一些更深远的变化"①。只不过，黑格尔根据自己的考察和分析，对当时的前景并不抱过于乐观的态度。正如洛苏尔多（Domenico Losurdo）所分析的那样，"黑格尔强烈谴责了英国自由的'形式化'特征，就是指实际上，贵族统治了公共生活，并垄断了对那些政治权利的使用。"②

与对英国政制多有批评形成鲜明对照的是，黑格尔对普鲁士政府不吝溢美之词。这既暴露出谨小慎微的哲学家拖着一条虚与委蛇的庸人的辫子，同时也反映了黑格尔的政治立场及其理论抱负。黑格尔在《法哲学原理》中对于国家的构想虽然具有许多普鲁士国家的影子，但是投射这些影子的原型来自拿破仑战争后实施了一系列资产阶级性质改革的普鲁士，而并不来自之前保守、落后的普鲁士，更不是复辟时期甚至是1848年的普鲁士。实际上，在普鲁士改革家、首相哈登贝格（Karl August von Hardenberg）及内务大臣洪堡（Wilhelm von Homboldt）、教育大臣阿尔腾施泰因（Karl von Altenstein）的推动下，国王弗里德里希·威廉三世（Friedrich Wilhelm III.von Preußen，1770—1840，1797年

① ［德］黑格尔:《黑格尔政治著作选》，薛华译，中国法制出版社2008年版，第231页。
② ［意］D.洛苏尔多:《黑格尔与现代人的自由》，丁三东等译，吉林出版集团2008年版，第150页。

起为普鲁士国王）在 1815 年曾许诺要在普鲁士颁布一部成文宪法，并定期召开等级会议。尽管国王的许诺并没有兑现，普鲁士的改革也命途多舛，但 1808 年至 1818 年的普鲁士无疑是欧洲当时少有的开明国家之一，黑格尔也因此将精神生活与政治生活的希望寄予了改革和重建后的普鲁士。① 尽管无法避免时代的与个人的局限性，黑格尔所构想的作为理性国家的立宪君主制却远非普鲁士王国能够望其项背，甚至对于当时的整个欧洲来说也只能算作理想的规划。这样看来，黑格尔的理性论证与其说是对当权者的辩护，不如说是对国王的教导更为恰当。他对大西洋彼岸没有君主的新大陆更是满怀希望。恩格斯曾经深刻地指出："当黑格尔在他的《法哲学》一书中宣称立宪君主制是最终的、最完善的政体时，德国哲学这个表明德国思想发展的最复杂同时也是最准确的温度计，就表示支持资产阶级。换句话说，黑格尔宣布了德国资产阶级取得政权的时刻即将到来。"②

（二）时代精神与近代自然法的终结

政治生活的激烈冲突和曲折复杂让黑格尔无法回避，而是必须直面现实，来自现实的问题意识又激发了黑格尔的理论探索。相对于逻辑学，作为精神哲学一部分的"法哲学"只是"应用逻辑"的一部分，但是这一"应用"并非简单的形式推衍。由于客观精神哲学本身面向的就是人类社会生活的真实的、现实的世界，黑格尔的"法哲学"因而不但密切关注"大革命"时代德国及整个欧洲的社会变迁、政治改革及历史发展中的重大事件和根本问题，而且恰恰通过对这些现实内容的深入考察和反思，才最终突破了意识哲学的樊篱，真正完成了思维辩

---

① 参见［以］S.阿维纳瑞：《黑格尔的现代国家理论》，朱学平、王兴赛译，知识产权出版社 2016 年版，第 144—146 页；［美］A.伍德：《黑格尔的伦理思想》，黄涛译，知识产权出版社 2016 年版，第 21—23 页。
② 《马克思恩格斯选集》第 1 卷，人民出版社 2012 年版，第 575 页。

证法向真实的人类生活的贯通。

黑格尔说："每个人都是他那时代的产儿。哲学也是这样，它是被把握在思想中的它的时代。"（序言，12）这里所说的时代不应当停留在复辟时期的这个相对短暂的历史阶段来理解，而应当从推动他哲学思考的、启蒙以来的历史"新纪元"来理解。在黑格尔看来，现代国家制度的早期理论家们虽然举起了自由、民主、平等与人权的大旗，但他们的理论论证依然局限在古代的自然法传统中。要实现社会政治理论的变革，"基本权利的自然基础必然首先被抛弃"①。虽然黑格尔即使是在成熟时期也会偶尔沿用通行的自然法这一名词，但他非常清楚地认识到，旧世界的理论依据无法胜任对新时代的辩护，古代的自然法与现代人的自由观念无法并行不悖。要把现代的主体性原则贯彻到底，必须彻底抛弃自然法路径的论证设计，把法与权利的观念、国家制度乃至整个人类生活世界建立在主体性的自由——这一全新的基础之上，从而"使本身已是合理的内容获得合理的形式"（序言，3）。因此，黑格尔对近代各种政治理论所共享的自然法传统实行了全面的清算和创造性的转换：他不但开始拒斥自然法的观念，而且系统批判了近代自然法理论的基本假说，力图在客观现实性的维度上构想近代自由原则。他对于自然法传统的扬弃并不是方法论变革的一个附属的成果，而是源于逻辑必然性的要求，更是对于现实复杂性本身的揭示和对时代挑战的回应，因而是西方政治哲学发展的新阶段，它把对于现代社会—政治生活的思考奠定在新的基础之上。

黑格尔对近代自然法传统的批判，要害是要揭露这一理论传统所依据的自然基础已经不能胜任新时代的使命，而不是要否定主体自由的现代性原则，因而也不是否定作为自由原则得以可能之条件的人的自然需求、本能欲望的价值和意义。恰恰相反，通过吸收改造英国政治经济学

---

① ［德］J.哈贝马斯：《理论与实践》，郭官义、李黎译，社会科学文献出版社2010年版，第91页。

的实证内容，黑格尔才不断认清了主体性原则在现代社会中的运作机理和丰富内涵，并将现代市民社会从国家中独立出来，从而以前者为中介来实现现代个体性原则与古代整体化理想的"和解"。

（三）市民社会与古今之变

虽然黑格尔对于与"市民社会"相关的内容早有关注和思考，但是直到1817年第一版的《哲学全书》还完全没有关于市民社会的明确论述，更无从将其视为沟通家庭和国家的伦理性的中间环节。我们现在在《法哲学原理》中读到的伦理部分的结构和内容最早是在海德贝格1817年至1818年冬季学期的讲课中得到系统阐发的。在黑格尔那里，虽然市民社会是家庭与国家之间的中间环节，但它的形成要晚于国家，它是在现代化进程中真正出现和成熟的："市民社会是在现代世界中形成的，现代世界第一次使理念的一切规定获得其权利。"（第182节补充，197）这是因为，伴随着资本主义生产方式的萌芽和发展，人身依附与等级观念的枷锁被打破了，每一个个体的特殊性及其自然需求和欲望都得到了肯定，并成为近代主体性自由原则不可或缺的材料和内容。"主体的特殊性求获自我满足的这种权利，或者这样说也一样，主观自由的权利，是划分古代和近代的转折点和中心点"（第124节附释，126—127）。在现代世界，"主观特殊性被维持在客观秩序中并适合于客观秩序，同时其权利也得到承认"，它成为"使整个市民社会变得有生气"（第206节附释，215）的一个原则。换言之，"只有在黑格尔所说的'市民社会'中，个人的自由才发现自身在社会制度与政策中得到了考虑。"① 正如有的学者所指出的那样，市民社会的普遍利己主义原则虽然也存在于其他社会中，但是"这个原则完全发达的制度化""并且形成了一个不同的、区分开的社会领域"则是"现代社

---

① ［美］大卫·库尔珀：《纯粹现代性批判》，臧佩洪译，商务印书馆2004年版，第51页。

会所特有的"①。

在以"需要的体系"即经济生活为基础的市民社会中，每个具体的人都是特殊的，每个人都以自身为目的，从自身的偶然性出发，追求自身特殊欲望的满足。然而，市民社会还有另外一个原则，这就是普遍性。这种普遍性最初表现为劳动及其产品，它们本来是用来满足主观的特殊性的，即不同个人的需要或欲望；"但普遍性就在这种满足跟别人的需要和自由任性的关系中肯定了自己"（第189节，204）。由于我的物品或劳动可以满足他人的特殊需要和欲望，反之亦然；因而，每个人的需要和劳动就成为彼此满足的条件。这样一来，"我在促进我的目的的同时，也促进了普遍物，而普遍物反过来又促进了我的目的。"（第184节补充，199）

尽管市民社会为每个人竭尽全力追求自己的福利和自由这一最高目的提供了空前的可能性，但是必须认识到，"市民社会是个人私利的战场，是一切人反对一切人的战场，"甚至也是"私人利益跟特殊公共事务冲突的舞台"（第289节附释，309），"它在自身中还保持自然的、亦即任性的特殊性，换句话说，保持着自然状态的残余"（第200节附释，211）。这是因为，在市民社会中，每个人的特殊性通过满足所有其他人的特殊需要才成为普遍的，普遍性因而只是达到特殊目的的手段，是间接得到的结果，也就是说，特殊性只是在形式的普遍性下联系起来的。这样一来，人们在现代世界中不但发现了巨大的进步和成就，也遭遇到了前所未有的威胁与困境：一方面，特殊性的需要得到极大的满足，满足特殊需要的手段得到极大的提高；也就是说，人们的物质生活日益丰富而充裕，个体的能力、教养、技艺不断提高。另一方面，源自自然偶然性的差别以及由此带来的破坏力也急剧地加大，奢靡、腐败

---

① ［以］S.阿维纳瑞：《黑格尔的现代国家理论》，朱学平、王兴赛译，知识产权出版社2016年版，第179页。

伴随着贫困和堕落的增长而增长。更为出人意料的是，分工和机器的精细化加速了异化与奴役：以普遍物为中介而要求平等相待的市民社会"不但不扬弃人的自然不平等（自然就是不平等的始基），它反而从精神中产生它，并把它提高到在技能和财富上甚至在理智教养和道德教养上的不平等"（第 200 节附释，211）。物质的丰富与繁荣不但滋生出蛀虫阶层的腐败堕落，而且还加剧社会的赤贫现象。黑格尔在此揭橥了市民社会比所谓自然状态更加残酷的一面："同任性一样，偶然的、自然界的和外部关系中的各种情况都可以使个人陷于贫困。贫困状态一方面使他们对于市民社会保持在嗷嗷待哺的状况中，另一方面，由于市民社会使他们失去了自然的谋生手段……使他们在或多或少的程度上丧失了社会的一切好处……"（第 241 节，243）于是，富裕起来的市民社会陷入了这样一个尴尬局面："怎样解决贫困，是推动现代社会并使它感到苦恼的一个重要问题"（第 244 节补充，第 245 页）。

（四）国家的神化与自由的实现

为了克服市民社会中自然状态的残余，黑格尔的国家学说力图将市民社会中自由的主观原则与伦理实体中自由的客观原则统一起来。在黑格尔看来，国家是统合普遍性、特殊性与个体性的有机的整体，融权利与义务、制度与情感于一体，是自由的真正实现。不过，黑格尔所说的理性国家并不是传统自由主义守夜人式的国家，那样一种国家观念在黑格尔看来还囿于知性思维的褊狭，它只把国家理解为对个人的外在限制以及人们在形式上外在的联合，目的仅仅在于为彼此隔绝的和平与秩序提供外在的保障。黑格尔将这样的"知性国家"称为"外在国家"或"应急国家"，其外延等同于市民社会（参见第 183 节）。黑格尔对于市民社会范围的划定与人们今天通常的理解有不小的出入，它不但包括表现为经济生活的"需要的体系"，而且还包括同业公会以及今天被认为隶属于国家之下的法院与公共安全和福利，也就是说，黑格尔所说的市民社会包含着部分国家今天所担负的职能。黑格尔作出如此布局的根据在于：在所谓自然状态中出现的弱肉强食的野蛮现象在市民社会中不但没有消除，反而会以贫富的极度分化等形式加剧和扩大，从而危及市民社会本身；就像人们在应付紧急状况时的情形一样，法院、警察和同业公会是为了保障个体的人身与财产安全、维护他们的特殊利益而建立起来的外部秩序。黑格尔认为，人们通常错误地把市民社会等同于国家（参见第33节补充，43），原因在于没有认清现代国家的本质，没有认识到市民社会作为外部国家是以特殊性即个体的权利和福利为出发点与目的的。

虽然，恰恰是在市民社会的理论中，"自由以一种新颖而有力的方式得到了考虑"，但"国家并非是市民社会，而是市民社会与其更大的社会背景域之间的设定了的统一性"①，它使市民社会中的合理性、优越性得到确认和保障，同时又使其野蛮性受到限制。与市民社会或"外在国家"不同，黑格尔的理性国家或"内在国家"从特殊性即个体的权利和福利出发，进一步探讨个体的权利和幸福得以实现的客观条件与机制，从而着眼于普遍性、整体本身与公共的善。所以，不论黑格尔所构想的内部国家制度多么受他的立场与时代的束缚，他赋予王权、立法权和行政权以合法性的根据是同一的：公共的利益和社会的福利。在《法哲学原理》中，黑格尔理想的国家政体虽然是君主制，但这种君主制不是指封建专制的王权，而是作为"现代的成就"（参见第273节附释，287），即具有历史进步意义的资产阶级性质的立宪君主制，在其中君主并不能任意妄为、独断专行，他的作用究其实质不外是签一个名、说一声"是"（参见第280节补充，302）。在黑格尔看来，现代的君主不过是"抽象的中心，限制在既已形成的由法律规定的一些制度的圈子里。现代君主已没有权力去决断重大的政府事务，他自身不能立法；财政、公共秩序和社会安全也已经不是他的专责，宣战与媾和也是

---

① ［美］大卫·库尔珀：《纯粹现代性批判》，臧佩洪译，商务印书馆2004年版，第63、167页。

由当前一般外界政治情况决定的，这些情况却与他个人的领导和力量无关。纵使这一切方面的问题待他作最后的最高的决断，这些决断的基本内容也不是按照他个人的意志，而是按照不由他作主的既已确定的情况，所以对于一般公众事务来说，君主的主观意志只是形式上才是最高的"[1]。更为重要的是，现代"国家制度在本质上是一个中介的体系"（原文为：Die Verfassung ist wenssentlich ein System der Vermittlung，第302 节补充，322），这个中介过程是通过代议制的等级会议实现的，这是立法权的关键，由此实现了"现代国家的原则，就是个人所做的一切都要由自己的意志来决定"（第 299 节补充，318）。换言之，"普遍自由的主观环节……通过等级关系实存于对国家的关系"（第 301 节附释，320）。同时，黑格尔把行政权交付给因知识和才能而非血缘或出身而致力于公共事业的普遍等级，从而保障"每个公民都有可能献身于这个等级"（第 291 节，311），在此人们不难辨析出罗尔斯 150 年后正义制度的公正公开性原则的先声。简言之，尽管黑格尔的国家哲学中还存在许多陈旧落后的东西，但他构想现代国家制度的原则却包含以下三个基本要素：人民的立法、人民的参与以及建立在"立法机关和国家本身的顾问机关的各种建议"基础上的主权[2]。

把国家神化为"神自身在地上的行进"（第 258 节补充，259）——这无疑是黑格尔最为人诟病的学说，但是从黑格尔的体系来看，国家是所谓客观精神发展的最高阶段，国家是地上的神物这种比喻性的说法不过是强调国家学说在他体系中的重要意义。更为恰当的表述也许是："自在自为的国家就是伦理性的整体，是自由的现实化；而自由之成为现实乃是理性的绝对目的。国家是地上的精神"（第 258 节补充，258）。在黑格尔看来，现代国家的本质就是要以实体化条件和制度化机制来整合和保障市民社会中的个体性的自由，并将其扩展和提升到前

---

[1]　［德］黑格尔：《美学》第 1 卷，朱光潜译，商务印书馆 1979 年版，第 245—246 页。
[2]　参见邱立波编译：《黑格尔与普世秩序》，华夏出版社 2009 年版，第 225 页。

所未有的范围与高度。进一步说，由于现代国家是特殊性与普遍性、个人权利与公共福利相统一的实体，因而促进个体的自由与幸福也就是促进国家的繁荣昌盛，反过来也是如此："现代国家的本质在于，普遍物是同特殊性的完全自由和私人福利相结合的，所以家庭和市民社会的利益必须集中于国家；但是，目的的普遍性如果没有特殊性自己的知识和意志——特殊性的权利必须予以保持，就不能向前迈进。所以普遍物必须予以促进，但是……主观性也必须得到充分而活泼的发展。只有在这两个环节都保持着它们的力量时，国家才能被看作一个肢体健全的和真正有机的国家。"（第 260 节补充，261）在这样的有机体中，个人并不是千人一面的单向度的人，人们之间源于才能和出身的个体差异依然存在；然而，让人惊奇的是，"正是现代国家的高度发展和提高产生了个人在现实中的极大的具体的不平等，而由于法律的更深刻的合理性和法律状态的巩固导致了更大和更有根基的自由，而且能够容许和容忍这种自由"。"主观的自由只有在那种客观自由的条件下成长，而且是并且只可能在现代国家里成长到这样的高度。"①

可见，正是由于准确地把握了社会—政治现实的根本问题、时代精神的精髓和历史发展的脉搏，黑格尔既能有效地吸收此前各种思潮和理论的合理内容，又能突破旧有理论的局限，最终集思想之大成，从而使它能够面对新的问题与复杂性。

三、作为当代性的现实性

（一）黑格尔法哲学的复兴

继柏拉图的《理想国》、亚里士多德的《政治学》、霍布斯的《利

---

① ［德］黑格尔：《精神哲学》，杨祖陶译，人民出版社 2006 年版，第 344、345 页。

维坦》之后，黑格尔的"法哲学"被视为"政治哲学史上最有影响的著作之一"①。然而自其问世以来，它长期成为议讼纷争的话题，甚至"曾经使整整一代人中最聪明的头脑发生分裂"②。第二次世界大战的硝烟尚未消散之际，在美国讲学的恩斯特·卡西尔就曾力图清除人们在黑格尔法哲学名下所罗织的罪名，并辩解说："黑格尔主义不是在逻辑思想或形而上学思想领域，而是在政治思想领域获得了再生。几乎没有任何一种伟大的政治体系能抵御得住它的影响。现代所有的政治意识形态都向我们表明，黑格尔在法哲学和历史哲学里第一次介绍和捍卫的原则的力量和它的持久性和永恒性。"③ 第二次世界大战以后，尤其是 20 世纪 70 年代以来，随着伊尔廷（K.H.Ilting）、亨利希（D.Henrich）等人对黑格尔不同时期法哲学讲课笔记的编纂和解读，越来越多的研究表明，在"成文的"即作为教科书正式出版的"法哲学"之外，存在着一个"不成文的"即课堂讲授中的"法哲学"，后者更鲜明地呈现出一个自由主义的、进步的黑格尔形象。黑格尔的"法哲学"也因此迎来了持续至今的复兴，并成为社会批判理论（哈贝马斯）、社群主义［泰勒（Charles Taylor）、沃尔策（Michael Walzer）］、承认理论［希普（Ludwig Siep）、霍耐特］等当代思潮的重要理论资源。近年来，过去流行的关于黑格尔的负面评价已经实现了翻转，许多人甚至相信："黑格尔为我们所拥有的现代自由和权利提供了最深刻、最敏锐的说明"④。

（二）现代性的问题与规划

黑格尔"法哲学"的理论贡献首先在于，他第一次在哲学上概括

① Ludwig Siep（Hg.），*G.W.F.Hegel » Grundlinien der Philosophie des Rechts«*，Berlin：Akademie Verlag，2005，S.1.
② ［德］A.霍耐特：《不确定性之痛——黑格尔法哲学的再现实化》，王晓升译，华东师范大学出版社 2016 年版，第 6 页。
③ ［德］恩斯特·卡西尔：《国家的神话》，范进等译，华夏出版社 1999 年版，第 303 页。
④ ［美］斯蒂芬·霍尔盖特（Stephen Houlgate）为《黑格尔导论：自由、真理与历史》（丁三东译，商务印书馆 2013 年版）一书的中文版所写的序言。

了现代生活的本质特征和基本结构，并在此基础上探索了一条将康德所
开启的自由理论现实化、客观化、具体化的道路。正像哈贝马斯所说：
"黑格尔是第一位清楚地阐释现代概念的哲学家"；尽管他"不是第一
位现代性哲学家，但他是第一位意识到现代性问题的哲学家。他的理论
第一次用概念把现代性、时间意识和合理性之间的格局突显出来"。
"他第一个在术语层面上提出了适用于现代社会的概念系统，把国家这
一政治领域与'市民社会'区别开来。"由此，"黑格尔发现，主体性
乃是现代的原则。根据这个原则，黑格尔同时阐明了现代世界的优越性
及危机所在，即这是一个进步与异化精神共在的世界。"① 为了克服异
化现象丛生的现代性危机，黑格尔殚精竭虑，提出了一个旨在直面问
题、迎接挑战、化解危机从而与现实达成"和解"的理性方案。尽管
这一方案远非完满，但正如查尔斯·泰勒所指出的那样，黑格尔既为现
代自由观念的发展迈出了重要的一步，同时又是这一自由观念的最深刻
的批判者，每当我们力图走出现代困境之时，总要不断地回到黑格尔那
里去发现线索和资源。②

不过，在哈贝马斯看来，黑格尔没能沿着早期所开拓的在主体间的
生活关系中把握伦理总体的道路上继续前行，从而探寻出一种民主社会
的自我组织形式，而是用君主立宪来扬弃社会，用"绝对制度论"来
实现古代原则与现代原则的综合。这样一来，哈贝马斯又作出了一个自
相矛盾的判断："自我把握的主体的逻辑使得强权国家政体成为了必
然"；黑格尔终于"站到了复辟派一边"③。霍耐特在其成名作《为承
认而斗争》一书中同样认为，在《精神现象学》之后，"意识哲学纲
领"取得了对于一切主体间性理论的压倒性优势，新颖而富有构造力

① ［德］哈贝马斯：《现代性的哲学话语》，曹卫东等译，译林出版社2004年版，第5、51、44、19—20页。
② 参见［加］查尔斯·泰勒：《黑格尔与现代社会》，徐文瑞译，吉林出版集团2009年版，第255—258页。
③ ［德］哈贝马斯：《现代性的哲学话语》，曹卫东等译，译林出版社2004年版，第48页。

的"为承认而斗争"的理论模式消失了，"人类认同的主体间性概念，各种承认中介的区分，以及相伴而生的承认关系的分辨，和道德斗争的历史创造角色的观念等等，所有这一切在黑格尔的政治哲学中都确实没有再获得体系的功能"①。上述这些曾经流行一时的评价已经发生改变，甚至作为始作俑者之一的霍耐特本人近来已经悄然作了自我修正，他"又一次地跟随黑格尔"，并且明确是"以黑格尔的《法哲学原理》为榜样"，在其新著《自由的权利》中为当代正义理论完成了一次"规范性重构"。他已经明确认识到："今天对我们有帮助的不是'法哲学'的那些具体细节，而是它的结构和构造，它们堪称社会自由理论的典范。我们可以持续地从中获悉，若是我们试图将我们的自由仅仅用主观权利、道德自律或者两者结合的概念进行理解，那实际上是多么贫乏；相反，黑格尔让我们相信，社会关系中的个体自由必须首先并首要指的是：个人不受任何强制并得以扩展的经历，并由此推论出，我的可以普遍化的目的能通过他人的同样普遍化的目的得到促进。"②

（三）超越自由主义与社群主义

由于黑格尔的法哲学力图整合主观自由与伦理实体、个体权利与共同的善，越来越多的思想家与研究者将其当作分析和解决当代现实难题的重要理论资源，并试图从中找到超越自由主义与社群主义两难困境的新路。随着对黑格尔"法哲学"研究的日益精细和深入，人们也就越发确信："对我们来说，黑格尔的伦理生活观的真正重要性在于，它表明，我们如何能在接受对自由主义的历史化和社群主义批判的同时，又不放弃启蒙运动对理性的普遍标准的确信。"③

---

① ［德］阿克塞尔·霍耐特：《为承认而斗争》，胡继华译，上海人民出版社2005年版，第68页。
② ［德］霍耐特：《论我们自由的贫乏——黑格尔伦理学说的伟大与局限》，王歌译，《世界哲学》2013年第5期。
③ ［美］伍德：《黑格尔的伦理思想》，黄涛译，知识产权出版社2016年版，第340页。

（四）典范与标准

尽管黑格尔的"法哲学"不可能"终结"人类的历史，也无法"终结"人类对于正义社会的探求，但它为我们思考当下更为复杂和紧迫的重大问题提供了一个历史的样板和方法论的启示。正如霍耐特所说："黑格尔的伦理学说直到今天都能提供一个更好、更令人信服的替代方案。他的伦理学说形成一个哲学的源泉，它始终如一地含有一种工具，使我们能从概念上厘清我们既为之实践、也高度珍视的自由的不同形式。……他还赋予现代伦理学说一项理论任务，即让现代社会的成员在使用自由时了解到必要的差异。他在'法哲学'中提出的自由意志理论甚至被理解为一种指南，即必须如此区分个体自由的不同形式，以至于它们能在功能分化的现代社会的组织结构中保持适合自己的位置。"①

以承认理论为例，实际上，黑格尔对于主体间关系的探讨从未停止，他的"承认理论"是在不断扩展和深化的，只不过因处在不同的发展阶段及其在哲学体系中所处的地位不同而指向不同的对象和背景。如果说通过对主奴关系辩证法的阐发使"为承认的斗争"成为意识哲学即"主观精神"世界的中心点和转折点，那么"法哲学"所属的"客观精神"领域则表现出更加复杂的结构和更加丰富的内容，仅仅用前者的标准来衡量后者无异于刻舟求剑、削足适履。作为描述客观精神发展进程的"法哲学"，就是要展示那作为意识或主观原则的理性与自由如何现实化为具体而生动的客观存在或人的真实生活。也就是说，在真正现实的人类生活中，一个自由的个体不但要与另一个自由的个体交往，而且总是要与许多个体、他们的联合及其多种形式的产品和创造物打交道，也正是在这一过程中，他们的自由才得到显现、发展、固化和提升。因此，在黑格尔的哲学中，我们不但看到，人们需要经历殊死的

---

① ［德］霍耐特：《论我们自由的贫乏——黑格尔伦理学说的伟大与局限》，王歌译，《世界哲学》2013 年第 5 期。

搏斗才能赢得对于自由的意识和对于主体地位的承认；而且我们会发现，对于自由的意识不仅通过直接的意识和表达，更通过普遍性的中介标示出来并得到承认：奴隶在自己劳动的成果中直观到了意志的独立性，市民社会中的每一个特殊的个体通过提供满足社会需要的普遍物而得到承认，并从他人提供的普遍物中发展和壮大自己。然而，由于市民社会中存在的自然状态的残余，个体特殊性还仅仅是自在地与整体的普遍性相联系，要实现二者的有机结合，还需要从整体出发的制度机制；国家不但通过政治法律制度提供了一个普遍承认的机制，而且还使之成为我们的习惯、本性和现实。也就是说，"相互承认需要通过制度与实践来得到中介。黑格尔的主张是，两个或更多的个体只有通过他们共同参与其中的特定的制度与实践才能承认彼此是自由和理性的主体。就此意义说来，一个相互承认的共同体只有当具有某种客观的制度结构时才能实现"①。由此可见，法哲学并没有"为了一种独白式的理论已经放弃了一种自由的主体间性理论"②，而是使它发展到了一个更高、更成熟的阶段；我们甚至可以断言，只有在"法哲学"中，"承认概念的积极意义才得到更为充分的发展"③。

正因为如此，霍耐特认为，"如果想对作为基础的个体自由的标准更合适地、在客观自由的意义上予以规定的话，这个权利的概念就要既包含主观要求，还必须包含社会的事实构成，也就是特定的机制"④。正是黑格尔在"法哲学"中为克服"消极自由"与"反思自由"的缺陷，提出了"自由的第三种模式"，"即把真实的客观领域也置于自由

①　Alan Patten, *Hegel's Idea of Freedom*, New York：Oxford University Press, 1999, p.30.

②　Robert Pippin, *Hegel's Practical Philosophy*, Cambridge：Cambridge University Press, 2008, p.197.

③　Robert R.Williams, *Hegel's Ethics of Recognition*, Berkeley and Los Angeles：University of California Press, 1997, p.27.

④　［德］A.霍耐特：《论我们自由的贫乏——黑格尔伦理学说的伟大与局限》，王歌译，《世界哲学》2013 年第 5 期。

的标准中：不仅是个人的意图应该去满足这一自由的标准，即意图的形成不受到任何外在的影响，而且外在的社会现实也应该去满足这一自由标准，即社会现实是自由的，不受制于任何他律和强制。只有这样，社会自由的思想才可以被看作是理论努力的结果，它把建立在反思自由思想基础上的标准，扩展到以往与主体相对的、被看作是外在现实的领域中去"①。不难看出，霍耐特对于当代社会民主理论的建构具有与黑格尔法哲学相似的结构和思路。

（五）方法论的现实性

同样地，作为黑格尔承认理论研究的"首席"专家，希普反复强调黑格尔实践哲学在当代至少具有以下三重现实意义：一是它在具体分析现代社会高度分化的情况下完成了一种自由的规范理论；二是这种自由的内在规定呈现出与历史发展的一致性；三是在保证个人的政治参与和整体的政治存在相契合的情况下展现出具体自由的可行性。② 归根结底，黑格尔法哲学对于当代哲学的示范意义无不是通过一种方法论的转换来实现的，即在对现实性的考察中发现内在的理性，同时又以理性的思考把握现实。或如伊尔廷所说："将现实作为理性的东西加以重构，以及揭示概念认知据以达到此洞见的路径。"③ 正因为如此，哈贝马斯、霍耐特等人力图从黑格尔那里学习"规范性重建"的方法，这种方法并不是单凭思想就预先为现实世界制定规范，而是要发现和确认隐含在真实的人类生活与实践中的合理性和必然性，并将这种合理性和必然性作为社会生活、政治生活的规范来观照现实。

---

① ［德］A.霍耐特：《自由的权利》，王旭译，社会科学文献出版社 2013 年版，第 73、4—5 页。

② 参见 Ludwig Siep, *Aktualität und Grenten der praktischen Philosophie Hegels*, München：Wihelm Fink Verlag, 2010, SS.117–130。

③ ［德］卡尔—海因茨·伊尔廷：《市民社会的辩证法》，载吴彦编：《观念论法哲学及其批判》，姚远等译，知识产权出版社 2015 年版，第 151 页。

主要参考文献

一、著作类

《马克思恩格斯全集》第 28 卷，人民出版社 2018 年版。

《马克思恩格斯选集》第 1、2 卷，人民出版社 2012 年版。

陈平：《新自由主义的兴起与衰落：拉丁美洲经济结构改革（1973—2003）》，世界知识出版社 2008 年版。

韩林合：《分析的形而上学》，商务印书馆 2003 年版。

胡希宁、郭威、杨振主编：《当代西方经济学流派》，中共中央党校出版社 2016 年版。

刘放桐编著：《新编现代西方哲学》，人民出版社 2000 年版。

刘日明：《法哲学》，复旦大学出版社 2005 年版。

西方法律思想史编写组编：《西方法律思想史资料选编》，北京大学出版社 1983 年版。

余纪元、〔英〕尼古拉斯·布宁编著：《西方哲学英汉对照辞典》，人民出版社 2001 年版。

余纪元：《亚里士多德伦理学》，中国人民大学出版社 2011 年版。

余纪元、张志伟主编：《西方人文社科前沿述评·哲学卷》，中国人民大学出版社 2008 年版。

余纪元：《德性之镜》，林航译，中国人民大学出版社 2009 年版。

余嘉锡：《古书通例》，上海古籍出版社 1985 年版。

余嘉锡：《目录学发微　古书通例》，中华书局 2007 年版。

赵敦华：《现代西方哲学新编》（第二版），北京大学出版社 2014 年版。

张文显：《当代西方法哲学》，吉林大学出版社 1987 年版。

张文显：《二十世纪西方法哲学思潮研究》，法律出版社 1996 年版。

周穗明：《当代西方政治哲学》，江苏人民出版社 2016 年版。

刘小枫编：《从普遍历史到历史主义》，华夏出版社 2017 年版。

苗力田主编：《古希腊哲学》，中国人民大学出版社 1989 年版。

邱立波编译：《黑格尔与普世秩序》，华夏出版社 2009 年版。

刘小枫选编：《西方民主与文明危机：施特劳斯读本》，华夏出版社 2018 年版。

［以］S.阿维纳瑞：《黑格尔的现代国家理论》，朱学平、王兴赛译，知识产权出版社 2016 年版。

［英］安娜斯：《解读柏拉图》（*Plato，a Very Short Introduction*），高峰枫译，外语教学与研究出版社 2013 年版。

［美］D.J.奥康诺：《批评的西方哲学史》，洪汉鼎译，东方出版社 2005 年版。

［英］约翰·奥斯丁：《法理学的范围》，刘星译，中国法制出版社 2002 年版。

包亚明主编：《后现代性与公正游戏——利奥塔访谈、书信录》，谈瀛洲译，上海人民出版社 1997 年版。

［德］乌尔里希·贝克、［英］安东尼·吉登斯、［英］斯科特·拉什：《自反性现代化》，赵文书译，商务印书馆 2001 年版。

［古希腊］柏拉图：《柏拉图全集》第 1、2 卷，王晓朝译，人民出版社 2002 年版。

［古希腊］柏拉图：《柏拉图杂编》，吴光行译疏，中国社会科学出

版社 2017 年版。

　　［古希腊］柏拉图：《柏拉图书简》，彭磊译注，华夏出版社 2018 年版。

　　［法］皮埃尔·布尔迪厄、［美］华康德：《实践与反思——反思社会学导引》，李猛、李康译，中央编译出版社 1998 年版。

　　［英］马·布雷德伯里、詹·麦克法兰编：《现代主义》，胡家峦等译，上海外语教育出版社 1992 年版。

　　［英］杰拉德·德兰蒂：《现代性与后现代性》，李瑞华译，商务印书馆 2012 年版。

　　［德］费希特：《人的使命》，载梁存秀主编：《费希特著作选集》第 5 卷，商务印书馆 2006 年版。

　　［美］富勒：《法律的道德性》，郑戈译，商务印书馆 2005 年版。

　　［美］弗朗西斯·福山：《历史的终结及最后之人》，黄胜强等译，中国社会科学出版社 2008 年版。

　　［美］M.P.戈尔丁：《法律哲学》，齐海滨译，三联书店 1987 年版。

　　［德］J.哈贝马斯：《后形而上学思想》，曹卫东等译，译林出版社 2001 年版。

　　［德］J.哈贝马斯：《后民族结构》，曹卫东译，上海人民出版社 2002 年版。

　　［德］J.哈贝马斯：《现代性的哲学话语》，曹卫东等译，译林出版社 2004 年版。

　　［德］J.哈贝马斯：《理论与实践》，郭官义、李黎译，社会科学文献出版社 2010 年版。

　　［英］H.L.A.哈特：《哈特论边沁——法理学与政治理论研究》，谌洪果译，法律出版社 2015 年版。

　　［德］马丁·海德格尔：《存在与时间》，陈嘉映等译，三联书店 1987 年版。

［德］马丁·海德格尔：《海德格尔选集》上、下卷，孙周兴选编，上海三联书店 1996 年版。

［德］马丁·海德格尔：《形而上学导论》，熊伟等译，商务印书馆 1996 年版。

［德］马丁·海德格尔：《林中路》，孙周兴译，上海译文出版社 1997 年版。

［德］马丁·海德格尔：《路标》，孙周兴译，商务印书馆 2000 年版。

［德］马丁·海德格尔：《尼采》上、下卷，孙周兴译，商务印书馆 2002 年版。

［德］马丁·海德格尔：《演讲与论文集》，孙周兴译，生活·读书·新知三联书店 2005 年版。

［德］马丁·海德格尔：《哲学论稿》，孙周兴译，商务印书馆 2012 年版。

［德］亨利希·海涅：《论德国》，薛华、海安译，商务印书馆 1980 年版。

［德］奥·赫费：《作为现代化之代价的道德》，邓安庆等译，上海译文出版社 2005 年版。

［德］奥·赫费：《经济公民、国家公民和世界公民》，沈国琴等译，上海译文出版社 2010 年版。

［德］黑格尔：《法哲学原理》，范扬、张企泰译，商务印书馆 1961 年版。

［德］黑格尔：《逻辑学》上、下卷，杨一之译，商务印书馆 1976 年版。

［德］黑格尔：《美学》第 1 卷，朱光潜译，商务印书馆 1979 年版。

［德］黑格尔：《历史哲学》，王造时译，上海书店出版社 1999

年版。

〔德〕黑格尔:《哲学全书·第一部分·逻辑学》,梁志学译,人民出版社 2002 年版。

〔德〕黑格尔:《精神哲学》,杨祖陶译,人民出版社 2006 年版。

〔德〕黑格尔:《黑格尔政治著作选》,薛华译,中国法制出版社 2008 年版。

〔美〕塞缪尔·亨廷顿:《文明的冲突与世界秩序的重建》,周琪等译,新华出版社 1998 年版、2018 年修订版。

〔英〕霍布斯:《利维坦》,黎思复等译,商务印书馆 1996 年版。

〔英〕霍布斯:《一位哲学家与英格兰普通法学者的对话》,毛晓秋译,上海人民出版社 2006 年版。

〔美〕斯蒂芬·霍尔盖特:《黑格尔导论:自由、真理与历史》,丁三东译,商务印书馆 2013 年版。

〔德〕A.霍耐特:《为承认而斗争》,胡继华译,上海人民出版社 2005 年版。

〔德〕A.霍耐特:《自由的权利》,王旭译,社会科学文献出版社 2013 年版。

〔德〕A.霍耐特:《不确定性之痛——黑格尔法哲学的再现实化》,王晓升译,华东师范大学出版社 2016 年版。

〔英〕安东尼·吉登斯:《现代性与自我认同》,赵旭东、方文译,生活·读书·新知三联书店 1998 年版。

〔英〕安东尼·吉登斯:《现代性的后果》,田禾译,译林出版社 2000 年版。

〔德〕康德:《历史理性批判文集》,何兆武译,商务印书馆 1990 年版。

〔德〕康德:《纯粹理性批判》(《康德著作全集》第 3 卷),李秋零译,中国人民大学出版社 2013 年版。

［美］K.L.卡尔：《虚无主义的平庸化：20 世纪对无意义感的回应》，张红军、原学梅译，社会科学文献出版社 2016 年版。

［德］恩斯特·卡西尔：《国家的神话》，范进等译，华夏出版社 1999 年版。

［美］道格拉斯·凯尔纳、斯蒂文·贝斯特：《后现代理论》，张志斌译，中央编译出版社 1999 年版。

［美］J.克莱因：《柏拉图的三部曲：〈泰阿泰德〉、〈智者〉与〈政治家〉》，成官泯译，华东师范大学出版社 2009 年版。

［美］J.克莱因：《柏拉图〈美诺〉疏证》，郭振华译，华夏出版社 2012 年版。

［美］大卫·库尔珀：《纯粹现代性批判》，臧佩洪译，商务印书馆 2004 年版。

［古罗马］第欧根尼·拉尔修：《名哲言行录》，马永翔等译，吉林人民出版社 2003 年版。

［美］E.拉兹洛：《决定命运的选择》，李吟波等译，生活·读书·新知三联书店 1997 年版。

［美］L.朗佩特：《施特劳斯与尼采》，田立年等译，上海三联书店 2005 年版。

［美］S.雷切尔斯：《道德的理由》，杨宗元译，中国人民大学出版社 2008 年版。

［美］约翰·罗尔斯：《正义论》，何怀宏等译，中国社会科学出版社 1988 年版。

［美］斯坦利·罗森：《启蒙的面具》，吴松江等译，辽宁教育出版社 2003 年版。

［美］T.洛克摩尔：《在康德的唤醒下：20 世纪西方哲学》，徐向东译，北京大学出版社 2010 年版。

［意］D.洛苏尔多：《黑格尔与现代人的自由》，丁三东等译，吉林

出版集团 2008 年版。

［德］卡尔·洛维特：《从黑格尔到尼采》，李秋零译，生活·读书·新知三联书店 2006 年版。

［意］尼科洛·马基雅维里：《君主论》，潘汉典译，商务印书馆 1985 年版。

［美］A.麦金太尔：《德性之后》，龚群等译，中国社会科学出版社 1995 年版。

［美］麦金太尔：《伦理学简史》，龚群译，商务印书馆 2003 年版。

［美］霍普·梅：《苏格拉底》，瞿旭彤译，中华书局 2014 年版。

［美］M.H.米勒：《灵魂的转向：柏拉图的〈帕默尼德〉》，曹聪译，华东师范大学出版社 2015 年版。

［德］尼采：《1885—1887 年遗稿》，载《尼采著作全集》第 12 卷，孙周兴译，商务印书馆 2010 年版。

［法］托·皮凯蒂：《21 世纪资本论》，巴曙松等译，中信出版社 2014 年版。

［美］乔治·萨顿：《科学史和新人文主义》，陈恒六等译，华夏出版社 1989 年版。

［美］迈克尔·桑德尔：《反对完美》，黄慧慧译，中信出版社 2013 年版。

［古希腊］色诺芬：《回忆苏格拉底》，吴永泉译，商务印书馆 1984 年版。

［古希腊］色诺芬：《长征记》，崔金戎译，商务印书馆 1985 年版。

［德］麦克斯·施蒂纳：《唯一者及其所有物》，金海民译，商务印书馆 1997 年版。

［德］卡尔·施米特：《霍布斯国家学说中的利维坦》，应星等译，华东师范大学出版社 2008 年版。

［德］卡尔·施米特：《政治的概念》，刘宗坤等译，上海人民出版

社 2016 年版。

　　〔德〕卡尔·施米特：《政治的神学》，刘宗坤等译，上海人民出版社 2017 年版。

　　〔德〕F.D.N.施莱尔马赫：《论柏拉图对话》，黄瑞成译，华夏出版社 2011 年版。

　　〔美〕列奥·施特劳斯：《关于马基雅维里的思考》，申彤译，译林出版社 2003 年版。

　　〔美〕列奥·施特劳斯：《自然权利与历史》，彭刚译，生活·读书·新知三联书店 2003 年版。

　　〔美〕列奥·施特劳斯等著、刘小枫主编：《回归古典政治哲学——施特劳斯通信集》，朱雁冰、何鸿藻译，华夏出版社 2006 年版。

　　〔美〕列奥·施特劳斯著、刘小枫编：《犹太哲人与启蒙——施特劳斯讲演与论文集》卷一，张缨等译，华夏出版社 2010 年版。

　　〔美〕列奥·施特劳斯：《什么是政治哲学?》，李世祥等译，华夏出版社 2011 年版。

　　〔美〕列奥·施特劳斯：《苏格拉底与阿里斯托芬》，李小均译，华夏出版社 2011 年版。

　　〔美〕列奥·施特劳斯：《哲学与律法》，黄瑞成译，华夏出版社 2012 年版。

　　〔美〕列奥·施特劳斯：《斯宾诺莎的宗教批判》，李永晶译，华夏出版社 2013 年版。

　　〔美〕列奥·施特劳斯：《柏拉图四书》，刘小枫译注，华夏出版社 2015 年版。

　　〔美〕列奥·施特劳斯著、刘小枫编：《苏格拉底问题与现代性——施特劳斯讲演与论文集》卷二（增订本），刘振、彭磊等译，华夏出版社 2016 年版。

　　〔美〕列奥·施特劳斯著、〔美〕潘戈编：《古典政治理性主义的重

生——施特劳斯思想入门》（重订本），郭振华等译，华夏出版社 2017
年版。

[美] 列奥·施特劳斯：《古典政治哲学引论：亚里士多德〈政治
学〉讲疏（1965 年)》，娄林译，华东师范大学出版社 2018 年版。

[英] A.E.泰勒：《柏拉图——生平及其著作》，谢随知等译，山东
人民出版社 1991 年版。

[加] 查尔斯·泰勒：《黑格尔与现代社会》，徐文瑞译，吉林出版
集团 2009 年版。

[英] 亨利·西季威克：《伦理学史纲》，熊敏译，江苏人民出版社
2008 年版。

[德] 谢林：《论人类自由的本质》，载海德格尔：《谢林论人类自
由本质》附录，薛华译，辽宁教育出版社 1999 年版。

[奥] 维特根斯坦：《维特根斯坦全集》第 1 卷，陈启伟译，河北
教育出版社 2003 年版。

[美] A.伍德：《黑格尔的伦理思想》，黄涛译，知识产权出版社
2016 年版。

[古希腊] 亚里士多德：《形而上学》，载苗力田主编：《亚里士多
德全集》第 7 卷，中国人民大学出版社 1993 年版。

[德] 卡尔·雅斯贝尔斯：《论历史的起源与目标》，李雪涛译，华
东师范大学出版社 2018 年版。

[英] 特里·伊格尔顿：《后现代主义的幻象》，华明译，商务印书
馆 2014 年版。

Anagnostopoulos, Georgios, *Aristotle on the Goals and Exactness of Ethics*, Berkeley: University of California Press, 1994.

Annas, J., *The Morality of Happiness*, Oxford: Oxford University Press, 1995.

Annas, J., *Platonic Ethics: Old and New*, Ithaca/London: Cornell

University Press, 1999.

Aristotle, *The Complete Works of Aristotle*, Jonathan Barnes (ed.), Princeton: Princeton University Press, 1995.

Austin, J., *Lectures on Jurisprudence, or the Philosophy of Positive Law*, London: Scholarly Press, Inc., 1977.

Ayer, A. J., *The Problem of Knowledge*, Harmondsworth: Penguin Books, 1956.

Beck, U., *Weltrisikogesellschaft*, Frankfurt a. M.: Suhrkamp Verlag, 2007.

Benardete, S., *Plato's Theaetetus*, *Part I of The Being of the Beautiful*, Chicago/ London: The University of Chicago Press, 1984.

Bluck, R.S., *Plato's Seventh and Eighth Letters*, Cambridge University Press, 1947.

Brandom, R., *Articulating Reason*, Cambridge, MA: Harvard University Press, 2000.

Brickhouse, Th.C.& Smith, N.D., *The Trial and Execution of Socrates: Sources and Controversies*, Oxford: Oxford University Press, 2002.

Brickhouse, Th.C.& Smith, N.D., *Routledge Philosophy Guidebook to Plato and the Trial of Socrates*, New York/London: Routledge, 2004.

Brisson, L., *Platon: Letter*, Paris: GF Flammarion, 1987.

Broadie, S., *Ethics with Aristotle*, Oxford: Oxford University Press, 1993.

Chalmers, D., *The Conscious Minds*, Oxford: Oxford University Press, 1996.

Chalmers, D. (ed.), *Philosophy of Mind: Classical and Contemporary Readings*, Oxford: Oxford University Press, 2002.

Chisholm, R. M., *Perceiving: a Philosophical Study*, Ithaca/New

York: Cornell University Press, 1957.

Craig, E. (ed.), *The Routledge Encyclopedia of Philosophy*, Vol.7, New York/London: Routledge, 1998.

Crosby, D., *The Specter of the Absurd: Sources and Criticisms of Modern Nihilism*, N.Y.: State University of New York Press, 1988.

Dancy, J., *Introduction to Contemporary Epistemology*, New York: Blackwell, 1985.

Davis, S. (ed.), *Connectionism: Theory and Practice*, Oxford: Oxford University Press, 1992.

Devettere, Raymond J., *Introduction to Virtue Ethics: Insights of the Ancient Greeks*, Washington, D.C.: Georgetown University Press, 2002.

Dretske, F., *Explaining Behavior*, Cambridge, MA: MIT Press, 1991.

Filmer, R., *Patriarcha and Other Writings*, Cambridge: Cambridge University Press, 1991.

Galston, W.A., *Kant and the Problem of History*, Chicago/London: The University of Chicago Press, 1975.

Griswold, Ch.L. (ed.), *Platonic Writings/Platonic Readings*, New York/London: Routledge, 1988.

Guthrie, W.K.C., *A History of Greek Philosophy*, Vol.IV, Cambridge University Press, 1975.

Hart, R.& Tejera, V. (eds.), *Plato's Dialogues: The Dialogical Approach*, New York: Edwin Mellen, 1997.

Hegel, G.W.F., *Elements of the Philosophy of Right*, Allen W.Wood (ed.), H.B.Nisbet (tr.), Cambridge: Cambridge University Press, 1991.

Hegel, G.W.F., *Vorlesungen über die Philosophie des Rechts*, *Gesammelte Werke*, Bd.26, 1, Dirk Felgenhauer (Hg.), Hamburg: Felex Meiner Verlag，2013.

Hegel，G.W.F.，*Vorlesungen über die Philosophie des Rechts*，*Gesammelte Werke*，Bd.26，2，Klaus Grotsch（Hg.），Hamburg：Felex Meiner Verlag，2015.

Hegel，G.W.F.，*Vorlesungen über die Philosophie des Rechts*，*Gesammelte Werke*，Bd.26，3，Klaus Grotsch（Hg.），Hamburg：Felex Meiner Verlag，2015.

Hoffmeister，J.（Hg.），*Briefe von und an Hegel*，Bd.1，Hamburg：Felix Meiner Verlag，1952.

Jaeschke，W.，*Hegel-Handbuch*，Stuttgart/Weimar：Verlag J.B.Metzler，2003.

Kim，J.，*Mind in a Physical World*：*An Essay on the Mind-Body Problem and Mental Causation*，Cambridge，MA：MIT Press，1998.

Kim，J.，& Sosa，E.（eds.），*Metaphysics*：*An Anthology*，Oxford：Blackwell Publishers，2000.

Kim，J.，*Physicalism*，*Or Something Near Enough*，Princeton：Princeton University Press，2005.

Klein，J.，*A Commentary on Plato's Meno*，Chicago/London：The University of Chicago Press，1965.

Klein，J.，*Plato's Trilogy*：*Theatetus*，*the Sophist*，*and the Statesman*，Chicago/London：The University of Chicago Press，1977.

Kahn，Ch.H.，*Plato and the Socratic Dialogue*：*The Philosophical Use of a Literary Form*，Cambridge University Press 1996.

Kripke，S.，*Naming and Necessity*，Cambridge，MA：Harvard University Press，1980.

Diogenes Laertius，*Lives of the Eminent Philosophers*，P.Mensch（tr.），J.Miller（ed.），Oxford：Oxford University Press，2018.

Ledger，G. R.，*Re-Counting Plato：A Computer Analysis of Plato's Style*，Oxford：Oxford University Press，1989.

Levin，D.M.，*The Opening of Vision：Nihilism and the Postmodern Situation*，New York/London：Routledge，1988.

Loux，M.，*Metaphysics：A Contemporary Introduction*，second edition，London/New York：Routledge，2002.

Loux，M.& Zimmerman，D.（eds.），*The Oxford Handbook of Metaphysics*，Oxford：Oxford University Press，2005.

Millikan，R.，*Language：A Biological Model*，Oxford：Clarendon Press，2005.

Moore，B.N.& Bruder，K.，*Philosophy：The Power of Ideas*，Mountain View，California：Mayfield Publishing Company，1990.

Nussbaum，M.，*Women and Human Development：The Capabilities Approach*，Cambridge：Cambridge University Press，2001.

Nozick，R.，*Philosophical Explanations*，Cambridge MA：Harvard University Press，1981.

Owen，G. E. L.，*Logic，Science and Dialectic.* London：Duckworth，1986.

Patten，A.，*Hegel's Idea of Freedom*，New York：Oxford University Press，1999.

Plato，*Plato. Complete Works*，John M. Cooper（ed.），Indianapolis：Hackett Publishing Company，Inc.，1997.

Plato，*The Collected Dialogues of Plato including the Letters*，Edith Hamilton & Huntington Cairns（eds.），Princeton：Princeton University Press，1961.

Peperzark，A.，*Philosophy and Politics：A Commentary on the Preface to Hegel's Philosophy of Right*，Dordrecht：Martinus Nijhoff Publishers，

335

1987.

Pippin, R., *Hegel's Practical Philosophy*, Cambridge: Cambridge University Press, 2008.

Press, G. A. (ed.), *The Continuum Companion to Plato*, London/New York: Continuum, 2012.

Quine, W.V.O., *From a Logic Point of View*, Cambridge, MA: Harvard University Press, 2001.

Rawls, J., *A Theory of Justice*, Cambridge, MA: Harvard University Press, 1971.

Riedel, M. (Hg.), *Materialien zu Hegels Rechtsphilosophie*, Bd. 1, Frankfurt a.M.: Suhrkamp Verlag, 1975.

Ritter, J., u.a. (Hg.), *Historisches Wörterbuch der Philosophie*, Bd. 6, Basel/Stuttgart: Schwabe Verlag, 2007.

Rosen, S., *Nihilism: A Philosophical Essay*, New Haven/London: Yale University Press, 1969.

Ross, W.D., *Plato's theory of ideas*, Oxford: Oxford University Press, 1951.

Russell, B., *The Analysis of Matter*, London: Regan Paul, 1927.

Sandkühler, H.J. (Hg.), *Enzyklopädie Philosophie*, Bd.1, Hamburg: Felix Meiner Verlag, 1999.

Siep, L. (Hg.), *G.W.F.Hegel »Grundlinien der Philosophie des Rechts«*, Berlin: Akademie Verlag, 2005.

Siep, L., *Aktualität und Grenten der praktischen Philosophie Hegels*, München: Wihelm Fink Verlag, 2010.

Strauss, L., *The City and Man*, Chicago/London: The University of Chicago Press, 1964.

Strauss, L., *Plato's Apology of Socrates and Crito* (1966), *The Leo

Strauss Transcript, Chicago：Estate of Leo Strauss，2016.

Strauss，L.，*Leo Strauss on Political Philosophy：Responding to the Challenge of Positivism and Historicism*, Catherine Zuckert（ed.），Chicago/London：University of Chicago Press，2018.

Vlastos，G.，*Socrates：Ironist and Moral Philosopher*, Cambridge University Press，1991.

Vlastos，G.，*Socratic Studies*, Myles Burnyeat（ed.），Cambridge University Press，1994.

Walker，R. L.，& Ivanhoe，Ph. J.（eds.），*Working Virtue：Virtue Ethics and Contemporary Moral Problems*, Oxford：Oxford University Press，2009.

Wallach，W.，& Allen，C.，*Moral Machines：Teaching Robots Right from Wrong*, Oxford：Oxford University Press，2009.

Williams，B.，*Ethics and the Limits of Philosophy*, Abingdon：Routledge，2006.

Williams，R.R.，*Hegel's Ethics of Recognition*, Berkeley/Los Angeles：University of California Press，1997.

Xenophon，*A History of My times*, Rex Warner（tr.），London：Penguin Books，1979.

Xenophon，*Memorabilia*, translated and annotated by Amy L.Bonnette，Ithaca：Cornell University Press，1994.

Xenophon，*The Shorter Socratic Writings*（*Apology of Socrates to the Jury*, *Oeconomicus*, and *Symposium*），Robert C. Bartlett（ed.），Ithaca：Cornell University Press，1996.

Xenophon，*The Anabasis of Cyrus*, Wayne Ambler（tr.），Ithaca/London：Cornell University Press，2008.

二、论文类

程志敏：《〈厄庇诺米斯〉的真伪》，载刘小枫、陈少明主编：《柏拉图的真伪》，华夏出版社 2007 年版。

黄益民：《从弗雷格之谜及信念之谜看心灵内容与语义内容的关系》，《世界哲学》2006 年第 6 期。

黄益民：《当前分析的形而上学中的核心课题》，《世界哲学》2007 年第 5 期。

王庆节：《知识与怀疑：当代英美哲学关于知识本性的讨论探析》，《中国社会科学》2002 年第 4 期。

文学平：《论当代知识论的"合理证明"概念——兼与陈嘉明教授商榷》，《学术界》2014 年第 8 期。

周晓亮：《试论西方心灵哲学中的"感受性问题"》，《黑龙江社会科学》2008 年第 6 期。

［英］H.H.本逊：《苏格拉底与道德哲学的发端》，载 C.C.W.泰勒主编：《劳特利奇哲学史》第一卷，中国人民大学出版社 2003 年版。

［英］A.C.格雷凌：《认识论》，载［英］N.布宁等主编：《当代英美哲学概论》（上册），社会科学文献出版社 2002 年版。

［德］A.霍耐特：《论我们自由的贫乏——黑格尔伦理学说的伟大与局限》，王歌译，《世界哲学》2013 年第 5 期。

［英］R.G.柯林武德：《进步哲学》，贾鹤鹏译，载陈恒等主编：《新史学》第三辑，大象出版社 2004 年版。

［美］H.W.普特南：《从内部看哲学的半个世纪》，王义军译，载陈波主编：《分析哲学：回顾与反省》，四川教育出版社 2001 年版。

［美］列奥·施特劳斯：《海德格尔式生存主义导言》，丁耘译，载贺照田主编：《西方现代性的曲折与展开》，吉林人民出版社 2002 年版。

〔美〕列奥·施特劳斯：《现代性的三次浪潮》，丁耘译，载贺照田主编：《西方现代性的曲折与展开》，吉林人民出版社 2002 年版。

〔德〕卡尔—海因茨·伊尔廷：《市民社会的辩证法》，载吴彦编：《观念论法哲学及其批判》，姚远等译，知识产权出版社 2015 年版。

Armstrong, D., "What is consciousness", in *The Nature of Mind*, Ithaca, NY: Cornell University Press, 1981.

Ausland, H. W., "The Euthydemus and the Dating of Plato's Dialogues", in Thomas M. Robinson and Luc Brisson (eds.), *On Plato: Euthydemus, Lysis, Charmides. Selected Papers from the Fifth Symposium Platonicum*, Sankt Augustin, 2000.

Block, N., "On a Confusion About the Function of Consciousness", *Behavioral and brain Science*, 1995 (18).

Brandwood, L., "Stylometry and Chronology", in Richard Kraut (ed.), *The Cambridge Companion to Plato*, Cambridge, 1992.

Broadie, S., "Aristotle and Contemporary Ethics", in Richard Kraut (ed.), *The Blackwell Guide to Aristotle's Ethics*, Oxford: Blackwell Publishers. 2006.

Cornford, F. M., "The Athenian Philosophical Schools", *Cambridge Ancient History*, vol. VI (1927).

Dretske, F., "Conscious experience", *Mind*, 1993 (102).

Gettier, E. L., "Is justified true belief knowledge?", *Analysis*, XXIII (1963).

Goldman, A. I., "A causal theory of knowing", *The Journal of Philosophy*, vol. LXIV, no. 12, 1967.

Griswold, Ch. L., "Comments on Kahn", in Julia Annas and Christopher Rowe (eds.), *New Perspectives on Plato, Modern and Ancient*, Harvard University Press, 2003.

Howland, J., "Re-reading Plato: the Problem of Platonic Chronology", *Phoenix* 45 (1991).

Hursthouse, R., "Applying Virtue Ethics", in Hursthouse, R., Lawrence, G., & Quinn, W. (eds.), *Virtues and Reasons: Philippa Foot and Moral Theory: Essays in Honour of Philippa Foot*, Oxford: Oxford University Press, 1995.

Irwin, T.H., "The platonic corpus", in Gail Fine (ed.), *The Oxford handbook of Plato*, Oxford University Press, 2008.

Jackson, F., "Epiphenomenal Qualia", *Philosophical Quarterly*, 1982 (32).

Kahn, Charles H., "On Platonic Chronology", in Julia Annas and Christopher Rowe (eds.), *New Perspectives on Plato, Modern and Ancient*, Cambridge, 2002.

Kraemer, J., "The Death of an Orientalist: Paul Kraus from Prague to Cairo", in M.Kramer (ed.), *The Jewish Discovery of Islam: Studies in Honor of Bernard Lewis*, Tel Aviv: The Moshe Dayan Centre for Middle Eastern and African Studies, Tel Aviv University, 1999.

Kraut, R., "Introduction to the Study of Plato", in Richard Kraut (ed.), *The Cambridge Companion to Plato*, Cambridge, 1992.

Levine, J., "Materialism and Qualia: The Explanatory Gap", *Pacific Philosophical Quarterly* 64, 1983.

MaGinn, C., "Can we slove the Mind-body problem?", *Mind*, 1989 (98).

Nussbaum, M., "Saving Aristotle's Appearances", in Malcolm Schofield and Martha Nussbaum (ed.), *Language and Logos*, Cambridge: Cambridge University Press, 1982.

Owen, G.E.L., "The Place of the *Timaeus* in Plato's Dialogues",

Classical Quarterly, 3（1953）.

Paul, L.A., "In Defense of Essentialism", in J. Hawthorne（ed.）, *Metaphysics*, *Philosophical Perspectives*, *a Supplement to Nous*, Malden, MA：Blackwell Publishing, 2006.

Prior, W.J., "Socrates Metaphysician", *Oxford Studies in Ancient Philosophy*, 27（2004）.

Prior, W.J., "The Socratic Problem", in Hugh Benson（ed.）, *A Companion to Plato*, Malden：Blackwell Publishing, 2006.

Rosen, S., "Leo Strauss and the Problem of the Modern", in Steven B.Smith（ed.）, *The Cambridge Companion to Leo Strauss*, Cambridge University Press, 2009.

Rosenthal, D., "Two concept of Consciousness", *Philosophical Studies*, 1986（49）.

Rosenthal, D., "Explaining Consciousness", in D.Chalmers（ed.）, *Philosophy of Mind*：*Classical and Contemporary Readings*, Oxford：Oxford University Press, 2002.

Ryle, G., "Plato's Parmenides", in R.E. Allen（ed.）, *Studies in Plato's Metaphysics*, London：Humanities Press, 1965.

Strauss, L., "Two Lectures by Leo Strauss", David Bolotin et al.（eds.）, *Interpretation*, Spring 1995, vol.22, No.3.

Strauss, L., "An Unspoken Prologue", in K.H.Green（ed.）, *Jewish Philosophy and the Crisis of Modernity*, Albany：SUNY, 1997.

Thesleff, H., "Platonic Chronology", *Phronesis* 34（1989）.

Vlastos, G., "The Third Man Argument in the *Parmenides*", *Philosophical Review*, （63）1954.

Wahl, J., *Le malheur de la conscience dans la philosophie de Hegel*, in D.K.Keenan（ed.）, *Hegel and Contemporary Continental Philosophy*, New

York: State University of New York Press, 2004.

Young, Ch. M., "Plato and Computer Dating", *Oxford Studies in Ancient Philosophy*, 12 (1994).

Yu, Jiyuan, "Saving the Phenomena: An Aristotelian Method in Comparative Philosophy" (With N.Bunnin), in Bo Mou (ed.), *Two Roads to Wisdom?: Chinese and Analytical Philosophical Traditions*, Peru, IL: Open Court, 2001.

Yu, Jiyuan, "The Practicality of Ancient Virtue Ethics: Greece and China", *Dao: A Journal of Comparative Philosophy*, 9 (2010).